国家出版基金项目
NATIONAL PUBLICATION FOUNDATION
“十三五”国家重点图书出版规划项目

台湾通史

陈支平 主编

[第一卷]

上古至明代

宋光宇 刘慧钦 刘益昌 著

海峡出版发行集团
福建人民出版社

本书由闽南师范大学策划并组织撰写

出版说明

这部六卷本《台湾通史》，是由海峡两岸学者通力合作、共同完成的全景式展示台湾从远古到现代的通史性著作。

全书梳理、展现了我国台湾地区政治、经济、社会、文化等各个方面的历史进程，上起距今约5万～3万年前的台湾史前文化时期，下至21世纪初期的当代台湾，分为六卷：第一卷，上古至明代；第二卷，明郑时期；第三卷，清代（上）；第四卷，清代（下）；第五卷，日本殖民统治时期；第六卷，现代。

由于书稿涉及方方面面的史料，时间跨度大，内容复杂，因此在使用和处理过程中可能会存在一些不妥之处，希望读者提出宝贵意见，以便今后再版时修订。

《台湾通史》总目录

第一卷　上古至明代

第二卷　明郑时期

第三卷　清代（上）

第四卷　清代（下）

第五卷　日本殖民统治时期

第六卷　现代

导　言

一、写作的缘起

1920 年连横先生撰写的《台湾通史》正式出版印行，这是第一部有关台湾区域发展史的完整著作，在台湾历史的撰写历程中，无疑具有里程碑的学术意义。自从连横先生的《台湾通史》问世之后，在 20 世纪二三十年代，学界一度引发了一股编撰台湾历史著作的小高潮。这其中有虞衡志的《台湾通史》、彭子明的《台湾近世史》、林进发的《台湾统治史》和《台湾发达史》，以及由“汉人”编著、朱谦之校订的《台湾革命史》等。1932 年至 1933 年，天津大公报馆也出版印行了七卷本的《六十年来中国与日本》。

抗日战争全面爆发后，学界对于现实的关注度大大提升，有关台湾历史文化的学术性著作明显减少。1945 年台湾光复之后，台湾的治理及其历史文化再度引起社会各界的重视，相关的台湾历史文化的介绍性著作大量涌现。这其中既有国民政府及台湾地方政府组织编撰的著作，也有民间个人编撰的著作，门类不等。如汤子炳的《台湾史纲》、郑伯彬的《台湾新志》、邹豹君的《台湾新生》、李震明的《台湾》和《台湾史》、庄孟伦的《台湾全貌》、郑凤仙的《台湾研究》、陈延庭的《认识台湾》、蔡人权的《台湾真面目》、刘满子的《台湾省的高山族》，以及台湾省行政长官公署宣传委员会及新闻处编写出版的《台湾指南》《台要览》等。这个时期海峡两岸有关台湾历史文化的著作虽然出版了不少，但是基本上属于知识普及性的读本，学术价值不高。

1949年之后，海峡两岸学者在台湾历史文化著作的撰写上，明显出现了不同的趋向。20世纪50年代，大陆出版了几部影响面很广但仍属普及介绍性的著作，这其中最著名的有吴壮达的《台湾》、王芸生的《台湾史话》、刘大年的《台湾历史概述》。除此之外，20世纪五六十年代大陆学界对于台湾历史文化的著述，大多以革命斗争史为主题。如王思翔的《台湾二月革命记》、三川等的《台湾人民盼解放》、钱君晔和杨思慎的《台湾人民斗争简史》、杨克煌的《台湾人民民族解放斗争小史》、陈国强的《郑成功收复台湾的高山族》、朱杰勤的《郑成功收复台湾事迹》、张宗洽和方文图合著的《郑成功收复台湾》等，这些著作体现了当时大陆学者对于阶级斗争理论的关注，以及盼望解放台湾的良好愿望。

20世纪50年代到70年代台湾的历史学界，由于受到“继亡续绝”论调的影响，大家所关注的研究命题，大多是中国历代王朝的传统史学，对于台湾地方史的研究，还是以介绍性和普及性的著作为主，出版了不少这样的书籍，如张其昀的《台湾史纲》、方豪的《台湾民族运动小史》、郭廷以的《台湾史事概说》、台湾省文献会的《台湾史话》、蒋君章的《台湾历史概要》、林熊祥的《台湾史略》、黄大受的《台湾史要略》、苏同炳的《台湾史话》、高贤治的《台湾三百年史》、程大学的《台湾开发史》等。比较深入的专题性研究论著很少。现在所能看到的著作，仅仅为黄典权的《台湾史事研究》和赖永祥的《台湾史研究初集》等少数的几本。尽管如此，这一时期台湾史学界在台湾文献资料的搜集整理出版方面，取得了突出的成绩。20 世纪五六十年代，台湾银行经济研究室组织学者编纂《台湾文献丛刊》，搜集整理出版有关台湾历史文化的典籍多达数百种。这部巨著成为当今研究台湾历史文化最重要的文献史料之一。与此同时，台湾学者也在重新编纂地方志上，下了很大的工夫，许多新撰修的台湾地方志，也在 20 世纪下半叶次第出版，从而为学界开展台湾历史文化研究，提供了较为丰富的史料来源。

20 世纪 80 年代以来，海峡两岸的政治形势有了很大的变化。一方面，中国大陆实行改革开放政策，国民经济得到迅速发展，与西方国家的外交关系日趋正常化，国际地位不断提升。在这种情势之下，统一台湾的问题成为国家战略势在必行的重点之一，开展对于台湾问题以及台湾历史文化的研究，也成了学界当务之急的大课题。于是，以厦门大学台湾研究所成立为契机，大陆关于台湾问题以及台湾历史文化的研究，很快成了学界的热点之一，研究成果不断涌现。而另一方面，台湾岛内外的“台独”倾向日趋明显，台湾学术研究中的所谓“本土化意识”也迅速出现并逐步弥漫。与之相对应的台湾史研究，同样在台湾得到迅速的发展。台湾史的研究机构在台湾各地先后成立，台湾大学里的台湾史课程也得以推广并逐渐普及化。在海峡两岸不同社会环境和政治倾向的促动下，自 20 世纪 80 年代以来，无论是在大陆，还是在台湾，台湾历史文化的研究均形成了高潮。

与之前以介绍性、普及性为主的论著有所不同，20 世纪 80 年代以来海峡两岸所兴起的台湾历史文化研究，其专题性、专门性的研究得到广泛重视，研究深度和研究领域都有着很大的开拓。在台湾通史性的论著撰写方面，大陆的学者也试图突破五六十年代侧重于介绍性、普及性以及阶级斗争理论框架的局限，陆续出版了一些较有学术意义的相关著作。其中，1982 年出版的由陈碧笙先生撰写的《台湾地方史》，是 1949 年后中国大陆第一部具有学术研究性质的台湾通史类著作。其后，由陈孔立主编的《台湾历史纲要》和编著的《简明台湾史》也于 20 世纪 90 年代在北京出版。到 2000 年，田钰主编的《台湾史纲要》由福建人民出版社出版；2005 年，张崇根的《台湾四百年前史》在九州出版社出版；2010 年，张海鹏、陶文钊主编的《台湾简史》在凤凰出版社出版；两年后，即 2012 年，张海鹏、陶文钊主编的《台湾史稿》扩充为上、下册，再次由凤凰出版社出版。在这些台湾通史类的著作中，尤以陈碧笙的《台湾地方史》、陈孔立的《台湾历史纲要》和张海鹏、陶文钊的《台湾史稿》最为引人关注。

在台湾方面，有关台湾史的论著也大量涌现。通论性的著作主要有史明的《台湾人四百年史》、杨碧川的《简明台湾史》、钟孝上的《台湾先民奋斗史》、戚嘉林的《台湾史》、吴密察的《台湾通史：唐山过台湾的故事》、林再复的《台湾开发史》、叶振辉的《台湾开发史》、张胜彦等的《台湾开发史》、邱胜安的《台湾史话》、汗极炖的《台湾近代发展史》、周婉窈的《台湾历史图说》、陈正茂的《台湾史纲》、台湾省文献会的《台湾近代史》、李恭蔚的《台湾史导读》、尹章义和陈宗仁的《台湾发展史》、陈水源的《台湾历史的轨迹》等。有些台湾学者还到中国大陆出版台湾通史性著作，如宋光宇的《台湾史》2007 年由人民出版社出版，戚嘉林的《台湾史》2011 年由海南出版社出版。这些通论性著作的史观受到“台湾文化本土化意识”的影响较为明显，有些著作偏离了学术的严肃立场，带有政治化倾向，依然以介绍性和普及性的体例为主。

在通论性的著作之外，从 20 世纪 80 年代开始，台湾学界对于台湾史研究的重要成果，更多的是体现在专门史和专题性的论著上。在专门史方面，如周宪文的《台湾经济史》、王世庆的《淡水河流域河港水运史》、林满红的《四百年来的两岸分合：一个经贸史的回顾》、陈慈玉的《台北县茶叶发展史》等，都具有很好的学术价值，其他如台湾农业史、盐业史、茶叶史、贸易史等，都有各自的著作问世。在专题性研究方面，成果更为突出，研究的领域涉及政治、社会、经济、文化、宗教的各个方面，研究的深度得到不断挖掘。不少研究成果不仅具有开创性的学术意义，而且还具有较为久远的学术生命力。

自20世纪初叶以来，也就是连横先生撰写出版《台湾通史》以来，有关台湾历史文化的通史性著作虽然出版了不少，也出现了诸如陈碧笙的《台湾地方史》、张海鹏和陶文钊的《台湾史稿》等深具学术深度的著作，但是其中仍是以介绍性、普及性的著作为主。另一方面，自20世纪80年代以来海峡两岸的台湾史研究，取得了突飞猛进的成果。由于篇幅的限制，这些成果还未能较为全面地反映在相关的通史类著作之中，因而也就无法更为系统理性地把台湾历史文化的概貌体现出来。

厦门大学和闽南师范大学，是中国大陆最早开展台湾历史文化研究的学术平台之一，同时也是最早开展与台湾学界进行合作研究的大陆高校。有鉴于台湾历史文化研究中通史类著作撰写的这些不足，在闽南师范大学的策划之下，我们联络了闽台两地的学者，一道合作编写这部六卷本的《台湾通史》。通过这部六卷本的《台湾通史》的撰写，我们希望能够在广泛吸收海峡两岸学者最新研究成果的基础上，把一部时间跨度最长、涉及面最广、内容叙述较为详细、观点较为新颖的台湾通史呈现给读者。当然，合作撰写一部大篇幅的《台湾通史》，难度很大。虽然撰写组成员来自海峡两地的著名学术机构，但是毕竟各有自己的事务，学养也各有不同，分工起来难免顾此失彼。再者，相关的文献资料分散，检索查找起来多有不便。因此，这部六卷本《台湾通史》的出版，其中存在粗疏错误之处定当不少。我们希望在为海峡两岸提供这样一部较为全面系统的台湾史著作的同时，更能够得到海峡两岸方家学者的批评指正，以促使我们修正提升，把台湾历史文化的研究工作推向一个更为崭新的高度。

二、早期台湾史的重新审视

早期台湾史，不仅是以往各类台湾历史文化通史类著作中最被忽略的部分，就是近 30 年来的专题性、专门性研究中，也未受到重视。早期台湾史之所以被忽略，其中最主要的原因，是大陆学界对台湾近半个世纪以来的考古成就知之甚少。从大陆学界这方面看，中华文明源远流长，大陆各地重大考古发现层出不穷，许多考古新发现足以震撼世界学术界，因此，在某种程度上可以说，大陆历史学界和考古学界对于台湾的考古发现并不重视。从台湾岛内来看，台湾的为数不多的考古队伍，恪尽职守，勤勤恳恳在台湾各地不断地开展早期台湾文明史的考古工作，时有成果出现。但是，20 世纪 80 年代之后台湾掀起的“台湾史”研究热潮，在很大程度上是为了对应所谓的“台湾本土意识”这一政治理念而产生的。特别是有一部分具有“台独”意识的历史学从业者，利用研究“台湾史”的名义，从事文化“去中国化”的行径。凡是关于台湾史中与中国大陆有关联的文献、文物以及考古发现等等，或是予以曲解，或是视而不见。在这种情境之下，台湾岛内研究“台湾史”的人，对于台湾本土的考古成就，同样也是处于一种基本失语漠视的状态。在这种情况下，早期台湾史之被忽略，也就不足为奇了。

我们如果了解了台湾近 50 年来的考古发掘资料，完全可以看到早期台湾历史与中国大陆源远流长的密切关系，从而可以以比较坚实的史料，论证“台湾自古以来就是中国领土不可分割的一部分”这一极具现实意义的论断。

从自然地理变迁史上看，台湾属于闽台半岛华夏古陆的一部分，从福建沿海到台湾岛，在史前时期多次成陆地而连为一体。由于喜马拉雅山的造山运动和冰期影响，最迟在第三纪上新世时，台湾和沿海岛屿曾与大陆相连。早更新世前期，由于地壳上升和气候变冷，沿海地区发生海退，海岸线向海洋推进，这时，台湾海峡海底露出水面，构成广阔的大陆架平原，台湾岛和福建沿海岛屿成了大陆的一部分。人类可以轻易随狩猎的动物由华南来到台湾海峡及台湾其他地区，进而在台湾定居。① 早更新世后期，气候转暖，海平面上升，这时海水进入台湾海峡，台湾与大陆分开。中更新世前期，又一次发生地壳上升和气温降低，台湾与大陆再度相连。此后，地球气候时暖时冷，海面时升时降，台湾与大陆的连接和分开交替出现。大约 1 万年前，即更新世结束，地球的气温开始回升，海平面开始上涨。在之后的 1000 年内，海平面上升了约 140 米。台湾方才成为一个海中的大岛。② 到 6500 年前，气温上升达到顶峰，气候温暖，海水高涨。这时候的台湾地貌，跟现在所看到的地貌是完全不一样的。山很高，河面很宽，冲积出来的平原面积不大。几千年来，海平面有所回落，台湾岛内的陆地也逐渐扩大。但在明朝万历年间因海防需要而绘制的海防图上，图中所示的台湾地区，只在海上绘有几座大山，山与山之间是广阔的水面。西洋人更把台湾画成三个

---

① 黄士强：《台湾史前文化简介》，台北：台湾省立博物馆 1986 年版。

② 刘振胡、王英民、王海荣：《台湾海峡盆地的地质构造特征及演化》，载《海洋地质与第四纪地质》，第 26 卷第 5 期，2006 年 10 月；何传坤、祁国琴：《台湾第四纪澎湖海沟哺乳动物群及古生态环境变迁》，台湾中国地质学会 1995 年年会论文集，1995 年；林俊全：《台湾东海岸地区的海岸线变迁与史前遗址关系之研究》，载《田野考古》第四辑第一期，1993 年版；陈正祥：《台湾地志》，台北：南天书局 1993 年版。

连续的小岛。[1] 现在我们看到的河口平原是几千年来，因山崩、土石流、台风等原因，泥石顺流而下，在河口冲积而形成的。直到18世纪前后，方才出现我们现在所认识的台湾地貌。台湾与中国大陆的自然地理属性，为两地的生物往来和迁徙提供了天然的便利。

从目前台湾学界的考古发掘资料看，台湾史前文化最早阶段出现于更新世晚期，距今约5万～3万年前，属于旧石器时代的晚期阶段，亦有学者称为先陶文化阶段。

台湾史前文化的旧石器时代晚期阶段，出现两个文化相貌稍有不同的文化类型。一个是分布在东部及恒春半岛海岸的长滨文化，另一个是分布在西海岸中北部丘陵地带的网形文化。长滨文化出现的年代至少在3万年前，且可能早到距今5万年前左右，结束的年代在距今5500年前左右；网形文化年代测出结果最早在距今5万年左右，结束的年代在距今8000年左右，从出土遗物外观而言，与广西新州地区旧石器时代晚期出土遗物相似，应属旧石器时代晚期。这两个文化年代和华南的旧石器时代晚期相同，但延续到较晚。[2] 近年来福建的考古发现，可以作为台湾同一时期的比对。福建的文化类型反映了从旧石器时代晚期到新石器时代早期的转变与发展，地层堆积连续、清楚，体现了较完整的文化序列。其中旧、新石器过渡期的石器打制技术与台湾长滨文化十分相似，说明两地之间在旧石器时代晚期的可能关系。[3]

---

① 杨子器《舆地图》、利玛窦《坤舆万国全图》以及《福建海防图》，均收入曹婉如等编：《中国古代地图集》，北京：文物出版社1990年版。

② 宋文薰：《史前时期的台湾》，见黄富三、曹永和主编：《台湾史论丛》第一辑，台北：众文图书公司1980年版。

③ 臧振华：《试论台湾史前史上的三个重要问题》，见台湾大学《考古人类学刊》第45辑，1989年版；刘益昌：《史前时代台湾与华南关系初探》，见《中国海洋发展史论文集》（三），台北："中央研究院"三民主义研究所1988年版。

到了新石器时代早期阶段，台湾的史前文化以大坌坑文化类型为主，从遗址的大小及文化层堆积形态得知，已经是定居的小型聚落。主要分布在河边或海边、湖岸的阶地。年代依据遗址测定所得的绝对年代在距今 6500～4500 年之间，晚期也可能延伸到距今 4300 年左右才结束。这个文化的陶器通称粗绳纹陶，特征是手制，质地较松软，通常含砂，烧制温度不高，表面颜色呈暗红、浑褐或浅褐色。器型简单，通常只有钵、罐两种。作为日常工具的石器的数量不多，种类也少，只有打制石斧、磨制石斧、石锛、网坠、石簇、有槽石棒等少量工具。一般相信大坌坑文化人可能也使用不少竹木所制的工具。从出土石制生产工具如石锄、石斧等可以推测当时人已知农耕。① 台湾新石器时代的大坌坑文化与福建、广东二省沿海的早期新石器时代文化有密切的关联，尤其是在福建沿海以金门复国墩、平潭南厝场和闽侯溪头下层为代表的复国墩文化，以及粤东沿海以潮安陈桥、海丰西沙坑为代表的西沙坑文化，与大坌坑文化相当近似，可能属于同一个文化的不同类型或是有密切关联、相互影响的两种文化。大陆东南沿海居民，由于长年在海中捕捞，对海上航行经验逐年累积，造成向海外岛屿拓展移民的机会，台湾大坌坑文化的居民，可能就在这样的背景下从大陆东南沿海到达了台湾。还有的学者根据台湾大坌坑文化与福建的壳丘头遗址下层、昙石山遗址下层、闽南的遗存均有部分的类似性，加上澎湖果叶 A 遗址的彩陶器型和彩纹与昙石山遗址中层和溪头下层早期墓葬的彩陶具有类似性这些点看来，大坌坑文化可能与壳丘头遗址下层、昙石山遗址下层和中层等几个不同年代的文化先后有过接触，显示当时的人类可能存在着从福建沿海一带经金门、澎湖而到达台南地区的这一接触路线。也说明了新石器时代早期文化并非孤立于台湾地

① 刘益昌：《台湾的考古遗址》，台北：台北县立文化中心 1992 年版。

区，而可能通过物质交换体系与亚洲大陆东南沿海互动往来。从生产形态上看，台湾的原始农业也深深受到大陆农业生产的影响，甚至是直接传承而来的。距今 5000 年前左右，带有小米、稻米等作物耕作文化要素的人群再次从亚洲大陆东南沿海迁入或影响台湾西海岸南北，构成台湾史前文化的重大变迁。不但人口增多，聚落增大，而且还向山区迁移，已经完整分布于全台湾各种不同的生态区域。①

进入新石器时代的中期，台湾史前文化与大陆的联系依然处处可见。如这个时代分布于台北盆地与北部沿海地区至宜兰平原的讯塘埔文化，西海岸中部地区以及丘陵台地地区的牛骂头文化，西海岸南部地区以及澎湖、恒春半岛的牛稠子文化和东部地区以绳纹红陶为代表的遗存。不可否认台湾的绳纹红陶文化，确实和福建同一时代的昙石山文化有许多共同的要素，显示二者之间的密切的往来关系。②

从文化发展的角度而言，台湾这些区域性的绳纹红陶文化在各地区逐步演化发展为同一区域各个新石器时代晚期的文化。相似的陶器形制局部发现于闽南到香港之间的亚洲大陆东南沿海地带，福建东山岛大帽山遗址陶器形制与台湾西海岸绳纹陶器类似，出土的可能是澎湖玄武岩制造的石器，年代亦相近，二地之间相互往来的可能性极高。台湾圆山文化以台北盆地北侧为中心并延伸至北海岸地区，以浅棕色素面的陶器为主。其文化特质具

---

① 张光直：《中国东南海岸考古与南岛语族起源问题》，见《南方民族考古》第一辑，成都：四川大学出版社 1987 年版；凌纯声：《古代闽越人与台湾土著族》，见《中国边疆民族与环太平洋文化》，台北：联经出版社 1979 年版；宋文薰：《史前时期的台湾》，见黄富三、曹永和主编：《台湾史论丛》第一辑，台北：众文图书公司 1980 年版；刘益昌、郭素秋：《金门复国墩遗存在亚洲大陆东南沿海的地位及其意义》，见《“中国东南沿海岛屿考古学研讨会”论文集》，2005 年。

② 刘益昌：《台湾的考古遗址》，台北：台北县立文化中心 1992 年版。

有许多外来移民的因素，其来源可能是广东沿海的海丰到香港之间。台北盆地同一时期稍早的芝山岩文化，近年来研究也证实和浙江南部与福建北部、闽江流域的黄瓜山文化具有密切关联，甚至可能是直接移民所致。植物园文化也可能受到福建南部印纹软陶的直接影响。北部地区这三个文化可说是这个时期与东南沿海地区关系最密切的史前文化。① 令人惊讶的是，这个时期北部台湾的圆山文化及土地公山类型已发现来自大陆的少量青铜器。大陆青铜器之输入，虽然属于当时的偶发性之行为，但是由此足见在新石器中晚期阶段，大陆文化对于台湾史前文化的影响力。②

距今2500～1800年，台湾进入新石器时代晚期后段，或可称为新石器时代末期，在台湾东海岸有明显金属器（青铜、铁器）输入的情况。台湾原始居民的生产及生活形态，也迈进了金属器与金石并用时代早期阶段，其延续年代为距今1800～1000年，局部可能晚至距今800年左右。台湾西北部的十三行文化遗址目前的数据显示距今1800～1600年金属器迅速替代石器成为主要的生产工具。至于西南部平原地区的情形则与十三行文化类似，已经大量使用铁器为主的金属器。但是迄今为止，在这些文化遗址的发掘中，尚未发现金属冶炼制造的遗迹。唯一可以得以解释的是，这些金属器特别是铁器的使用，首先来源外来文化的传入，而海峡对岸无疑是其中最为重要的源头。

在这期间，中国大陆的文献已经开始涉及台湾及澎湖岛。距今约1800年的东汉时期，有所谓“东鳀”“夷洲”的记载。通过这些文献记载，我们可以知道中国大陆不仅长期以来与台湾之间

① 刘益昌：《史前时代台湾与华南关系初探》，见《中国海洋发展史论文集》（三），台北：“中央研究院”三民主义研究所1988年版。

② 宋文薰：《由考古学看台湾》，见陈奇禄等著：《中国的台湾》，台北：“中央文物供应社”1980年版；刘益昌：《台湾的考古遗址》，台北：台北县立文化中心1992年版。

有着密切的种族与经济文化联系，而且中国人也最早来到了台湾和澎湖列岛。

从台湾旧石器晚期至公元15世纪即明代前中期，台湾的考古发掘资料，至少可以从三个方面证实了“台湾自古以来是中国不可分割的一部分”的历史命题。第一，地理位置上看，台湾属于中国东南区域的一部分，二者连接在一起。即使是到了距今一万年以来由于海平面的不断上涨，台湾与中国大陆南部区域之间形成海峡，但是作为大陆架的延伸，台湾依然属于中国的一部分。第二，中国大陆对于早期台湾历史文化的影响是独一无二的，不论是从种族的迁移，还是生产、生活等文明形态的传播，都是任何其他一种文明所无法比拟的。甚至可以说，台湾的早期史前文化，基本上是中国大陆南部区域文明的派生亚种，海峡两岸的文明关系从来就没有间断过。第三，从文献记载来看，同样也是中国大陆的人们最先进入台湾、澎湖列岛，并且繁衍生息。以近现代国际法对于领土拥有的原则，谁先发现就属于谁，那么台湾、澎湖列岛理所当然地归属于中国领土的一部分。

三、台湾历史与中国海洋史的关系

上古时期从中国大陆南部逐渐南移的南岛语族，与稍后生存在中国南方沿海各地的古闽越族人一样，有着善于渡海迁徙的习性。在地理环境变迁等因素的诱动下，这种习性，一方面促使他们继续向海上迁移，寻找适合生存的土地；另一方面也会在适当的机会里，再回来台湾。在距今4200～3700年前，台湾的人群带着台湾特有的台湾玉所做的器具，顺着海岸向南走。以巴坦群岛和巴布延群岛为跳板，进入吕宋岛，乃至整个菲律宾。同一时期或稍晚，台湾和福建、广东也有密切的往来。近年来的研究确定台北芝山岩遗址的文化形态，确定是闽江口一带黄瓜山文化的后裔。西南平原上的大坌坑文化晚期跟广东的珠江三角洲，也有密切的关系。台东的卑南文化晚期到三和文化的文化形态，与上述的文化形态来源有所不同，被确定为跟菲律宾的北部吕宋岛有密切的关系。[①]

正如我们前面所述，上古时期台湾的生产生活工具，以石器、陶器为主，具有很明显的中国大陆南部的文化特征。然而由于外来文化的多元性，在一定程度上推动了岛内住民之间的相互影响，这时期的陶器逐渐放弃原来的绳纹，出现精美的黑陶、彩陶，器型也有很大的变化，种类增加。与此同时，由于本土资源的优势，以及外来制作陶器等工艺的影响，台湾玉作为生活用品的重要标志，在台湾各地得到较快的发展和流传。从东南亚一带的考古发现中也可以知道，在距今4000年前向菲律宾迁移的人群，也带着台湾玉同行。[②]

原先迁徙到东南亚的南岛语族族人，逐渐分布于南亚各地以及大洋洲的许多地方。而在距今2500年前后，有一部分族人又越过巴士海峡，重新回到台湾南端的东西两侧。这些外出的人群，在南海的四周接触到来自印度的文明，学会了高温烧制玻璃珠和陶器的方法。千年之后，他们的后人又回到台湾，把这套高温烧制的技术带回来。我们现在可以看到在卑南遗址的上文化层墓葬中，出土的陪葬品有高温烧制的陶容器、石器、玉器和琉璃珠。在花莲的花冈山遗址也发掘到一个新的文化层，葬式是蹲式屈肢葬，以玉器和玻璃珠、金属器陪葬。台湾的考古学家认为，

① 刘益昌：《史前时代台湾与华南关系初探》，见《中国海洋发展史论文集》（三），台北："中央研究院"三民主义研究所1988年版。张光直：《中国东南海岸考古与南岛语族起源问题》，见《南方民族考古》第一辑，成都：四川大学出版社1987年版。

② 刘益昌：《初期南岛语族在台湾岛内的迁移活动：聚落模式以及可能的迁徙动力》，见台湾"中央研究院"人文社会科学研究中心考古学专题中心编：《东南亚到太平洋：从考古学证据看南岛语族扩散与Lapita文化之间的关系》，2007年。

这显然是一个外来人群所建立的新文化体系。①

这些新的物质文化彻底改变了台湾史前人群的装饰。原本以玉为主的装饰又加上以玻璃、玛瑙和金属制品为主的装饰。而这些玻璃、玛瑙和金属制品或是从东南亚地区交换而得，其中金属制品也有可能是从中国大陆交换所得。这种以原始交换为主的贸易体系，直到唐宋时期福建商人兴起，方才改变。从此，台湾的原始住民开始逐渐远离南岛文化的体系，而形成岛内的复杂文化。这些放洋回归的人群，由于拥有不一样的制造技术，也许就成为现在我们所看到的鲁凯和排湾的贵族制度的起源。时间的跨距大概是在距今 2500～1000 年前。

在距今 1000～450 年之间，在台湾的西海岸地区，已经进入外界特别是中国大陆对台湾有些许文字记录的时期。在沿海地区，玻璃珠和玛瑙珠已经很常见，可是山区还是少见。澎湖出土大量产自中国大陆的各类陶瓷。台湾本岛西部有一些遗址出土一些确定是来自中国大陆的东西，如瓷器、硬陶和青铜器。例如新北市十三行遗址的十三行文化层出土了鎏金青铜碗、旧香兰遗址出土少量的硬陶、台东外海兰屿岛上出土高丽青瓷等。台湾的考古学家曾经比对大坌坑文化、北海岸各遗址所出土的宋元时期瓷器，指出：大坌坑遗址所出土的 12～13 世纪的贸易瓷组合，几乎与琉球的奄美大岛、日本博德遗址一致。说明台湾在当时确实是贸易航线上的一个停靠点，虽然规模不大。这条航线从福州或泉州出发，经过台湾北海岸，到琉球，再到日本博德。② 琉球在 15 世纪成为东亚的一个重要的转口站，也成为中国朝贡贸易制度中的一员。明朝出使琉球国的使臣也都选择经由这条航线往返。

---

① 臧振华、刘益昌：《十三行遗址：抢救与初步研究》，台北：台北县政府文化局 2001 年版。

② 刘益昌等：《台湾的史前文化与遗址》，南投：台湾省文献委员会台湾史迹源流研究会 1996 年版。

在明朝的记录中，那时的台湾称作“小琉球”。

14 世纪琉球王国兴起后，明朝与琉球的关系空前密切，双方的官方及私人的贸易往来从未间断过。由于台湾的特殊地理位置，这时候，台湾大坌坑遗址可以看到元代龙泉窑制造的青瓷大盘、青瓷碟、高足杯，景德镇的青白瓷执壶，德化窑的白瓷军持器、白瓷碗盘等。到了 15 世纪初，明朝实施海禁政策，琉球通过朝贡制度，继续与中国和日本之间的贸易，可是在台湾北海岸各遗址所出土的中国青瓷、白瓷有所减少。刘益昌等学者认为，这可能是因为船舶停留时间短，贸易的数量不会太多。[①] 在 15 世纪中期，中国—琉球—日本的贸易航线日益发达之后，原本擅长航海和贸易的台湾本土十三行文化的部落，可能竞争不过福建商人，而逐渐转向，从事台湾内部各部落之间的贸易，有时还依赖福建商人供应铁器。在台湾其他海岸遗址，只有少数遗址出土上述北海岸各遗址所见的外来遗物。这种现象说明，当福建海商兴起后，由于台湾没有什么特殊的、值钱的物产，同时也因为毕竟人口稀少，贸易需求量不大，而被排除在由中国东南沿海商人所建构的世界贸易圈之外。[②] 尽管如此，我们从上古以来台湾岛与中国大陆、东南亚、南亚各地的往来关系中可以看出，台湾以其独特的自然地理位置，在中国海洋文明发展史中，扮演着有别于传统认知的、呈现出别具一格的海洋文明的角色。

然而到了 16～17 世纪时，台湾突然又变得重要起来，这是因为西班牙人、荷兰人东来之后，与中国东南沿海商人产生了直接的碰撞。这时正是明朝的中后期。如果把中国明代的历史放到世界历史的发展进程中去考察，不难发现明代历史是中国历史从

① 刘益昌、郭素秋：《台北市考古遗址调查与研究》，台北市民政局委托研究报告，2000 年。

② 臧振华：《试论台湾史前史上的三个重要问题》，见台湾大学《考古人类学刊》第 45 辑，1989 年版。

“区域史”迈进“世界史”的关键时期。换句话说，明代历史揭开了中国历史与世界历史相互交融的新篇章。

事实上，世界上任何一个国家的历史，都经历了从“区域史”到“世界史”的演变过程。这种演变过程是由各个国家的社会生产力水平所决定的。从真正意义上说，“世界史”的形成，无疑是从欧洲中世纪晚期的资本主义原始积累开始的。从这个时候起，先进的欧洲国家，逐渐地把经济、文化、政治的触角延伸到世界许多地区，区域与区域之间的联系随之强化，地处东方的中国自然也不能例外，东西方之间的碰撞与交流势在必行。中国传统的“区域史”界限也随之被突破，从而与“世界史”产生了千丝万缕的联系。具体地讲，这个“世界史”形成的时期，就是公元15～18世纪，大半处于中国明代。明朝把专制主义中央集权的官僚政治推到了一个新的高度，社会经济状况超过宋元时代的最高水平，并从中酝酿着新旧交替的冲动。伴随明朝的由盛而衰，社会生活的各个领域，都显示出天崩地裂的征兆，延续几千年的中国封建社会进入了晚期发展阶段。也正是在这个时期内，中世纪的欧洲发生革命性的变革，向资本主义社会转变。早期西方殖民主义势力与中国航海势力在东南亚和中国东南沿海的相遇，使中国的历史发展进程再也不能孤立于世界历史发展之外了。这些与以前历代王朝不同的境遇，造就了明代独特的历史地位和丰富多变的时代风貌。

从比较世界史的立场来观察，明初中国国力的鼎盛时期，正是欧洲黑暗的中世纪。而西方透露出资本主义的曙光，也和明中叶以降中国社会经济与文化思潮的新旧交替的冲动几乎同时。随着欧洲资本主义原始积累的步步推进，早期殖民主义者也跨越大海，来到了亚洲及中国的沿海，试图打开中国的大门。差不多在同样的时期，伴随着明代中期社会经济特别是商品市场经济的发展，中国的商人们也开始萌动着突破传统经济格局和官方朝贡贸易的限制，犯禁走出国门，投身到海上贸易的浪潮之中。

16世纪初叶，葡萄牙人、西班牙人相继东航，他们各以满剌加、吕宋为根据地，逐渐伸张势力于中国的沿海。这些欧洲人的东来，刺激了东南沿海地主商人的海上贸易活动。于是嘉靖至万历时期，民间私人海上贸易活动取代朝贡贸易而迅速兴起。中国沿海海商的足迹几乎遍及东亚、东南亚各地，其中尤以日本、吕宋、暹罗、满剌加等地为当时转口贸易的重要据点。他们把内地的各种商品，其大宗者有生丝、丝织品、瓷器、白糖、果品、鹿皮以及各种日用珍玩等，运销海外，而换取大量白银以及胡椒、苏木、香料等回国出售。由于当时的欧洲商人已经染指东南亚及我国沿海地区，因此这一时期的海外贸易活动，实际上也是一场东西方争夺东南亚贸易权的竞争。中国的沿海商人，以积极进取应对的姿态，扩展势力于海外各地。据许多外国商人的记载，17世纪前后，中国的商船曾遍布于南海各地，从事各项贸易，执东西洋各国海上贸易的牛耳。嘉靖前后，闽粤沿海经商者众多，且分布相当广泛。

明代中后期不仅是中国的商人们积极进取，应对“东西方碰撞交融”的时期，而且随着这种碰撞交融的深化，中国的对外移民也渐成常态。唐宋时期，虽然说中国的沿海居民，也有迁移海外者，但是一是数量有限而非常态，二是尚不能在迁移的地方形成具有一定规模的华侨聚居地。而具有真正意义上的海外移民并且形成华侨群体的年代，不能不断定在明代时期。这种情况在福建民间的许多族谱中多有反映，譬如泉州安海的《颜氏族谱》中记载，该族族人颜嗣祥、颜嗣良、颜森器、颜森礼以及颜侃五人，都是在成化至嘉靖年间经商于暹罗并侨寓其地而死的。《陈氏族谱》中记载该族族人陈朝汉等人于正德至嘉靖年间经商于真腊而客居未归。再如同安汀溪的黄姓家族，明代成化年间有人去了南洋，繁衍族人甚众。永春县陈氏家族则于嘉靖年间经商于吕宋而定居于其地。类似的例子很多，举不胜举。[①] 万历五年(1577年)十一月，广东海盗商人张琏、林朝曦、黄君荐等三人在三佛齐“列肆”营商，号为“蕃舶长”，联络那里的中国海商侨民，控制与中国的对外贸易。万历八年起，西班牙殖民者在马尼拉对岸巴色古河沿岸地方，为中国商人建设丝绸市场，这是外国流民的商业区域，在此贸易者不乏广东籍的商民，不少人就成为这里的华侨。又据有关记载，从明代中后期始，中国的丝绸、瓷器等商品已由中外商人贩运到墨西哥等拉美地区，一些广东商民已在墨西哥阿卡普尔科等地从事造船业或其他行业的生产经营活动。[②]

15世纪至17世纪固然是西方殖民主义者向世界各地扩展的时期，从而也逐渐推进了“世界史”的涵盖空间，但是其时东方的明代社会，中国的商人们以积极进取应对的姿态，同样也把自己的活动范围向海外延伸拓展。这种双向碰撞交融的历史进程，无疑在另一个源头促进了“世界史”大概念的形成与发展。因此可以说，15世纪至17世纪的中国明代社会，同样是推进“世界史”格局形成的一个重要组成部分。

在这种东西方直接碰撞的“大航海时期”，台湾岛极为重要的地理因素再次引起世人的重视。无论是西班牙人还是荷兰人，在向东方寻求贸易据点的时候，都先后把立足点建立在台湾岛上。同样的，中国东南沿海的商人们，也纷纷来到台湾岛上，建立起自己的商业据点和生产生活空间。与之相适应的是，从明代中后期始，福建等沿海的居民，也开始批量地向台湾岛内移民，循着先人的足迹，来到台湾岛上寻求新的生存地域。于是，台湾

---

① 王日根、陈支平：《福建商帮》，香港：中华书局1995年版，第117—119页。

② 黄国信、黄启臣、黄海妍：《货殖华洋的粤商》，杭州：浙江人民出版社1997年版，第144页。

岛再次成为中国连接海外乃至欧洲的贸易重地。在17世纪里，中国的东南沿海海商，依托着地理上的优势，终究成为这一广阔海域贸易的主导者。① 这一时期世界东方的贸易活动，在很大程度就是围绕着台湾岛而展开的。18世纪以后，虽然中国东南沿海的贸易活动有所衰落，政府的闭关锁国政策严重地限制了中国商人从事世界性商业贸易的活动自由，但是不可否认的是，从明代中后期起一直到清代后期，台湾岛始终是中国对外交通和贸易的一个重要通道。近现代以来，随着国际化的日益深入，台湾成为联系世界经济贸易的活跃区域之一，其重要的战略地位一直为世界各国所重视。正因为如此，我们在探讨台湾历史文化的时候，对于台湾数千年历史演变中所扮演的连接中外文明、促进海上丝绸之路的重要角色，是无论如何不能予以忽视的。

四、明清时期：核心与边陲的交融

随着明代中后期福建等沿海居民成批地向台湾岛内移民，台湾岛逐渐成为福建等沿海地区人民生产生活所不可或缺的新开垦地域。于是，当明清王朝交替之时，抗清名将郑成功从荷兰人手中收复了台湾，作为抗清据点。清朝康熙皇帝主政之后，和他的臣子们同样也清醒地认识到，“孤悬海外”的台湾岛，是王朝子民赖以生存的家园，是国家不可分割的一部分。因此，当明郑势力逐渐衰落的时候，清王朝统一了台湾，从此台湾列岛成为清王朝大一统体制下的一个行政区。

纵观明代中后期大陆福建等地向台湾移民，以及清朝对于台湾岛二百余年的治理，可以用一句话予以概括，这就是：中华核心与边陲文化的相互交融。

---

① 傅衣凌主编，杨国桢、陈支平著：《明史新编》之前言及第八章，北京：人民出版社1993年版。

在大陆福建等地向台湾岛内移民之前，台湾民众的生产生活形态，大多处于渔猎及粗放农耕的阶段，其社会组织结构也比较原始，有些部落还保存着母系氏族的残余。当大陆汉民大量迁移而来，特别是明郑及清王朝的政治体制进入之后，台湾岛内的生产生活形态及社会体制，几乎完全为中华传统文化形态与社会政治体制所覆盖。尤其是其现有的居民，大部分由海峡对岸的福建沿海区域迁移而来，福建社会文化特别是闽南社会文化对于台湾社会文化的影响，基本上是属于移植性的。随着大陆沿海民众的大量迁入与定居，台湾作为中国文化生态圈中的一个区域，其文化经济的存在与发展当然也打上了中国传统文化的思想烙印。中华文化在拓展过程中，以汉族为主导，融合了各民族文化，从而形成了自己的文化特质，体现出中华民族的民族精神。中华民族在融合过程中，强化了境内各民族间的联系纽带，共同的民族文化日益发展，成为中华文化发展的主体内涵。但是，中国幅员辽阔，由于地域间的差异，不同区域社会群体的生活环境、发展历史等因素不同，从而出现具有地方特色的区域文化。东南文化等地方性文化既是中华文化的组成部分，又是具有独特区域特质的文化。台湾社会是从移民社会发展过来的，伴随着东南沿海汉族民众大量东渡，东南文化向台湾传播，台湾逐步演变成与闽粤十分相似的文化区域，它是中华民族数千年历史发展过程中各民族、各地区融合的一个部分。台湾文化是东南文化的延伸与发展，它是生活在中国东南沿海区域与岛屿范围内操闽南与客家方言人民拥有的区域文化的组成部分。

从国家政治体制的层面上看，明末清初，抗清名将郑成功以厦门等闽南沿海地区为基地，于 1661 年率军队东渡收复台湾。郑成功收复台湾后，设一府二县，将明朝的行政设置及管理制度移植到台湾，在台湾岛上设郡县加以治理和开发，这使台湾岛上首次建立起与大陆模式一样的行政设置及管理系统，从此，大陆郡县制扎根于台湾。1683 年清政府攻下台湾后，为加强对台湾的管理，于 1684 年 5 月设台湾府，为福建十二府之一，受分巡台厦兵备道管辖，从此时到 1885 年台湾建省，闽台合治逾二百年。分巡台厦兵备道管理台湾和厦门事务，是福建行省五个道级政区之一。1875 年 11 月 27 日，清政府批准了沈葆桢等人的省台兼顾方案，福建巡抚“冬春驻台，夏秋驻省，庶两地均可兼顾”①。福建巡抚省台兼顾的方案实行三年，1878 年 5 月后又再废止。经过十余年的讨论酝酿，1885 年 11 月，清政府决定在台湾建省，“著将福建巡抚改为台湾巡抚，常川驻扎。福建巡抚事，即著闽浙总督兼管”②。闽台合治逾二百年的历史事实，反映了闽台地缘关系亲近的状况。

福建、广东与台湾由于地理位置毗邻，特别福建和台湾关系密切及历时逾二百年的闽台同省合治制度，形成台湾汉族移民以福建居多、广东其次的特殊状态。至 1811 年，全台湾的汉族人口已达 194.5 万人。1875 年钦差大臣沈葆桢的开禁建议得到清政府批准，历时二百多年对台湾实行半封锁的政策宣告结束。为了更好地组织垦殖，清政府在厦门、福州、汕头、香港等东南沿海各地设招垦局，免费运送移民渡台，这样移居台湾的闽粤等地人民又有增加，至 1895 年全台人口已达 370 多万。东南沿海与台湾间的血缘关系还表现在宗族家族关系的产生和发展，这是两地血缘关系的延伸和扩展。中国人思想中蕴藏着一种根深蒂固的观念，就是无论走到哪里都不会忘记自己的根，这使闽粤台间宗族家族的交融成了必然的历史现象。随着闽粤等地人民大量移居台湾，祖籍地的宗族制度以及有关的宗族组织、宗族活动等相继移

---

① 转引自徐万民、周兆利著：《刘铭传与台湾建省》，福州：福建人民出版社 2000 年版，第70 页。

② 《光绪朝东华录》（二），北京：中华书局 1958 年版，第 2009 页。

植到台湾。[1]

在东南沿海与台湾两地文化的交往融合中，闽粤民间的宗教信仰很自然地扎根于台湾社会，并出现两地民间宗教信仰上的共同特征。这种情况的出现，就是与两地深刻的社会和思想观念等有密切联系。首先，闽粤台宗教信仰的思想基础相同，均源于中华民族传统的思想文化，既有敬天思想、儒家伦理思想，又有道家等思想，这种深厚的基础决定了两地民间宗教信仰交流融合中难舍难分的关系。其次，闽粤台人民既有向海外发展的传统做法又有着根深蒂固的故土观念。这种强烈的传统观念有各方面的表现形式，其中世代信仰具有祖籍特点的神明，正是人们眷念故土、不忘祖根观念在神缘文化方面的强烈反映。再次，民俗的实用功能和它的传承性，使得闽粤台各种主神信仰习俗得以长期延续，主神的香火经久不替。闽粤台各种相同的宗教信仰已成为一种民间习俗，其信徒遍布闽粤台各地。人们受传统思想的影响，并根据自身的经验，自认为信仰祖先神，儿孙能消灾解厄，得到保佑；信仰医神，人们能借助神明的威力驱除疫病；信仰土地公，人们可平安顺利，认为他能造福乡里；信奉妈祖，能使人们化解航海中的各种危难等等。此种民俗的实用功能，使各种信仰习俗得以延续传承。而且这些信仰习俗形成后，本身具有明显的传承性。因为这些神祇的信徒从小即受到前辈及各种习俗事象的熏陶，必然受到潜移默化的影响，而且这些信徒来自非常广泛的社会阶层，因此，众多信徒的心理需求是股不可抗拒的力量，促使这些民间习俗得以代代延续下来。[2] 除此之外，闽粤等东南沿海人民移居台湾，以地缘、血缘关系聚居，在一个社区居住着同

① 陈支平、詹石窗主编：《台海关系：东南文化经济的特殊分布》，见《透视中国东南》第十三编，厦门：厦门大学出版社 2003 年版。

② 陈元煦：《闽人渡台与闽台主神信仰》，见福建省炎黄文化研究会编：《同祖同根，源远流长》，福州：福建人民出版社 1997 年版，第 388 页。

一祖籍地的民众，共同奉祀原已膜拜的神明，并以神庙为活动中心，作为联络乡情的纽带，整合同乡的社群关系，从而聚集力量去进行垦殖和发展。在古代，宗教不但一定程度上给予人们在忧虑挫折中得到慰藉与寄托，同时也在人群团结协作上发挥作用，而且使各种社会群体发生社会关系，彼此相识相交，进而互助互慰。在科学技术不发达的时候，宗教信仰也成为移民们战胜恶劣自然环境的一种精神寄托和力量。

从明代中后期起，福建沿海居民向台湾成批量地移民，一直到清代后期，台湾的历史文化变迁，是以大陆政治制度及福建的地方文化完全覆盖于全岛为主轴的。正因为如此，我们曾经结合闽台在中国海上丝绸之路上的重要地位，把闽台区域文化的基本特征，归纳为乡族性和国际性这两大特征。①

明清时期，东南沿海与台湾间两地社会生产力发展水平悬殊，大陆东南沿海沿江等经济发达地区农业、手工业生产技术已达较高水平，这为台湾的开发和生产力水平跳跃式的发展提供了条件。这阶段东南沿海与台湾间的交流侧重农业、手工业等方面，并以东南沿海向台湾输出各种物品和较先进的生产技术为主。此后，随着台湾社会经济的发展，生产物种类和数量的增加以及科技水平渐次发达，其优质物品和较先进的科学技术也输进闽粤等东南沿海地区。东南沿海与台湾间生产物和科学技术的交流，促进了两地经济的发展和社会的进步。清政府1683年统一台湾为东南沿海与台湾间商业贸易活动的发展提供更好的环境，但清初两岸间船只对渡仍有严格的限制。1684年，清政府指定厦门与台南的鹿耳门为两岸通商的对渡港口，翌年清政府在安平港设立海防同知，于台湾和厦门设立机构，设于厦门者称为泉防

① 陈支平：《闽南文化的历史构成及其基本特征》，载《新华文摘》2014年第15期。又见何少川等主编《闽台文化大辞典》陈支平所撰之导论部分。

厅，在台湾者称为台防厅，以稽查出入两地的船只。随着政治环境的稳定以及大陆移民的增加，海峡两岸的贸易往来迅速发展。除了官府为了调剂军粮等供需的货运往来之外，沿着东南海岸线地域的民间贸易往来，也相当活跃，两岸商人所及之地，主要涵盖了福建的漳州、泉州、兴化、厦门、福州等，还有上海、苏州、宁波等地。闽台两地商业贸易的最新组织，即郊行组织，日益增加，贸易规模不断扩大。在台湾定居的东南沿海商人增多，进一步推动了台湾的经济开发与发展。清代台湾社会经济的发展，正是在这中华核心文化向边陲地区扩展的过程中形成的。

从郑成功治理台湾到清代后期，虽然台湾历史文化的变迁是与大陆政治制度及福建的地方文化完全覆盖于全岛为主轴的，但无论是明郑政权，还是清王朝的历届统治者，均没有忘记对于台湾少数民族的安抚与善治。自汉人迁入台湾以来，往往把台湾少数民族分为“熟番”和“生番”。“熟番”一般是指已经归化并纳入政府管理的这一部分民众，因为其居住地比较靠近于山麓、平原，通常被称为“平埔人”。而“生番”则一般指尚未纳入政府管理并且居住在深山老林中的民众。对于“生番”，历届官府基本上采取了不予侵扰、尊重固有生活方式的政策。而平埔人既然在清代已经逐渐被官府纳入国家户籍管理的体系，必然与官府发生各式各样的权利与义务诸方面的联系。同时，清代是中国大陆特别是福建、广东两地汉民移居台湾的高峰期，汉民移居台湾的垦殖活动，先从台湾西部的沿海地带开始，逐渐向内陆山区推进，这样就必然与平埔人的社会经济活动产生碰撞与交融。于是，清代台湾社会既包含着政府与民众的关系，又掺杂着不同族群的民族关系在内，显得格外的复杂。

17 世纪以前，即明代嘉靖之前，台湾少数民族部落众多，各不相属，互有争斗。嘉靖万历以来，福建等沿海居民开始成批迁居台湾，并逐渐在台湾西部沿海一些地区实行垦殖活动。与此同时，西班牙、荷兰殖民主义者也侵占台湾西部地区，并在这里建立了社会管理体制，台湾部分少数民族，也就是后来平埔人的一部分部落，被纳入到他们的管理体制中。清代初年郑成功驱逐荷兰殖民者、收复台湾，其对平埔人的管理和征税，基本上沿用原有的机制。清朝统一台湾之后，逐渐在全境推行府县管理体制，然而对于已经归化纳税的平埔人，依然采取设立土官予以自治的办法，并由府县统摄。

荷兰人占据台湾期间，基于殖民主义的理念，对于平埔人的征收，税负甚重，每年从“番社”索取鹿皮万余张至五万张不等。[①] 明郑统治时期，由于一直处于战乱之中，军费开支巨大，各种税收无法减免，虽然所征收的税种基本上从鹿皮等土产转化为以征收银两和粮食为主，但是在此期间负担依然是相当沉重的，甚至有增无减。清朝统一台湾之后，政府认识到对于平埔人征税的不公平，逐渐采取措施，减免税负，使平埔人的户丁税额与汉民的户丁税额持平。清代政府对于台湾少数民族推行的是一种安抚优恤政策，这正像乾隆皇帝在二年（1737 年）的上谕中所表达的观念一样，“民番皆吾赤子，原无歧视”，“汉番”应该一视同仁。清朝政府对于台湾归化纳税的平埔人，采取了尽可能消弭界限、一视同仁的政策，具体反映在税收的征取上，显然比起明代后期荷兰殖民者和明郑统治时期要减轻很多。除此之外，清政府还从教育、参政、承担地方责任等各个方面，予以一定的政策倾斜照顾；对于地方上所发生的“汉番”纠纷等事件，也往往会适当地考虑到少数民族在经济上的弱势地位，善加保护。这一系列的“抚番”政策，对于维护台湾地区的社会安定，促进民族和谐，显然起到积极的推动作用。

---

① 乾隆《重修台湾府志》卷十六《番俗通考》。

在清王朝统治台湾的二百余年时间里，对于少数民族的政策，成效卓著，“汉番”通婚的现象也越来越频繁。显然，这些变化应该归功于清朝政府能够从平等的理念来实施“理番”的政策，使得大部分平埔人愿意成为国家的“编户齐民”；而另一方面，成为“编户齐民”的平埔人，勇于承担维护地方治安、特别是守卫隘口的责任，这又反过来协助了清政府在台湾的统治。就整体情景而言，清朝政府在台湾的民族政策，是相当成功的，是值得借鉴的。这种政策的实施，又从一个侧面体现了中华文化的包容心态与宽阔胸怀。

五、近代以来：迷蒙中的历史变迁

1895年之后，台湾为日本所侵占，遭受了半个世纪的日本殖民统治。日本殖民者不仅在台湾建立了高压的政治体制，而且还从经济、教育、文化、民间组织等各个方面，实施“皇民化”措施。1945年，台湾光复后，国民党在大陆的腐败统治及其溃败，对台湾的政治、社会以及经济等方面，都产生了诸多的负面影响。1949年以后，海峡两岸严重对峙，国民党当局不得不依赖于美国政府的庇护，美国政治体制及其文化从此也对台湾的政治体制及文化等许多方面，产生了一定的影响。20世纪80年代中国大陆改革开放不断深入，与世界的联系日益密切，在国际中所扮演的角色日益重要，同样也对台湾的政治、经济走向产生了不小的影响。在这样的历史背景下，一个世纪以来，台湾的政治走向、文化价值取向、经济结构的演变转型，均处于一种迷蒙的状态之中。

在日本殖民统治台湾的五十年里，台湾在社会性质和政治制度上都和祖国大陆极为不同。在文化领域里，尽管大多数台湾人民保持了强烈的中国意识，在日常生活中仍然保持中华文化，但是日本殖民者极力推行同化政策和“皇民化”政策，企图将台湾人民同化成为“畸形的日本人”①。日本殖民者的政策，虽然摧毁不了传统的中华文化，但却“在很大程度上侵犯了台湾同胞十分珍视的民族文化传统和独立精神，破坏了台胞世代相传的宗教信仰和生活习惯”②。同时，也在少数台湾人的意识中留下了始终不能平复的伤痕。③

第二次世界大战后美国的强权政治及其优越的经济条件与文化氛围，造成了世界性普遍的“崇美”现象。当台湾政治、军事、经济与美国勾连在一起的时候，美国的政治、经济、文化价值观，就不能不潜移默化地渗透到台湾社会的各个层面。美国先进的经济文化实力，对台湾本地文化造成一定的影响，台湾民众在接受现代化生产方式与现代科技上有较高的愿望和现实性，产生一些优越感。这些因素使得台湾文化在展现出它的草根、本土化的属性的同时，也对西方的文化价值体系产生了较为强烈的好奇心。

当然，对于外来文化的侵蚀，台湾人民也有着本能的抗拒与理性的抵制。日本殖民者在台湾实行殖民统治，为了破坏和摧残台湾原有的中华文化体系，一度禁止使用汉文，代之以日文，封闭中国式寺庙、毁神像，改参拜日本神社，改中国服装为日本和服，改中国姓名为日本姓名，禁止中国民间节日活动等等，强制台湾人民接受日本文化。台湾人民在50年间进行种种抵制，此时乡土观念已含有爱国主义的内容。当时普及日语是日本在台同化政策的主要措施，许多台湾民众抵制日式教育，坚持汉语汉字的普及和传播，以保持和延续中华文化的根基。台湾民众继续沿

① 戴国辉：《台湾与台湾人》，东京：研文堂1980年版，第212页。

② 陈碧笙：《台湾地方史》，北京：中国社会科学出版社1982年版，第279页。

③ 王晓波：《走出台湾历史的阴影》，台北：帕米尔书店1986年版，第302页。

袭传统的书房或私塾教育，学习汉语汉字，他们认为“汉文的保存，乃是台湾民族运动的一大眼目”[①]。一些台湾学生在学校学习日文，在家中用闽南话交谈。即使在“皇民化”运动期间，传播汉学的书房依然存在，直到1943年才被总督府废止。在日本殖民统治时期，闽南方言仍是民间交流的主要语言工具，以至于进行同化任务的“皇民奉公会指定演剧挺身队”在全岛巡回演出“皇民化”剧目时，因许多观众听不懂日语，不得不用闽南方言进行演出。还如成立于20世纪20年代的台湾文化协会采取一系列复兴台湾地区中华文化的活动，包括举办各种讲习会，启迪民智，宣扬中华文化；创办《台湾民报》，利用各种合法场合向台湾民众广泛宣传中华传统文化。台湾人民利用种种的措施保持和发展中华传统文化，当时台湾人民的中华意识，是一种以共同的中华文化为基础的民族意识。[②] 当美国文化充斥台湾社会的时候，同样有许多知识分子及民间人士以种种方式，力图保存中华固有的传统文化，警示西方文化的负面影响。

总之，我们一方面要认识到东南文化、台湾文化与中华文化的一脉相承的渊源关系，台湾文化是和中华文化具有广泛一致性的亚文化，是中华文化的一个分支；另一方面要看到台湾特殊的历史背景、自然地理环境和社会经济条件，包括前述各历史时期及战后美国及西方文化对台湾的影响。中国大陆文化与外来文化的联系及受影响控制的程度不同，这使得今日台湾文化与大陆东南文化存在某些差异，台湾文化是东南文化的特殊分布。我们还要看到，各历史时期外来文化的影响终究有限，其冲击不足以改变台湾文化的基本内核，台湾文化呈现的种种差异也不足以构成台湾文化的核心和主体部分。各历史时期台湾人民都保存了中华

① 叶荣钟：《台湾人物群像》，台北：帕米尔书店1985年版，第256页。

② 具体参阅陈小冲：《日据时期台湾的中华文化复兴运动》，见福建省炎黄文化研究会编：《闽台文化研究》，福州：福建人民出版社1997年版。

文化传统，台湾文化的内核和文化特质仍然没有改变，建立在共同文化基础之上的民族意识成为台湾人民之间及台湾与大陆联系的精神纽带。

以上是我们对于台湾历史文化的基本看法。虽然从篇幅上看，本书多达六卷，近200万字，但是对于有着数千年发展历程的台湾历史来说，基本上还只能是粗线条的，许多方面只能点到为止，缺乏更为深入的分析。因此，这套《台湾通史》的写作与出版，除了希望为广大读者了解台湾历史全过程提供一部稍微详尽的文本之外，也更希望由此抛砖引玉，呼唤更多的关注台湾历史文化的专家们，投入到这项工作中来。历史的发展是没有止境的，台湾的政治、经济、社会、文化等各个方面，无时不在变动之中。我们期待着后续年轻的学者们，有更新、更好的台湾通史著作呈现给社会。这就是我们这部《台湾通史》所有撰写人共同的祝愿。

目　录

第一章

台湾的史前文化

台湾为中国第一大岛，位于亚洲东部，与周围环境的相对位置如下：中国大陆东南方，太平洋西侧，菲律宾北方，琉球群岛西南方。西岸隔台湾海峡与中国大陆福建省相望。南以巴士海峡衔接菲律宾所属的巴坦群岛。北接东中国海。西南为南中国海。

台湾地处东经124°34′30″（宜兰县赤尾屿东端）至119°11′03″（澎湖县望安乡花屿西端），北纬21°45′25″（屏东县恒春镇七星岩南端）至25°56′30″（宜兰县黄尾屿北端）之间。台湾是由岛屿组成的四面环海省份，全省由台湾本岛与澎湖列岛，以及周围80余个岛屿组成。包括本岛与附属岛屿的陆地总面积为35989.7573平方公里。台湾本岛南北长394公里，东西最宽处144公里，环岛海岸线长1139公里，本岛总面积35788.0908平方公里。

大陆福建省隔台湾海峡与台湾相望，距台湾本岛最近处仅约126公里。台湾又位于东北亚与东南亚的中间，位居东亚岛弧的中枢，掌控西太平洋航道的中心，战略位置特别重要，素有我国“七省藩篱”之称。

第一节 台湾岛的形成

台湾位于欧亚大陆板块最东端，与菲律宾海板块相接，南与南中国海板块相邻，所处的位置属于地球板块活动最剧烈频繁的地区“环太平洋地震带与环太平洋火圈”之上。

弧陆碰撞、弧弧碰撞、二次碰撞是学界对台湾造山过程的三种认识。[①] 三派都同意最早的碰撞发生在宜兰东部外海，也在这一带的海面冒出岛屿，但此处的岛屿因垮塌作用而沉入海里。

台湾岛的地质年代与其他地区相比，属于非常年轻的岛屿。由菲律宾海板块挤压欧亚板块使地壳隆起所形成的台湾岛，中央山脉以西为欧亚板块，花东地区的海岸山脉属于菲律宾海板块，在这两座山脉之间的花东纵谷就是两大板块交界的缝合线。菲律宾海板块目前仍持续挤压欧亚板块，以平均每年 7 厘米的速度向西北方移动，使得造山运动仍在进行，中央山脉每年约上升 0.5～1.0 厘米。

---

① 三种学说略述如下：(1) 弧陆碰撞：这派学说认为欧亚板块的南海地壳曾有一道东西向的中洋脊，促使南海地壳向南北张裂，但止于 1600 万年前。随后菲律宾海板块载着吕宋岛弧向西北漂移，到了距今 1200 万～1000 万年前，在台湾东方数百公里处撞上欧亚板块，揭开了造山运动的序幕。(2) 弧弧碰撞：挤出台湾岛的两个板块，东南边的前缘同样是吕宋岛弧，但西北边的欧亚板块边缘并非单纯沉积岩层，而是含有欧亚板块上残留的琉球岛弧。(3) 二次碰撞：第一次碰撞是发现海岸山脉上的大陆地壳风化痕迹，而第二次碰撞则是在利吉混同层中找到的海洋化石，最新的只到 300 万年前，代表 300 万年前台湾造山带开始加速隆起后，花东纵谷就未再沉入海里，也就是海岸山脉已完全和古台湾岛连在一起。

（一）1亿4000万～8000万年前

1亿多年前，古太平洋板块向欧亚板块隐没，于是在现今的华南与日本等地区形成大规模的火山喷发。位于欧亚板块边缘大陆架上的台湾，受到古太平洋板块巨大的挤压，大陆架沉积物被挤压出海面，形成最早的台湾岛。

（二）8000万～2000万年前

距今约8000万年前开始，古太平洋板块停止向西隐没到欧亚板块，欧亚板块长久以来受到的挤压作用因而减除，华南地区的火山逐渐停止喷发。由于欧亚板块不再受挤压，形成舒展张裂的环境，于是欧亚板块东端的边缘区域，形成许多陷落的沉积盆地。距今6500万年前开始，台湾及邻近地区逐渐沉陷成沉积盆地，堆积了来自华南地区侵蚀下的大量沉积物。现今的雪山山脉及其西部麓山带，以及中央山脉西翼都可看见巨厚沉积岩层，就是当时在大陆架与大陆坡上的堆积物。

3000万年前，南中国海一带开始张裂，造成欧亚板块裂开，并长出新的海洋地壳“南中国海”。板块的张裂运动持续到1500万年前才停。2000万年前时，南中国海岩圈向东隐没到台湾东侧的菲律宾海板块之下，并在菲律宾海板块上形成一长串的火山岛链。这串岛链北端的火山岛就是现今的海岸山脉、绿岛与兰屿。火山岛链形成之初，其位置尚在现今台湾岛东南方的远处，但因菲律宾海板块以每年7～8厘米的速度向西北方移动，位于上方的火山岛链也随着向西北移动。

（三）2000万～600万年前

这个时期的大地构造环境与前期大致相似，仍处在张裂环境，板块持续伸张，但已趋于缓和。大陆架陷落的盆地之中，不停堆积沉积物。溢流式的玄武岩质岩浆也时有喷发。在约1000万年前较大规模的喷发过程中，形成现今的澎湖列岛。

（四）600 万～300 万年前

在 600 万年前，菲律宾海板块西缘的吕宋岛弧北端与台湾岛附近的欧亚大陆边缘开始碰撞，使得位于台湾附近大陆架上的沉积岩层及火山岛弧相互推挤、隆起，从南到北逐渐露出海面形成今日的台湾岛。地质学家将这次因火山岛弧与欧亚大陆碰撞而形成台湾褶皱山脉的造山运动，称为“蓬莱运动”。

（五）300 万～20 万年前

距今 300 万年前，现今台湾岛的地貌已经具有雏形。高耸的中央山脉与低缓的西部丘陵及平原已经成形。东部海岸山脉核心的火山岛弧逐渐和中央山脉并接在一起，成为台湾岛的部分。海岸山脉与中央山脉属于不同的板块，两者以狭长的花东纵谷为界。向西北方移动的菲律宾海板块一部分隐没到北台湾岛之下，自 280 万年前开始，陆续在台湾北部以及外海地区如基隆屿、棉花屿、彭佳屿与钓鱼岛形成大规模的火山喷发。

在之后的年代，主要弧陆碰撞挤压点逐渐南移，台湾北部地壳由原先的挤压作用逐渐转变为张裂作用。100 万年前，金瓜石一带的基隆火山群岩浆喷发侵入沉积岩层，形成丰富的金铜矿产。80 万～40 万年前为大屯火山群喷发期，主要的喷发期集中在 60 万年前，大量岩浆涌出地表，直到 20 万年前才停止大规模的火山活动。

在菲律宾海板块向西隐没，形成琉球岛弧的同时，也造成欧亚板块边缘张裂，形成弧后冲绳海槽及兰阳盆地。这地区板块的隐没及张裂活动还不断在进行，持续造成地壳破裂，使得现今宜兰外海经常发生地震。

（六）20 万～1.8 万年前

这一时期台湾岛的形态没有太大的变化。但是受到数次的冰河期影响，造成环境极大的改变。近期的冰河时期约每十万年形成一次，地球上大量的水变成冰，并堆积在南北极的冰帽、高纬度地区以及高山上，形成冰原与冰河的环境，造成海水的减少，所以在冰河时期全球的海平面会大幅下降数十米至百余米。台湾海峡大部分地区深度不到 70 米，现在台湾海峡在冰河最盛的时期（全球海平面比今日低 130～150 米）几乎全变成陆地环境。台湾的高山地区在冰河期也堆积许多冰山，这些冰山也造成切割地形，影响台湾动植物。

（七）1.8 万年前

2.5 万～1.8 万年前为最近一次的冰河期，又称为末次冰河期，这段时期的台湾海峡是不存在的，那时的海平面比现在还低约 130 米。冰河时期的亚洲大陆中心非常寒冷，但是海洋的洋流可以提供热能，所以沿海地区的气候比大陆中心温暖，当时的台湾的环境比较适合生物生存，许多亚洲大陆的动物因此移栖到沿海地区与台湾。

第二节　史前文化的发展与变迁

一、台湾史前文化概述

从目前考古学的调查研究所知，台湾从距今 5 万年前的旧石器时代晚期开始就已经有人类居住，[①] 历经新石器时代、金石并

---

① 臧振华教授针对长滨文化八仙洞遗址发掘，得到的定年结果，大致说明长滨文化至少在 3 万年前开始，不过仍有如宋文薰教授推测从 5 万年前开始的可能；台湾西部的网形文化目前已知最早的年代接近 5 万年，因此仍可作为此一推测年代的基础。另参见刘益昌：《史前文化与“原住民”关系初步探讨》，载《台湾风物》1995 年 45 卷第 3 期。

用时代，在长期的发展过程中，不同文化的人群都留下了丰富的遗址。

台湾地区遗址分布的情形，可从垂直及水平两个方向来分析。第一，关于垂直方向。从遗址分布之高度看，最低的见于海拔仅仅数米的海滨上，如十三行遗址位于淡水河口南岸平原的海岸沙丘后方，海拔 3～5 米。甚至部分遗址受到地层沉降的影响而处于零海拔地带或低于海平面，台北市社子遗址与宜兰县礁溪乡大竹围遗址就是最明显的例子。最高的遗址通常与高山地区族群活动的最高界线相等，达到海拔 2000 米左右，如七家湾遗址位于武陵农场内海拔 1700 米左右的河阶地。近年来在更高的山区也发现史前时期的遗址，如大甲溪上游北侧支流志乐溪发源地附近，海拔 2950 米的缓坡上发现 20 多座石块垒筑的房子，构成一个小型的聚落遗址。从自然条件而言，台湾本岛周缘的平原或较低的台地丘陵地区，是人类生活较理想的地区，因此史前遗址分布颇多。而在较高的山地地区，尤其是河流中上游的高位河阶或缓坡地，适合早期族群居住或活动的地区，也常常发现遗址。第二，关于水平方向。北自靠近台湾最北端的三芝（小基隆）、石门及基隆和平岛（社寮岛）等地，最南到达鹅銮鼻半岛南端，东起东海岸的全线，西至西部的海滨，可说到处可见史前遗址。除了台湾本岛外，澎湖诸岛、小琉球、绿岛以及兰屿等附属岛屿上，也都发现有史前遗址。

台湾的考古工作与史前时代的研究，肇始于 1896 年台北芝山岩遗址发现，迄今已有百年以上的研究历史，考古学者经历了长时期的调查与研究工作，已经建立起一个台湾史前时代的文化发展与演进的时空架构。除了文化的演化以及类缘关系的探求之外，考古学者通常也通过对遗址及遗物的分析研究，企图建立史前时代人类社会的技术系统、生活形态、聚落形态、社会组织等相关体系，以了解史前时代社会的运作及变迁的情形。对于这方面的研究，目前在台湾地区尚属初步，但仍值得继续进行，以进一步了解过去人类的社会状态。

台湾的史前文化大约从更新世晚期，距今约 5 万～3 万年前的旧石器时代晚期开始，经过新石器时代、金石并用时代而进入历史时代。截至目前已经研究 2000 多个史前时代人类活动所留下的遗址，考古学者利用时空分布及文化内涵的区别，将这些史前遗址归属于不同的文化。①

经过百年来的研究，已将史前文化系统及其演变理出一个大致的架构，依照传统的分类大致可以区分为：旧石器时代晚期、新石器时代早期、新石器时代中期、新石器时代晚期、金石并用时代等依序的文化演变序列。（图 1—1）这些文化的来源和发展的关系，依目前研究所得结果，除了本土的发展演化之外，和华南史前时代有相当密切的关联，尤其是东南沿海的福建、广东地区；也和东南亚地区如菲律宾、越南等地可能有关。这些文化的时空架构的发展形态与演化序列如下表所示。

① 文化、类型为考古学者区分史前时代群体的单位。类型之间的差别大致相当于亚族或群之间的差异。“系统”是台湾早期对史前文化体系分类使用的名称之一，笔者目前仍然继续使用，“系统”的主要意义和目前学者通用的“文化”类似，但是“系统”通常用于文化内涵较不清晰或未有良好的绝对年代，仅能作为初步分类使用。假如这个“系统”被学者以较为完备的数据确认时，通常会改称为“文化”，或是属于某一文化之下的一个“类型”、“期”或“相”。近年来有部分考古学者提出对于“系统”这一用法的批评性意见，笔者认为这是不了解台湾考古学史，或仅用美国学习回来的思维体系，看待台湾考古学的特殊想法，从学术发展史的过程而言，“系统”和“文化”一直是学界在早年并用的分类体系，并无高下或优劣的意涵。

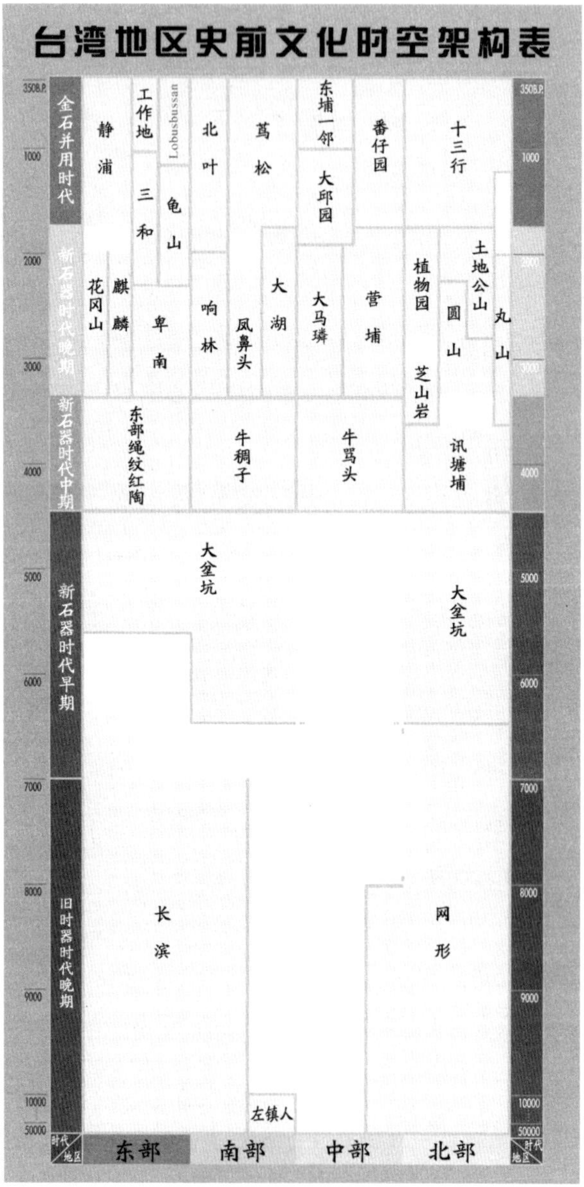

图 1—1　台湾史前文化发展的简要时空架构①

---

① 这是一个概要的台湾史前文化发展层序，原来陈列于台湾“中央研究院”历史语言研究所台湾考古馆，由于是平面图形，无法说明中央山区或者是北部与东部之间的关系，实际上北部东部的关系密切。

表 1—1　台湾史前时代各阶段人类生活形态简表

年　代	文化史	经济史	生态史
距今5万～1万年	旧石器时代晚期	采食（采集＋狩猎＋捕鱼＋采贝）	人为自然的一部分，未改变环境
距今6500～4800年	新石器时代早期前段	产食＋采食（初级农业根茎类＋渔猎）	人配合自然互动，未改变环境
距今4800～4300年	新石器时代早期后段	产食＋采食〔根茎类、谷类作物（稻米、小米）＋渔猎〕	人配合自然互动，未改变环境
距今4300～3400年	新石器时代中期	产食＋采食〔根茎类、谷类作物（稻米、小米）＋渔猎〕	人配合自然互动，未改变环境
距今3400～1800年	新石器时代晚期	产食＋采食〔根茎类、谷类作物（稻米、小米）＋渔猎〕	寻找新的适应方式，往中海拔山区发展，略改变自然
距今2300～1800年	新石器时代末期	产食＋采食〔根茎类、谷类作物（稻米、小米）＋渔猎〕	寻找新的适应方式，往中海拔山区发展，略改变自然。高温冶炼技术引入，扩大开发范围
距今1800～350年	金石并用时代	产食＋采食〔种子＋根茎类、谷类作物（稻米、小米）＋渔猎〕	寻找新的适应方式，往中海拔山区发展，略改变自然

备注：新石器时代早期的最晚阶段距今大约5000年以内，台湾地区开始出现谷类作物种植，目前已知包括稻米、小米。

二、旧石器时代晚期及其持续型文化

台湾史前时代最早阶段出现于更新世晚期，与整个东亚、东南亚比较，可说属于旧石器时代的晚期阶段。进入全新世以后文化形态虽略有改变，但仍属尚未有农畜的狩猎、采集生产形态，因此可以称为旧石器时代持续型的文化，亦有学者称为先陶文化。

（一）旧石器时代晚期

台湾在这个阶段出现两个文化相貌稍有不同的文化，一个是分布在东部及恒春半岛海岸的长滨文化，另一个是在西海岸中北部丘陵台地地区的网形文化，此外还有发现于台湾南部地区的左镇人化石①和出土于台湾海沟内的更新世晚期古生物化石。长滨文化出现的年代至少在 3 万年前，且可能早到距今 5 万年前左右，结束的年代在距今 5500 年前左右；网形文化年代测出结果最早在距今 5 万年左右，结束的年代在距今 8000 年左右，从文化遗物相貌而言，与广西新州地区旧石器时代晚期出土遗物相似，应属旧石器时代晚期。这两个文化年代和华南的旧石器时代晚期相同，但延续到较晚。以长滨文化为例，在台湾东部及南端恒春地区可以延续到距今 5000 多年前全新世中期才逐渐结束，因此在距今 1 万年以内的长滨文化也可以说是旧石器时代晚期持续型的文化。网形文化晚期结束的年代也晚于 1 万年，持续至全新世的发展情形也和长滨文化相同。

目前在台湾尚未发现比本阶段更早的文化，也无法说明这两个文化是在台湾地区独立发生，可能需从邻近地区追索这个阶段

---

① 20 世纪 90 年代末期标本采集者在高雄县大岗山采集到人类的牙齿化石，其年代根据古人类学者的意见有可能早至更新世晚期，但目前未见正式学术研究报告。最近的测年结果似乎显示为晚近史前时期人类，并非旧石器时代人类化石。见谢英宗：《大岗山人科动物化石年代初探》，《“国立”台湾博物馆年刊》2003 年 46 卷。

文化的来源。从遗物的形态而言，网形文化伯公珑遗址出土的尖器、刮器、砍砸器等（图 1—2）和广西新州地区的石器群相似，几乎是同类型的石器；而长滨文化是以石片器为主的砾石，（图 1—3）它无疑也和广西百色、上宋遗址及贵州南部兴义县的猫猫洞文化有密切的关系。说明了这些文化可能来源的方向是中国南部地区。[①] 近年来福建的考古发现，可以作为台湾同一时期的比对与发展。福建得见从旧石器时代晚期到新石器时代早期的转变与发展，例如漳平奇和洞遗址，根据福建省博物馆范雪春先生的意见，“奇和洞遗址为一处旧、新石器过渡时期至新石器时代早期文化序列完整的洞穴遗址。这在东南沿海属首次发现，为构建福建早期史前文化框架树立了标杆。遗址从旧、新石器过渡期一直延续到新石器早期，地层堆积连续、清楚，三期文化一脉相承，体现了较完整的文化序列（距今 17000～7000 年）”。整体文化上承距今 37000～29000 年万寿岩船帆洞遗址，下接距今 6500～5500 年壳丘头文化，第一期的石器打制技术与台湾长滨文化十分相似，说明两地之间在旧石器时代晚期的可能关系。

这个时期正是第四冰期晚期，由于海平面下降，今日的台湾海峡在当时是陆地，（图 1—4）人类可以轻易地随狩猎的动物由东南地区来到台湾海峡及台湾其他地区，进而在台湾定居。但是随着冰河消退，海平面逐渐上涨，较低的地区被水淹没，迫使人类往东西两侧移居，在距今 1 万年前左右的全新世初期，台湾海峡形成今日状态之后，东南地区和台湾之间的陆路交通断绝。亚洲大陆东南沿海、福建地区已经由旧石器时代晚期逐步演变为新石器时代初期，但是台湾东部的长滨文化可能因为自然资源丰富，可以继续保持其狩猎、采集的生产形态，或因长期的孤立而造成文化发展迟滞的现象，因此一直延续到距今 5000 多年前新石

① 宋文薰：《史前时期的台湾》，见黄富三、曹永和主编：《台湾史论丛》第一辑，台北：众文图书公司 1980 年版。

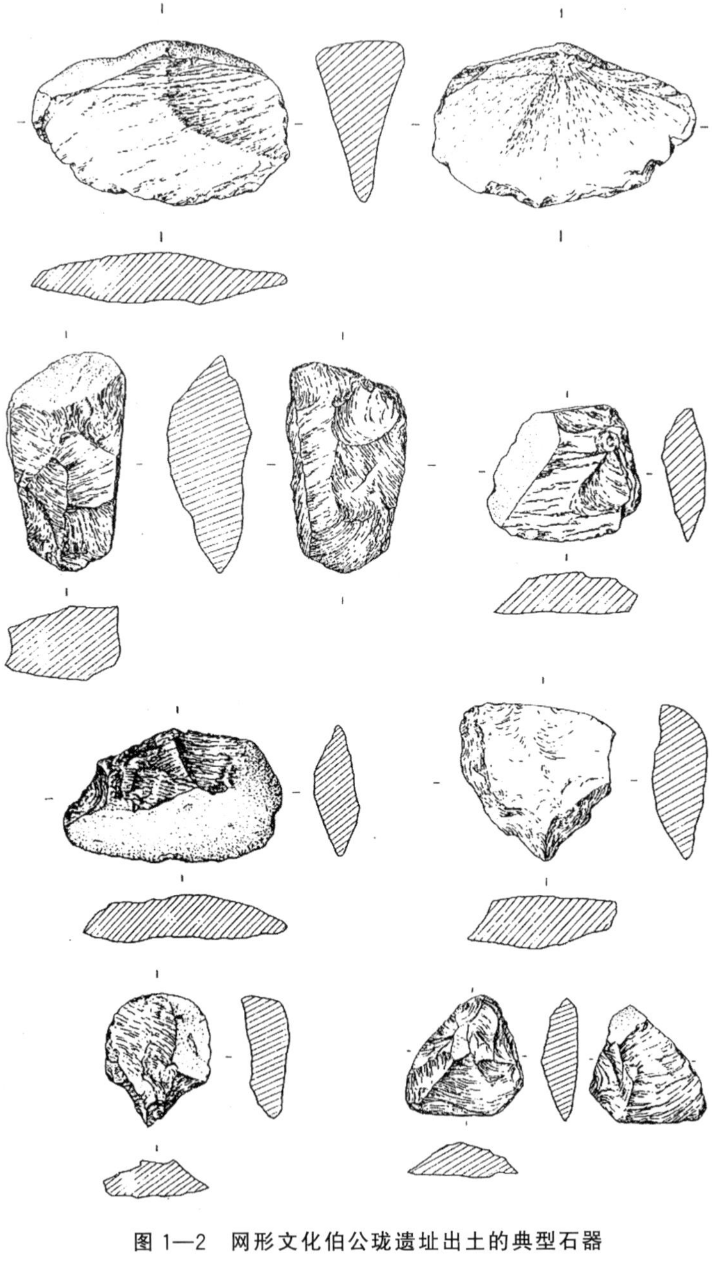

图 1—2　网形文化伯公垅遗址出土的典型石器

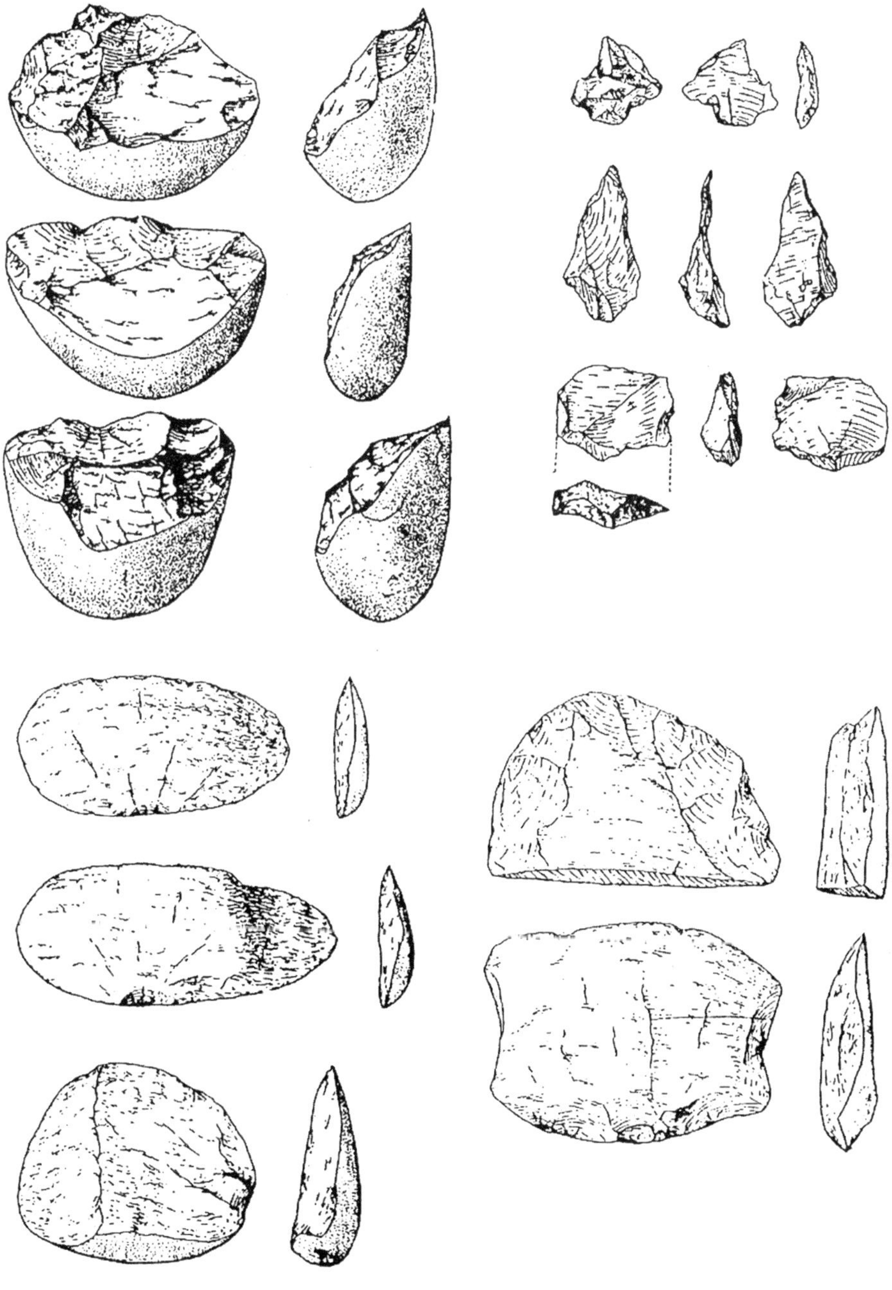

图 1—3　长滨文化八仙洞遗址出土的石器

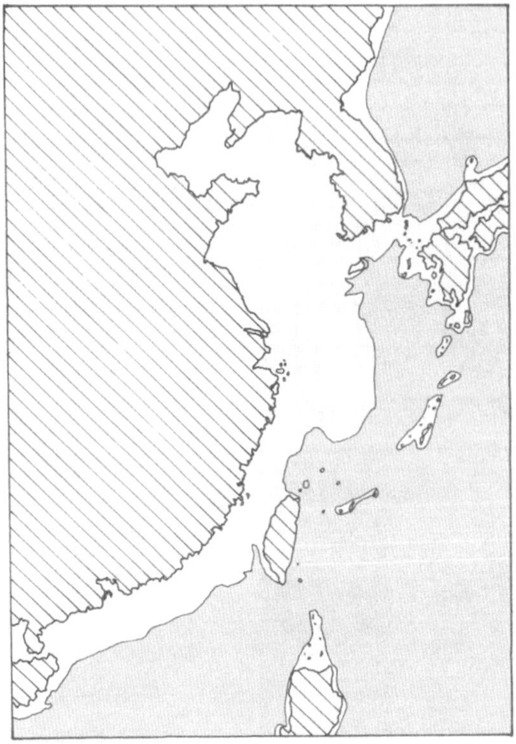

图 1—4　米仑亚冰期古地理图，浅色部分即为今日海水淹没的冰河时期陆地

器时代人群到来才消失。西北侧的网形文化似也同样保持狩猎、采集的生产形态，结束的年代也在新石器时代早期人群移入台湾西海岸北部区域之后。

从长滨文化和网形文化的情形而言，当时可能是一种短期定居的小型聚落，甚或队群（band），主要的生产方式是采集、狩猎、捕鱼。从鹅銮鼻第二遗址的情形而言，海域资源的采集显然占有重要地位，[①] 不过位置偏向丘陵、台地的网形文化可能是以陆域资源为主。由于器物偏向多功能，技术形态尚属简单，因此单位面积内能养活的人口较少，同时也需要丰富的资源才能维持

① 李光周：《对于台湾考古研究的若干认识》，载《台湾文献》1985 年 36 卷第 3—4 期。

小型聚落的生存与定居。因此往往居住在自然资源丰富的地区，并且时常迁徙，从遗址的分布及大小而言，当时的聚落较小，人口也不多。

新近发掘的资料显示，长滨八仙洞遗址以打制石器为主的地层，可以区分为早晚二段，且中间有间断，目前并未发现介于其间的中间阶段。这些在东部洞穴或海阶的遗址，可能因更新世末期冰河逐渐结束，海平面上升而淹没在今日海水之下，[①] 因此形成中段文化阙如的状态。换句话说，这段时间人群并未消失，而且文化也延续发展，只是目前尚未发现。

（二）旧石器时代晚期的持续型文化

这个阶段的时间已经进入全新世，但是人类的生活方式大体上沿袭旧石器时代晚期，文化内涵虽已有改变，但与新石器时代早期仍有相当大的差异。

长滨文化晚期的地层堆积，出现于八仙洞遗址的潮音洞上部海砂层之上的文化层、小马遗址下文化层、鹅銮鼻遗址下文化层（第一文化相）、龙坑遗址。据林俊全教授的研究，潮音洞上部海砂层的堆积年代应该在距今 6350 年前，[②] 且由于堆积过程中并未将其下部的文化层及海砂层淘卷掉，因此推论在堆积上部海砂层时潮音洞应该位于高潮线之上。相对的上部海砂层之上的文化层年代应不早于 6350 年，这与各遗址测年所得的结果相同，其结束的年代应当是小马洞穴中与先陶文化紧接的绳纹陶文化初起的年代，也就是在距今 4500 年前或稍早。[③] 其年代都落在全新世范围内，无疑是属于旧石器时代晚期持续型文化。

---

① 黄士强等：《台湾史前文化简介》，台北：台湾省立博物馆 1986 年版。

② 林俊全：《台湾东海岸地区的海岸线变迁与史前遗址关系之研究》，载《田野考古》1992 年第 4 期。

③ 黄士强、陈有贝：《东河地区遗址试掘及史前文化重建》，台湾大学人类学系研究报告，1990 年。

长滨文化晚期的文化遗物，与早期差异甚大且丰富许多，大量出现较细材料制成的小型石器，砾石石片器与偏锋砾石砍器比例降低许多，此外出现骨角器，尤其在潮音洞文化层中出现丰富的骨角器，除了采集与狩猎之外，捕鱼与采贝和其他海岸资源的利用占相当大的比重。

网形文化晚期是以小型石片器所代表的文化系统，可能年代暂定在距今 8250 年以前，相对的不会早于网形文化早期的年代。主流器型为小型石片中的各种刮削器、尖器。椭圆形或近于圆形并环绕周边打剥的石核废料显示较为精细的石器打制传统，不见于邻近地区已经发现的新石器时代遗址，与台湾地区已知的旧石器时代晚期及其持续的长滨文化晚期“较细材料制石器”也不相同，因此笔者以“网形文化晚期”称之。这群人所使用的石器，功能大多以刮削、切割为主，以遗址所在的地理位置，显示狩猎可能是主要的生产方式，较少量的中大型石片器石核器也许说明也从事部分陆地资源采集。[①] 近年来圆山遗址的最下层也发现少量这个阶段的石器，文化层虽不明显，但叠压在绳纹陶之下，年代至少在距今 6000 年以前或更早。[②]

三、新石器时代

（一）新石器时代早期

这个阶段台湾地区均以大坌坑文化为主，从遗址的大小及文化层堆积形态得知，已经是定居的小型聚落，主要分布在河边或

---

① 刘益昌：《存在的未知——台中地区的考古遗址与史前文化》，台中：台中县立文化中心 1999 年版。

② 黄士强：《第一级古迹圆山遗址范围试掘评估报告》，台湾大学人类学系调查报告，1992 年。黄士强、刘益昌、杨凤屏：《台北儿童主题公园圆山遗址考古调查研究计划》，台湾大学人类学系研究报告，1999 年。黄士强、刘益昌、杨凤屏：《圆山遗址史迹公园范围区考古发掘研究计划》，台湾大学人类学系研究报告，1999 年。

海边、湖岸的阶地。年代依据遗址测定所得的绝对年代在距今6500～4500年之间，晚期也可能延伸到4300年左右才结束。以目前的资料而言，这个文化可能有早中晚三个发展阶段，也有地方性的差异，可以区分出不同的类型。

大岔坑文化的陶器通称粗绳纹陶，特征是手制，质地较松软，通常含砂，烧制温度不高，在摄氏400～500度，表面颜色呈暗红、浑褐或浅褐色。器型简单，通常只有钵、罐两种，口缘大都低矮厚重，往往在外侧有一道突脊，部分口缘上方或肩上施有二或三道并行线条的篦划纹，大部分陶器在口缘下方颈部以下布满拍印的绳纹，绳纹通常较粗，每厘米常只有3～5条。（图1—5）除了容器之外也发现少量与纺织有关的纺轮。作为日常工具的石器的数量不多，种类也少，只有打制石斧、磨制石斧、石锛、网坠、石簇、有槽石棒等少量工具。一般相信大坌坑文化人可能也使用不少竹木所制的工具。从出土石制生产工具如石锄、石斧等可知当时人已会农耕，可能是种植根茎类作物，耕作形态属于刀耕火种（slash and burn）的游耕阶段。但是狩猎、捕鱼和采集才是主要的生产活动。澎湖地区的果叶类型的遗址则发现有贝冢，从出土遗物分析，捕鱼、采贝和采集潮间带的资源是维生的主要方式。[①] 从遗址所在环境、生活形态来看，“大坌坑文化是一个在湿暖的热带、亚热带地区适应于海洋、河口和河湖性自然环境的一种文化”[②]。当时生产技术尚处于初起阶段，生产力不足以维持较多的人口，因此聚落数量也少，人口及聚落长期维持低水平均衡的状态，直到晚期才起了变化。此一阶段人们沿着海岸南北向东部拓展，并沿着淡水河向上进入台北盆地。由于数据很少，考古

---

① 臧振华：《澎湖群岛拓殖史的考古学研究》，见《“中央研究院”第二届国际汉学会议论文集·历史与考古组》上册，台北：“中央研究院”历史语言研究所1989年版。

② 张光直：《考古人类学随笔》，台北：联经出版社1995年版。

图 1—5　大坌坑文化陶器复原（上）与陶器上的纹饰（下）图

学者对于这个阶段人类的社会组织及运作方面尚未探讨，不过由陶器纹饰所显示的流畅与美感，表明当时人已经有相当高的艺术水平。

虽然大坌坑文化与其前一阶段的旧石器时代晚期文化时间紧接或有重叠，但两个文化之间的内涵有相当大的差异，因此学者普遍认为两个文化之间发展显然不相连接。① 近年来学者大多主张大坌坑文化与福建、广东二省沿海的早期新石器时代文化有密切的关联，尤其是福建沿海以金门复国墩、平潭南厝场和闽侯溪头下层为代表的复国墩文化，以及粤东沿海以潮安陈桥、海丰西沙坑为代表的西沙坑文化，与大坌坑文化相当近似，可能属于同一个文化的不同类型或是有密切关联、相互影响的两种文化。② 不过笔者相信大坌坑文化以及相关文化应当是从华南旧石器时代晚期文化经过新石器时代最早阶段发展而来。③ 根据近期数据可知复国墩遗存的年代可以上推至距今七八千年，同时期生产方式显示为亚热带与热带海岸采集与渔猎文化，农业的表现并不清楚或尚属初步。这些资料与张光直先生所拟测的南岛系民族祖先型文化相同，也许可以将南岛民族的祖先型文化从台湾的大坌坑文化进一步上推至复国墩，如此以复国墩遗存为代表的文化体系应当称为复国墩文化。④ 台北的大坌坑、台南的八甲村、高雄的凤

---

① 宋文薰：《由考古学看台湾》，见陈奇禄等：《中国的台湾》，台北："中央文物供应社" 1980 年版。刘益昌：《史前时代台湾与华南关系初探》，见《中国海洋发展史论文集》（三），台北："中央研究院" 三民主义研究所 1988 年版。

② 张光直：《中国东南海岸考古与南岛语族起源问题》，见《南方民族考古》第一辑，成都：四川大学出版社 1987 年版。刘益昌：《史前时代台湾与华南关系初探》，见《中国海洋发展史论文集》（三），台北："中央研究院" 三民主义研究所 1988 年版。

③ 刘益昌：《史前时代台湾与华南关系初探》，见《中国海洋发展史论文集》（三），台北："中央研究院" 三民主义研究所 1988 年版。

④ 刘益昌、郭素秋：《金门复国墩遗存在亚洲大陆东南沿海的地位及其意义》，见《中国东南沿海岛屿考古学研讨会论文集》，2005 年。

鼻头等遗址出土的陶器包括罐、钵、碗等容器，陶器外表纹饰多施绳纹、划纹，偶见贝纹，石器有磨制的斧、锛、镞等。1985年，黄士强先生根据这些特征，指出其文化内涵与广东、福建的早期文化颇多相似。大陆东南沿海居民，由于长年在海中捕捞，对海上航行经验逐年累积，造成向海外岛屿拓展移民的机会，台湾大坌坑文化的居民，可能就在这样的背景下从大陆东南沿海到达了台湾。这也是台湾大多数学者能够接受的大坌坑文化来源，但长期以来大坌坑文化与复国墩遗存的相对关系被归类为同一时间分布的文化体系，近年来的研究可清楚说明复国墩遗存所代表的文化体系，可能是台湾大坌坑文化的祖型文化之一，而不是同一时代的文化。

台湾的大坌坑文化与福建的壳丘头遗址下层、昙石山遗址下层、闽南的遗存均有部分的类似性，加上澎湖果叶A遗址的彩陶器型和彩纹，与昙石山遗址中层和溪头下层早期墓葬的彩陶具有类似性这些点来看，大坌坑文化可能与壳丘头遗址下层、昙石山遗址下层和中层等几个不同年代的文化先后有过接触，造成大坌坑文化早晚期存在差异。大坌坑文化目前仅在台南的八甲和南关里遗址发现贝齿印纹，而类似的贝齿印纹亦见于金门的复国墩、金龟山遗址，和平潭壳丘头遗址下层及闽南的腊洲山、覆船山、大帽山遗址等，加上澎湖地区与台南地区遗物的类似性，闽南的大帽山遗址可能使用澎湖的石材，显示当时的人类可能存在着从福建沿海一带经金门、澎湖而到达台南地区的这一接触路线。也说明了新石器时代早期文化并非孤立于台湾地区，而可能通过物质交换体系与亚洲大陆东南沿海互动往来。

（二）新石器时代中期

这个时期台湾各地开始出现地方性文化类型，主要是晚期大坌坑文化分散至各地之后，在当地长期发展的结果。[①] 当然也不能排除部分是受到外来文化的影响，而有进一步发展，牛稠子文化的凤鼻头类型就是一个明显的例子。这个时代的文化单位，包括分布于台北盆地与北部沿海地区至宜兰平原的讯塘埔文化，西海岸中部地区以及丘陵台地地区的牛骂头文化，西海岸南部地区以及澎湖、恒春半岛的牛稠子文化和东部地区以绳纹红陶文化为代表的遗存。[②] 此外在西北部桃竹苗沿海及台地丘陵边缘得见和北部讯塘埔文化、中部牛骂头文化不同的“红毛港类型”文化（原称“红毛港系统”）；在云林、嘉义以及台南市北半侧平原及丘陵边缘亦得见不同于中部牛骂头文化以及南部牛稠子文化的地方性文化体系，目前尚未命名，暂称为“云嘉地区绳纹红陶文化”。这个阶段年代距今4500～3400年之间，部分较早的区域可能早到接近4800年前开始，相当于我国东南沿海地区新石器时代晚期的较早阶段。这些文化较早阶段主要分布于沿海平原台地，距今约4200年前后则沿着溪流向中游的丘陵山地地区迁移，最高已经到达接近海拔2000米的高山区域。

这些文化都具有绳纹陶器的特质，应是在大坌坑文化晚期的基础上逐渐演化发展而来的地方性文化。当然不可否认在凤鼻头遗址的绳纹红陶文化（或可称牛稠子文化凤鼻头类型，见图1—6），确实和福建同一时代的昙石山文化有许多共同的要素，显示二者之间密切的往来关系，但从文化内涵中的基本要素而言，并非是直接的移民或传承关系，而是相互影响的互动关系。

这些文化的内涵主要为橙红色或红褐色的绳纹陶器，云嘉地

---

① 此一阶段也许可以再区分为早晚两大阶段，但资料尚需加强，才能确认。

② 虽然有学者将这个阶段称为富山文化，但笔者等以为不妥，主要的原因在于富山遗址只是东部地区绳纹红陶即将转变为卑南文化早期的最晚阶段，不能代表整个绳纹红陶时期，因此笔者目前仍暂称之为“东部绳纹红陶文化”，且依据时间分为不同的期相或类型。

图 1—6　绳纹红陶时期典型的陶器形制①

区绳纹红陶文化则出现较高比例黑色、灰色绳纹陶器。大致质地较为细致，器型也较大坌坑文化多样，包括罐、钵、豆、三足器、多连杯以及陶支脚等，当然也出土不少纺织用的纺轮。罐形器的口缘仍然低矮，但已无口缘外侧的突脊，至于纹饰方面虽然仍保有口缘以下腹部上的拍印绳纹纹饰，但纹饰已经较细，每厘米有 5～8 条，且口缘或肩部以上的划纹已经消失，仅残留部分涂红彩。②

---

① 上图：Chang, K. C. & Collaboraters (1969) *Fengpitou, Tapenkeng, and the Prehistory of Taiwan*. Yale University Publications in Anthropology, No. 73. New Haven. 下图：刘益昌、刘得京、林俊全：《史前文化》，东部海岸风景特定区管理处 1993 年版。

② 绳纹红陶时期目前发现口缘上几乎无纹饰，但是笔者从渔桥遗址保存良好的陶器口缘上发现红色的彩画纹，其纹饰方法与大坌坑文化虽不同，但是仍具有部分特质，如波浪纹、直线交叉划纹等纹饰形式，可说具有传承自大坌坑文化的可能。

石器亦较大坌坑文化复杂而多样，包括石斧、石锄、石刀、网坠、箭镞等各种农耕、渔猎用具，均发展出多样的形制，尤其是石刀大量出现，似乎显示这个阶段的人类已经开始大量种植谷类作物。此外在这个阶段人类开始制作玉石、贝壳以及陶质的装饰品，显示这个阶段人群的审美与宗教需求。

这个阶段遗址的面积较大型的已经在10万平方米以上，显示聚落的规模已较前期为大，文化层堆积较厚且连续，说明当时聚落的规模较大，居住时间也较长久，已是长期定居性聚落，应属于部落社会。当时人的生产形态属于以农业为主，渔猎为副。出土石制工具中农具所占的比例相当大，可知农业在当时社会所占的重要地位。垦丁、锁港等牛稠子文化的遗址都曾发现稻壳痕迹，也发现小米与豆类，说明稻米、小米等种子作物已是当时的重要作物，这和大陆东南沿海、长江流域同时代大体一致，当然薯蓣、芋头等根茎类作物仍是主要的作物。从遗址中出土的其他食物渣滓，如牛稠子文化的贝冢中出现的贝类、山猪、鹿、山羊、山羌，牛稠子文化垦丁类型出土的各种贝类、鱼类、山猪、鹿等而言，可知狩猎、捕捞仍占重要地位，为食物中蛋白质来源的主体。此时畜养除了狗以外，似乎未见其他种类。

至于当时人的生命仪礼与精神生活，目前资料较为欠缺。南部地区的牛稠子文化采用直肢葬，南部科学园区台南园区内右先方遗址为无葬具仰身直肢葬，并有陶器、玉质装饰品。垦丁类型则已经使用长方形石板棺做为葬具，其葬式也是仰身直肢，并有玉器、贝环等装饰品及贝匙、陶罐等日用品作为陪葬器物，充分显示当时人类的丧葬形式以及对于来生的观念。台中盆地内的惠来遗址、西大墩遗址均出土仪式性结构遗迹，遗迹内除了陶器之外，也有玉梳、玉矛等可能属于仪式使用的精致玉器，牛骂头遗址则得见砾石叠垒的长方形葬具，葬式则为仰身直肢。

从文化发展的角度而言，这些区域性的绳纹红陶文化在各地区逐步演化发展为同一区域各个新石器时代晚期的文化。至于是否往海外迁移目前仍无较为明显的证据，不过以同一阶段而言，台湾与澎湖属于同一文化，相似的陶器形制局部发现于闽南到香港之间的亚洲大陆东南沿海地带，福建东山岛大帽山遗址陶器形制与台湾西海岸绳纹陶器类似，出土的可能是澎湖玄武岩制造的石器，年代亦相近，两地之间相互往来的可能性极高。最近学者在菲律宾吕宋岛北侧地区、巴布延群岛、巴坦群岛进行考古调查与发掘，并与台湾东海岸地区进行比较研究，指出台湾东海岸地区所拥有的陶器、板岩材料以及玉器，都出现在上述地区，显示两者之间具有密切的关联，可能在距今4000年左右，从台湾向菲律宾迁移。从台湾地区史前文化演化的角度来考察，人类在距今4000年前后开始进行大规模迁移行为。在岛内可见往丘陵山地地区迁移，目前所知至少在距今4200～4000年前之间，已在台湾山地地区发现多处绳纹红陶文化的遗址，显示出人类找寻并适应不同生态区位的努力。其次，通过上述海外考古的发现，也可以确认人类沿着台湾海岸地区寻找相同区位，越过南侧的巴士海峡、巴林塘海峡，向菲律宾吕宋岛等地区迁移。①

（三）新石器时代晚期

这个阶段是台湾史前文化多元化的开始，原来性质及来源相类的新石器时代中期文化到这个阶段演化成为类型复杂、适应于各种不同生态区位的文化，当然可能也有海外移民带入的文化。目前可以辨认的文化单位包括：芝山岩文化、圆山文化②、植物园文化、营埔文化、大马璘文化、大湖文化、凤鼻头文化、响林

---

① 刘益昌：《大肚台地的史前文化变迁》，载《中县文献》2007年第11期。

② 圆山文化的归属，由于早年以贝壳测定的碳-14年代可能早至4400年前，而将其较早阶段归入新石器时代中期。近来，用碳-14方法检测的大多数器物的年代显示圆山文化最早约在3500年前，而且大量集中于距今3000～2500年之间，因此归属于新石器时代晚期实较妥当。

文化、卑南文化、麒麟文化、花冈山文化、丸山文化，以及部分地区尚未界定所属的遗址。这个阶段年代大致在距今3500～1800年之间，甚至可能晚到距今1600～1500年前，和中国东南沿海新石器时代晚期的最后阶段以及青铜时代相当，少量青铜器已经导入北部台湾的圆山文化及土地公山类型。如以文化内涵与年代早晚区分，也许可以再区分为早晚两个不同的阶段，较早的文化类型包括芝山岩文化、圆山文化、营埔文化顶崁子类型、营埔类型、大马璘文化水蛙堀类型、卑南文化早期、麒麟文化早期、花冈山文化早期、丸山文化早期；较晚的文化类型包括植物园文化、圆山文化土地公山类型、营埔文化旧社类型、大马璘文化大马璘类型、卑南文化晚期、麒麟文化晚期、花冈山文化晚期、丸山文化晚期。至于山区的史前文化仍难以区分早晚，例如以阿里山区为中心的东埔一邻文化。

目前尚难以说明这个阶段文化多元复杂的原因，可能的因素包括从新石器时代中期开始迁移上山的人群逐渐增加，使得聚落及人类活动的领域往山区扩张。沿海平原的自然环境大幅改变，例如台北盆地完全变成陆地，西南平原向海扩张，大幅增加沿海平原面积，丘陵地区河流下切形成许多可以居住的河阶台地。其次，可能还包括部分海外移民或文化传入的影响。

圆山文化以台北盆地北侧为中心并延伸至北海岸地区，以浅棕色素面的陶器为主，“表面，往往出现大片涂上红褐色颜料，或出现彩绘点纹或彩绘条纹……偶见有施印网纹的”[①]，具有特色的器型是双把罐和多口瓶，加上石器中少见于台湾各地的有肩石斧、有段石锛，这些特质和同时期其他文化有相当大的不同，（图1—7）具有许多外来移民文化的特质，已为学者所公认。其

① 宋文薰：《由考古学看台湾》，见陈奇禄等：《中国的台湾》，台北：“中央文物供应社”1980年版。

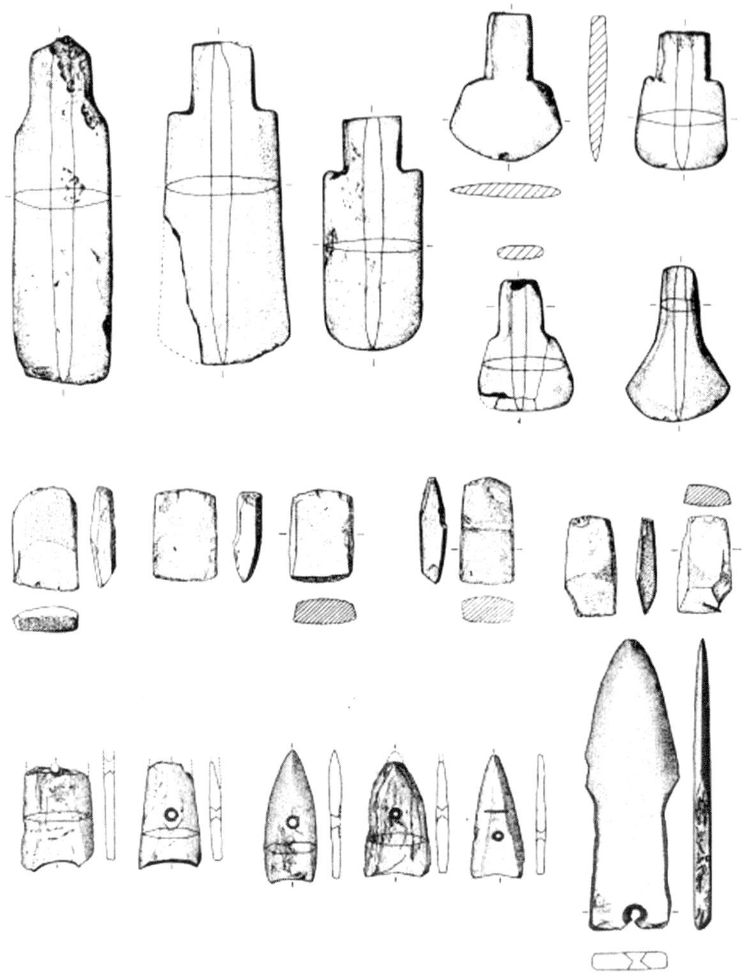

图 1—7　圆山遗址出土的圆山文化遗物①

来源可能是广东沿海的海丰到香港之间，可能比较接近以韩江流域为中心的三角尾—莰仔园文化的早期阶段。② 圆山文化中期以

① 宋文薰：《由考古学看台湾》，见陈奇禄等：《中国的台湾》，台北："中央文物供应社"1980 年版。

② 刘益昌：《史前时代台湾与华南关系初探》，见《中国海洋发展史论文集》（三），台北："中央研究院"三民主义研究所 1988 年版。

后由于环境及其他文化的影响而逐渐转变，并向丘陵地区及海岸地区扩展势力，而逐渐发展出新的文化类型——土地公山类型。至于台北盆地同一时期稍早的芝山岩文化，则认为是从浙南及闽北地区传入，近年来研究也证实和浙江南部与福建北部、闽江流域的黄瓜山文化具有密切关联，甚至可能是由移民直接带来。植物园文化也可能受到福建南部印纹软陶的直接影响。北部地区这三个文化可说是这个时期与东南沿海地区关系最密切的史前文化。不过笔者近年来研究宜兰与台北两地的史前文化之后，认为从新石器时代中期至晚期阶段，北部地区史前文化中，只有芝山岩文化可以确认具有清楚的外来要素，圆山文化似乎仍是上一阶段讯塘埔文化晚期后续发展而来，此一关键在于宜兰县丸山遗址下层所见的文化内涵，似与讯塘埔文化具有密切关联。

这个阶段其他文化来源已经有部分研究结果，营埔文化已可证明是由牛骂头文化晚期逐渐发展而来。大湖文化的来源虽没有直接的证据，但是从大湖文化和凤鼻头遗址灰陶期相关的情形，不能排除是牛稠子文化受邻近凤鼻头遗址发展的影响所致，当然也可能是西海岸中南部地区牛骂头、牛稠子文化晚期互动所致。凤鼻头文化（图1—8）是凤鼻头遗址绳纹红陶期（牛稠子文化凤鼻头类型）受昙石山文化影响的持续发展，应该可以确定。至于东部地区的卑南文化、麒麟文化和花冈山文化的来源，目前尚无法确定，但是从卑南遗址卑南文化层下部出土少量绳纹陶，及近年来在东河地区发现从绳纹陶逐渐转变为卑南文化早期类型的情况而言，卑南文化可能也源自绳纹红陶文化。花冈山遗址发掘的结果显示，花冈山文化也可能源自花莲地区的绳纹红陶文化。唯独麒麟文化的来源目前尚不能理出头绪，这与麒麟文化的性质尚不清晰有密切的关联，最近研究的结果显示出麒麟文化与宜兰、北海岸地区往来密切，但仍无法说明其来源。

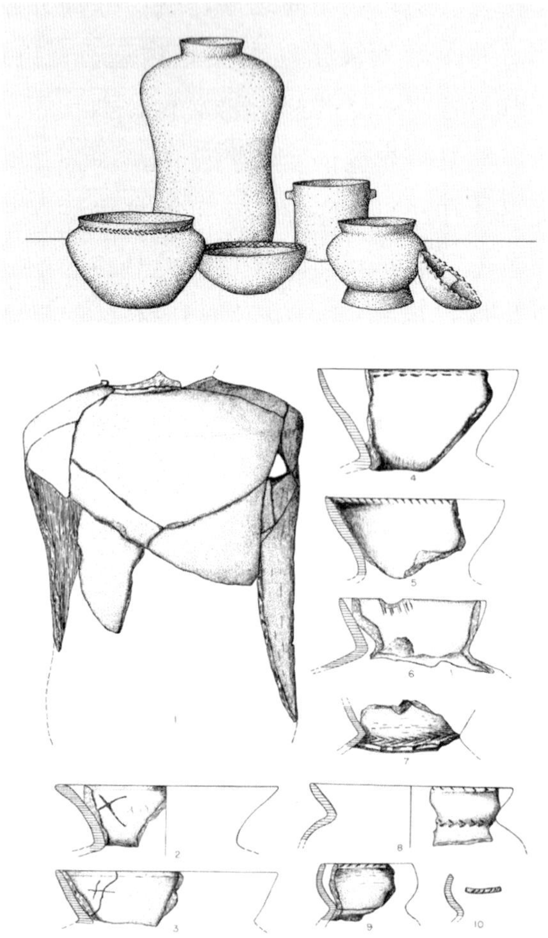

图 1—8　凤鼻头文化出土的遗物①

这个阶段初期开始发展的芝山岩文化已有成熟的稻作农业，芝山岩遗址芝山岩文化层出土大量碳化的栽培种稻米，营埔遗址也发现稻米遗留，说明稻米等种子作物已是当时的重要作物，当

① Chang, K. C. & Collaboraters (1969) *Fengpitou, Tapenkeng, and the Prehistory of Taiwan*. Yale University Publications in Anthropology, No. 73. New Haven.

然根茎类作物仍是主要的作物。从遗址中出土的其他食物渣滓，如圆山贝冢出土的贝壳、鱼骨，鹿、山羊、山羌、山猪、狗的骨头；凤鼻头文化各遗址贝冢出土的各种贝类、鱼类骨头，山猪、鹿、山羊等兽骨，可知狩猎、捕鱼依然占有重要的地位。圆山遗址出土的狗骨头数量不多，也许是畜养的狗，而非作为人类的食物。

至于当时人类的社会组织、仪式行为及精神生活等方面，目前所知较少。圆山文化圆山遗址发现的大型砥石，当是聚落内公共使用的财产，也许显示已有社会组织，以处理较为复杂的人际关系。遗址内出土冠头石斧的冠状顶端，并不具有实用的意义，说明可能已有与农业相关的祭祀仪礼或巫术。至于圆山人的埋葬方式为直肢葬和瓮棺葬，有耳饰玦形器陪葬，并有拔牙的情形，清楚说明当时人的丧葬仪礼形式。东部地区麒麟文化的巨石崇拜所显示的宗教仪礼状态，已经成熟稳固；卑南文化的墓葬群不但与聚落关系复杂，墓葬大小、形式与陪葬玉器、陶器有多寡精粗之分，可见贫富或阶级之分也已经出现，这些丧葬仪礼和聚落形态最足以说明当时已有繁复的社会组织和统治阶层。

这个时期的陶器逐渐放弃绳纹装饰，出现精美的彩陶、黑陶，器型也有很大的变化，种类增加，并出现少量三足器。平原地区持续中期以农业为主的生产形态，但狩猎、捕鱼仍具重要的地位，部分地区如山区与恒春半岛，受环境影响，狩猎、捕鱼为主要的生产形态。这个阶段，聚落变大，农具亦普遍大型化，遗址范围增大（如卑南遗址约 60 万平方米），文化层厚实，出土遗物也很丰富。从聚落之大及多，表示当时人口已经相当多。除平原地区以外，聚落亦持续往中央山脉较高的台地或山地地区移动，可能是因为人口增多所导致的土地资源争夺及族群互动所致，已经发生的猎头等小型战争行为以及聚落外围围墙出现，也是这个现象的脚注。

虽然聚落之间可能有小型战争行为与资源争夺，但是当时各聚落或群体之间的往来与交换关系十分密切，例如，台湾玉制造与使用所形成的资源流通的互动圈及其族群互动关系，广布于同时代台湾各地区。这个阶段晚期，人群已经遍布于台湾地区海拔2000米以下各个不同生态区位，唯一的例外是澎湖群岛反而从距今2700年前左右开始不见人烟，其原因目前仍难断定，也许是水资源不足，也许另有其他因素。这个阶段的各个文化逐渐演化发展为下一阶段不同的史前文化，是否向外传播目前尚无资料。

四、金石并用时代

这一时期的文化包括十三行文化、番仔园文化、大邱园文化、崁顶文化、茑松文化、龟山文化、北叶文化、静浦文化等20世纪70年代中期以来已经命名的文化单位，和在外岛、丘陵、山地地区已经发现、尚未完全了解的大量遗址。这些文化年代在距今1800～400年之间或稍晚，由于年代较晚，遗址数量也多，文化内涵复杂且变异甚大。如果经过更仔细的研究，这个阶段至少可以再细分为三个小阶段。这个时候岭南、福建已经进入使用铁器的历史时代，而澎湖也在唐宋之际成为带有汉文化的人群的移居地。

十三行文化的日常用品以红褐色夹砂陶为主，（图1—9）外表常有拍印的几何形纹饰，数量较少的灰色细砂陶则饰有刺点纹，这些几何形印纹陶年代较中国东南沿海地区青铜时代的几何印纹硬陶略晚，纹饰也较简略，从植物园遗址出土的几何形印纹软陶与十三行文化早期近似，推测十三行文化可能是植物园文化接受东南沿海地区冶铁及烧制火候更高的陶器技术之后的进一步发展。中南部地区的番仔园文化、大邱园文化、崁顶文化、茑松文化（图1—10）、北叶文化和东部的静浦文化（图1—11）可能都是本地新石器时代晚期文化的后裔。

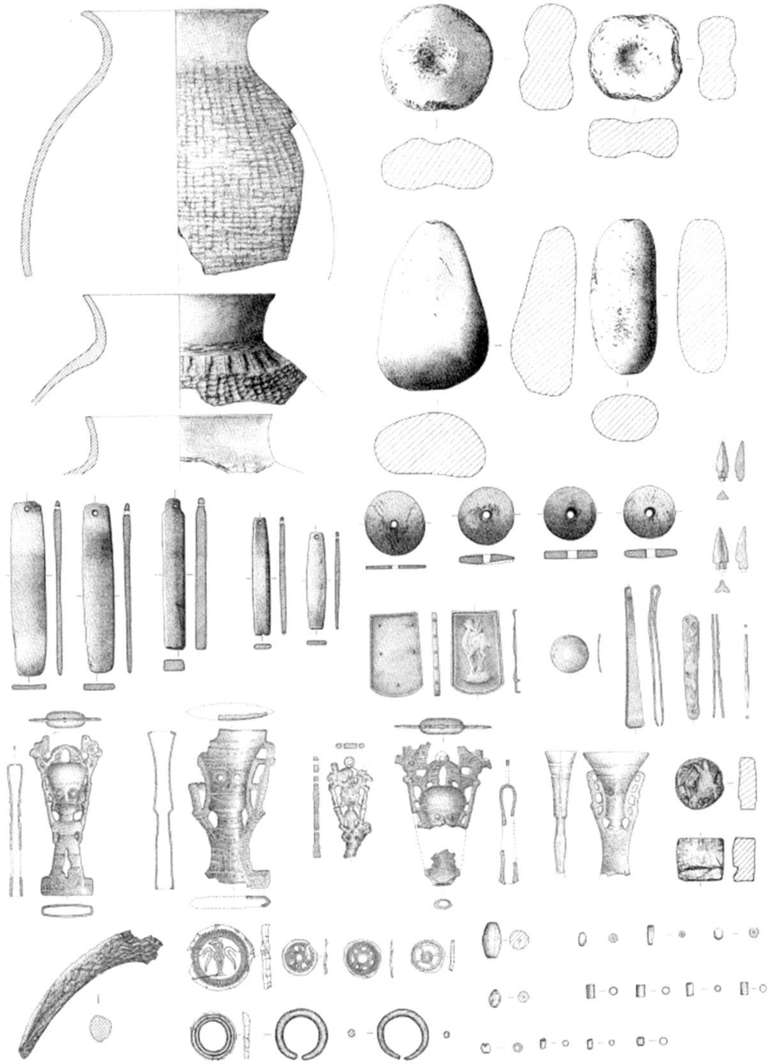

图 1—9　十三行遗址出土的遗物①

① 臧振华、刘益昌：《十三行遗址：抢救与初步研究》，台北：台北县政府文化局 2001 年版。

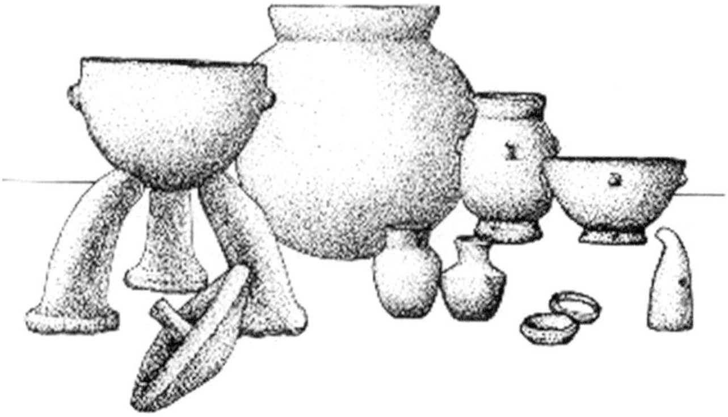

图 1—10 茑松文化陶器复原图

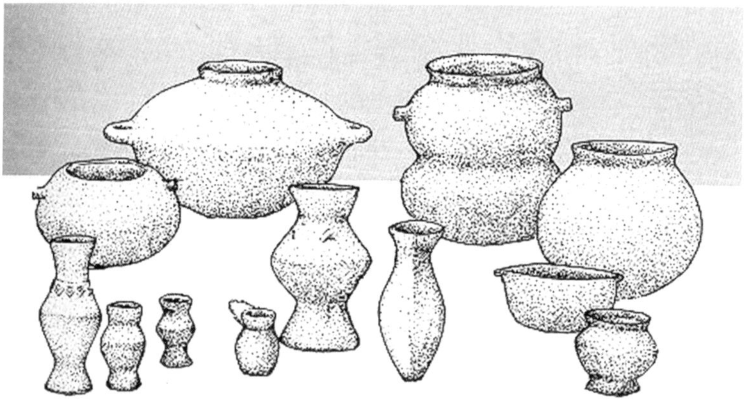

图 1—11 静浦文化陶器复原图

龟山文化以前只发现龟山、后壁山等少数遗址，其文化相貌和南部地区及恒春半岛的其他文化均不相类，原来认为可能只是偶发性的移民，不过近年来在东部海岸南段台东、太麻里之间也出土类似的文化遗物，在绿岛公馆鼻遗址也采集了龟山文化形式的遗物，甚至向北扩张到花莲的花冈山遗址，显示这个文化并不孤立。同时从这些遗址群定年所得的数据，显示台东平原卑南溪口以南的东海岸最南段是此一文化群体早期发生以及活跃的领域，年代可以更上推到新石器时代晚期的最后阶段，即距今大约2300 年前开始，其文化内涵可能与菲律宾北部地区具有密切关联。

20世纪90年代以来，笔者根据新出土资料，曾重新研究东部以及东海岸外绿岛、兰屿的史前文化，发现以兰屿Lobusbussan遗址、绿岛渔港遗址上层为代表的遗址群，其陶器的形制、装饰和以大型瓮棺葬为埋葬形式的文化内涵，似乎未发现于本岛其他地区。兰屿Lobusbussan遗址作为这一文化代表，可称之为Lobusbussan文化。[①]

多年以来学者建立台湾史前文化主要以平原、沿海低地、丘陵地区的研究结果为主，甚少及于广布于中央山地地区众多的考古遗址。虽然山地地区考古工作陆续进行了百来年，除了少量发掘工作之外，大多数只有进行地表调查，而且调查报告也很少，因此作为一个文化单元来考虑“中央山地系统”并不存在，而只是一个较大的概念，必须通过进一步的研究工作，才能厘清中央山地地区的各个不同地区性文化单元。从已有的数据进行初步分类，可以提出大安溪、后龙溪中上游的五柜坪系统，大甲溪中上游与大肚溪、浊水溪上游的谷关文化，浊水溪主流中上游的曲冰

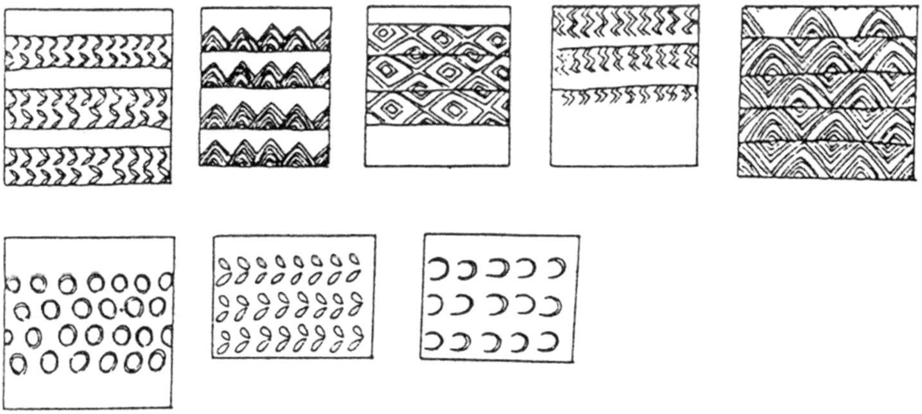

图1—12　Lobusbussan文化陶器纹饰，不见于台湾本岛

---

① 刘益昌：《绿岛史前文化概说》，见吴敦善编：《宋文薰与台东》，编者自印本，1994年。

类型晚期，浊水溪南侧支流陈有兰溪流域的东埔一邻文化，高屏溪上游荖浓溪、楠梓仙溪流域的比鼻乌类型，恒春半岛的南仁山类型，中央山脉南段东侧的三和文化三和类型、工作地类型，[1]初步厘清山区史前文化的内涵。

距今2000～1500年前台湾西部沿海各地大体进入以铁器为主要生产工具的铁器时代。根据目前资料，广义的十三行文化以及台东的三和文化是同时代诸多文化之中，少数具有炼铁技术的文化体系，Lobusbussan文化可能也有这个能力，但尚未发现确切证据，其余的史前文化目前都只是使用铁器或其他金属器而已。事实上，并非所有人群或文化都可充分取得珍贵的铁资源，东部的静浦文化、浊水溪中游的大邱园文化及中央山区各地仍然以石器使用为主，铁器很少见。

这时期人类生活已和近代历史文献或民族志中所记载基本相同。由于工具、武器的进步，聚落数量及人口持续增加到相当程度，遗址范围因应环境而有大小不同，如茑松文化平原地区主要的遗址面积至少都在50万平方米以上，可能为二三百户以上的大聚落；十三行文化则只是中小型聚落，遗址面积通常在五六万平方米以下。而聚落之间可能有近于酋邦的情形出现。农业不但是平原地区的主要生产形态同时也是丘陵山地地区主要的生产形态，部分以狩猎为主要生计的族群可能往更深的山区迁移以获得资源，因此遗址分布往山区继续延伸，甚至发现海拔高达2950米左右的遗址。

这个阶段不但如上一时期已有繁复的社会组织和丧葬仪礼，同时更有繁复的族群关系与交换网络，十三行遗址出现来自东南亚、大陆等地的文化遗物；本阶段年代较晚的沿海地区遗址普遍

① 刘益昌：《史前文化与“原住民”关系初步探讨》，载《台湾风物》1995年45卷第3期。

出现或多或少汉人制造的瓷器与硬陶，这些器物大致出自大陆东南沿海地区，显示二者之间的互动关系，北海岸地区可能是宋元以来中国各朝与琉球之间交流网络中的一环。

此时的埋葬方式，十三行文化采屈肢葬，番仔园文化采俯身葬，北叶文化为短长方形石板棺葬，静浦文化则采长方形石板棺直肢葬，晚期才改为坐姿屈肢式，显示出文化的多样性，台湾各族群的祖型文化大致在此时出现，也就是说这些史前文化的晚期逐渐发展为各个族群。

五、史前文化的互动

通过对台湾上述各史前文化阶段的叙述，从文化互动的角度，提出台湾史前人群与外界往来的几个重要阶段。

（一）新石器时代以来的互动

台湾史前时代人群除了大坌坑文化初期可能由海外移入之外，大坌坑文化晚期以来人群与外界往来，初步已有资料证实，人群得以跨越台湾海峡往来于澎湖与台湾、澎湖与亚洲大陆东南沿海之间，显示已具有远航的能力，有能力向海外迁徙或移动。

台湾是个大型岛屿，面积大且资源丰富，加上大坌坑文化晚期以来谷类作物种植形成的定居农业文化，大部分人群可以逐渐脱离张光直先生所谓的"富裕的食物采集文化"阶段，[①] 长久定居于台湾。但是从上述新石器时代中诸绳纹红陶文化人群在经历聚落扩张与人口增加之后，选择寻找相同生态区位与移居不同生态区位适应的不同策略，其背后隐含部分人群顺着台湾本岛海岸地带扩张其势力，这个阶段目前已知的年代大部分在距今4200～3700年之间，换句话说这个阶段的人群也有能力顺着台湾的海岸向南或向东北地区移居到不同的岛屿。南方菲律宾的吕宋岛距离

① 张光直：《考古人类学随笔》，台北：联经出版社1995年版。

台湾并不远，其间并有巴坦群岛与巴布延群岛作为跳板，因此人群极有可能顺着这条道路向南移民，这种可能性从台湾史前人的航海能力而言，其概率并不低。目前学者研究也已经证实台湾与菲律宾之间的往来关系，而且早期的往来状态可能包括从台湾移民到菲律宾的人群。① 同一时间或稍晚福建和台湾之间也有清楚的往来关系，20 世纪 80 年代初期发现于台北芝山岩遗址的芝山岩文化，经研究几可确认是闽江口一带黄瓜山文化的后裔。西南平原的大坌坑文化晚期与广东珠江三角洲地区也有密切关系。

新石器时代晚期阶段，台湾东南部地区卑南文化似乎受到外来文化影响，在距今 2500 年前后开始出现不少特殊的陶器纹饰，可能与菲律宾北部吕宋岛间具有密切关系。此种关系究竟是人群迁居还是玉器贸易交换关系所导致的文化互动，目前尚难肯定，但至少清楚说明从新石器时代最晚阶段以来，可能来自菲律宾的外来要素逐渐进入台湾本岛局部地区，而形成文化的变迁。目前可以确认卑南文化晚期受到南方外来文化影响，逐渐转变为三和文化早期。

（二）外来物质文化进入

1. 偶发性少量金属器输入时期（距今 3000～2500 年）

本阶段属于新石器时代晚期，台湾地区已有少数金属器发现，文献中虽记有不少出土地点，但是具有确切文化层位记录的数据，仅有北部地区的大坌坑遗址与土地公山遗址出土的青铜器。大坌坑遗址的圆山文化层内曾出土一件小屯式青铜镞，圆山文化的年代在大坌坑遗址测定结果均在距今 3000 年以内，笔者

① 刘益昌：《初期南岛语族在台湾岛内的迁移活动：聚落模式以及可能的迁徙动力》，见台湾“中央研究院”人文社会科学研究中心考古学专题中心编：《东南亚到太平洋：从考古学证据看南岛语族扩散与 Lapita 文化之间的关系》，2007 年。

认为圆山文化的年代应该集中在距今3200～2300年左右。[①] 土地公山遗址出土的青铜器为一件青铜斧，该文化层属于笔者所称的圆山文化土地公山类型，根据笔者于1992年进行第一次试掘时所进行的年代测定，显示集中在距今2800～2300年间，而其中一件年代较为晚近的，经碳-14测定年代为距今1750年左右，有可能为该遗址最晚的下限。[②] 而陈仲玉先生于该次试掘所进行的年代测定，除了两件约距今4000年前，陈先生持保留态度外，另两件标本的年代分别为距今1945±300年、距今2815±355年，经校正后约当距今2939～1888年左右，大致上与笔者第一次试掘所得的年代相当。

台湾南部地区同一时期大湖文化，目前仅在台南市麻豆区水堀头遗址大湖文化层中出土一件青铜尖器，伴出的陶器为灰黑陶，年代在距今2700～2500年之间。[③]

此一阶段在东部地区的卑南文化，亦曾发现青铜手环、青铜刀，但出土层位均不明朗，亦无详细之报告可资佐证，但从北部地区出土的青铜器而言，与圆山文化年代相当的卑南文化出土青铜器，自无不当。综合北部、东部二地出土的青铜器，包括武器（或猎具）、工具、装饰品等类别，得见之数据均相当稀少，同一层位出土的文化遗物中，工具、猎具等器物仍以玉、石制品为大宗，装饰品亦以玉器为主，显示青铜器之输入当为偶发性行为，并未全面进入史前的社会体系之中。

---

① 刘益昌：《台湾史前文化层序研究的省思》，见宋文薰、李亦园、张光直主编：《石璋如院士百岁祝寿论文集——考古·历史·文化》，台北：南天书局2002年版。

② 刘益昌：《台湾的考古遗址》，台北：台北县立文化中心1992年版。

③ 刘益昌等：《清水中社遗址人文内涵与区域发展关系调查研究计划结案报告书》，台中县文化局委托之研究报告，2010年。

2. 局部少量金属器输入时期（距今 2500～1800 年间）

此一阶段属于新石器时代晚期后段，或可称为新石器时代末期，在台湾东海岸存在明显的金属器（青铜、铁器）输入的情况，通常还伴随玻璃器、玛瑙。在东海岸南段台东平原以南沿海地区的三和文化早期（距今 2350～1900 年）遗址，也已有发现少量金属器。[①] 卑南遗址上文化层墓葬中的陪葬品包括有陶容器、石器、玉器、琉璃珠，其中的琉璃珠饰共 242 颗，完全出土于第六号墓葬中，当为串饰之用，同一地点的其他墓葬的墓坑中亦出现少量的琉璃珠，文化层中并出现少量铁块。[②] 就整体而言，此一文化似乎已从外界输入少量之铁器，但仍保有大量石器之使用。再以陪葬品而言，虽有部分琉璃珠，但只出现于一座墓葬中，其余之陪葬仍以陶器为主体，显示出外来物质早期进入的情况。

花莲县花冈山遗址近期发现一个新的文化层，称为“花冈山遗址上层类型”，拥有蹲踞式屈肢葬，同时以玉器、玻璃猪、金属器陪葬。这似乎是一个外来人群所建立的新文化体系。

3. 沿海地区大量输入时期（距今 1800～1000 年间）

本阶段属于金石并用时代早期阶段，其延续年代为距今 1800～1000 年左右，局部可能晚至距今 800 年前左右。此一时期沿海平原大部分文化体系已进入使用铁器为主的金属器时代，东部地区浅山丘陵与中央山区部分的史前文化体系仍以石器为主要生产工具。

此一阶段研究结果初步显示，台湾的史前文化体系可能从西北部的十三行文化与东南侧的三和文化中晚期，开始进入以铁器

① 李坤修：《卑南遗址的新发现及新问题》，载《台东文献复刊》2002 年第 7 期。

② 李坤修：《卑南遗址的新发现及新问题》，载《台东文献复刊》2002 年第 7 期。

制造、使用为主的金石并用时代。从三和文化的演变过程可以见到新石器时代晚期逐渐走入金石并用时代的景象，不论在日常生活遗留的文化层中或墓葬的陪葬品，都可见到。西北部的十三行文化目前的数据显示距今1800～1600年前金属器迅速替代石器作为主要的生产工具，玻璃、玛瑙以及金属器等也完全替代玉器作为陪葬品。至于西南部平原地区的情形也与十三行文化类似，已经大量使用铁器为主的金属器，但并未发现金属冶炼制造的遗迹。丘陵山地地区目前得见的金属器与玻璃、玛瑙均相当稀少，文化层中仍遗留大量的石器，墓葬中仍遗留相当数量之玉器陪葬，显示出外来文化替代之情形尚不明显，山区遗址中出土少量之金属器与玻璃器当为通过丘陵浅山地区向海岸地带人群辗转交换所得之物品。

通过分析十三行文化、静浦文化富南类型、三和文化以及只分布于绿岛、兰屿的Lobusbussan文化之间所共同具有的文化要素，推测沿着黑潮与沿岸流往返的交通体系，可能是台湾岛内外长距离海上交通与交换的重要路线。当然在此一体系中，当不会只见铁器与陶器的交换，必然涵盖其他物资以及文化要素。

4. 外来物质全面影响时期（距今1000～450年）

本阶段属于金石并用时代中期阶段，在西海岸地区可说已经进入外界对台湾已有少量文字记载的“原史时代”阶段，其延续年代为距今1000～450年左右。其文化体系大多为上一阶段之持续发展，仅有少数地区得见新文化体系出现。

外来物质的输入亦大体同于上一阶段，沿海地区得见相当数量之玛瑙珠、玻璃珠，但山区仍较少见，因此本阶段可说是外来物质从海岸往丘陵浅山到山地地区的缓慢替代时期。从海岸到山地的年代对应关系，可以得到明确的证据。

（三）9～10世纪以来的问题

距今约1000年以内，除了澎湖出土相当数量大陆制造的各类陶瓷器之外，台湾本岛各地也出现少量的瓷器、硬陶以及青铜等确认产出于大陆的器物，例如十三行遗址之十三行文化层出土的鎏金青铜碗、旧香兰遗址出土的少量硬陶、崇德遗址出土的青瓷、台东县兰屿中学遗址出土的现高丽青瓷，至于北部的大坌坑遗址十三行文化层更是出土了相当丰富的宋元时代瓷器，西海岸中部的台中市清水中社遗址、云林县猫儿干遗址也出土了越窑以及宋代的青瓷。这些遗址所显示的年代，最早可能从公元 9 世纪左右开始，一直延续到 16 世纪末，虽然目前尚无法理解其真正来源，但显示出台湾本岛沿海各地与大陆东南沿海之间可能有直接或间接的贸易交换关系。

近年来针对大坌坑文化与北海岸各遗址出土的宋元时代瓷器进行比对的结果，大体可以了解，大坌坑遗址出土 12～13 世纪的贸易瓷组合，几乎与奄美大岛以及日本博德遗址一致，说明台湾确实是陶瓷贸易航线的一个停靠点，虽然其规模不大。承前所述，12～13 世纪，由福州或泉州出发，过站台湾北海岸，再经琉球到日本博德的航线，可说是琉球在 14 世纪崛起，并于 15 世纪成为东亚重要转口站的先声。随着这条航路的发达，琉球人在明朝朝贡贸易体系取得陶瓷贸易商品的转运权，遂成为东亚与东南亚海域的强者。琉球王国的兴盛，除了它位居中国、日本贸易中介点的地理位置之外，当然与它拥有中国陶瓷货品的供应作为后盾分不开。另外，不容忽视的是，福建商人与日本人在琉球王国政经结构中所扮演的角色。擅长航海而且会做生意的十三行文化人，似乎自 12 世纪以来逐渐局限于台湾本岛内的交换与交易。一方面当时掌控陶瓷贸易的福建商人并未选择台湾作为长期经营的重要转运站，另一方面即使是擅长冶铁技术的十三行文化人有时还仰赖从大陆或与那国岛转输入铁。或许可以说琉球王国的崛起，某种程度促成十三行文化人群在东亚岛际贸易势力的衰微。14 世纪，琉球王国逐渐兴起，此时期的大坌坑遗址仍然可以见到元代龙泉青瓷大盘、青瓷碟、高足杯、景德镇青白瓷执壶以及德化窑白瓷军持器、白瓷碗与盘等陶瓷。不过随着 15 世纪初期以后明朝实施海禁政策，就目前考古遗址显示，虽然在埤岛桥、福隆等遗址可以见到 15 世纪龙泉青瓷碗，但是种类非常贫乏。这些陶瓷器可能是间接从琉球流入台湾北海岸，亦可能是临时泊岸的贸易之物。

同样的状态也见于台湾其他海岸地带，仅在部分遗址得见上述北海岸所见的外来遗物，相当程度印证了汪大渊《岛夷志略》对于琉球以及台湾的记载。说明台湾因为没有特殊的物产，因此已经在海上贸易体系之外。此种情形和距今 2000～1000 年左右，台湾通过玉器和环南海东、南半侧区域之间贸易交换的热络景象，可说是一个明显的对照。直到 16 世纪 70 年代明朝开放海禁，东南沿海闽粤二省居民得以出海，不论从事贸易或迁徙移居，都对台湾本岛北海岸或西海岸造成一定的影响，不但瓷器、硬陶大量进入台湾，[①] 也带来更多玛瑙、玻璃等装饰品及金属器。

六、史前文化与台湾少数民族的关系

大致而言，台湾地区旧石器时代晚期及其持续型文化，不能确定是哪一族群的人类所留下的遗留；新石器时代以来的史前文化大部分是南岛语系先民的遗留，张光直先生曾经指出，最早的"大坌坑文化是台湾的南岛语族在公元前二千到五千年之间的具体表现，也可以说就是后者在那个时期的祖先"[②]。但是新石器时代各阶段文化仍在发展分化的过程，很难直接说明是哪个族群的祖先，假使要说明史前文化与目前各族群之间的关系，应以年代

---

① 云林县雷厝遗址以及台中市清水中社遗址都出土不少 16 世纪后半叶到 17 世纪前二三十年产出的漳州窑瓷器。

② 张光直：《中国东南海岸考古与南岛语族起源问题》，见《南方民族考古》第一辑，成都：四川大学出版社 1987 年版。

最晚阶段的史前文化为主，才得以进行人群与文化的直接历史对比。

台湾史前文化的最晚期从距今 1000 年以内到历史时代之前，在各地区可说已经形成接近历史文献记载的族群单位。因此通过文化内涵、分布区域、口头传说及早期文献等资料的研究，应当可以逐步找出各个史前文化与目前各族群的关系。

笔者曾汇整台湾地区金石并用时代文化并与文献记录的族群分布比较，得到初步结果。近年来学术研究有更多成果，修订如下表：

表 1—2 台湾地区金石并用时代文化与族群对应表

文化类型	年代	对应之族群	资料来源
(一)十三行文化			
1. 西新庄子类型	距今 2013～1492 年		
2. 十三行类型	距今 1800～800 年		
3. 番社后类型	距今约 1800～1000 年		
4. 后龙底类型	距今约 1800～1000 年		刘益昌 1992、1994a
5. 埤岛桥类型	距今约 1000～600 年	凯达格兰	苏仲卿等 1982、刘益昌 1993
6. 旧社类型	距今 614～317 年	巴赛与噶玛兰	
7. 普洛湾类型	距今 790～506 年	巴赛或猴猴	刘益昌 1990、1995
8. 新港类型	距今约 1000～300 年	道卡斯	刘益昌 1992
(二)五柜杯系统	距今 800～300 年	赛夏？	刘益昌、吴伯禄 1994
(三)番仔园文化			
1. 番仔园文化	距今 1547～536 年	拍瀑拉	
2. 山仔脚遗址	距今 685～555 年	巴布萨？	屈慧丽 1991
(四)谷关系统	距今约 600～300 年	泰雅？	
(五)大邱园文化			
1. 大邱园文化	距今 1805～1302 年		
2. 内辘类型	距今 1822～1336 年		
(六)曲冰类型晚期	距今 965～683 年		
(七)东埔一邻类型	距今 781～546 年	邹	高有德、邱敏勇 1989
(八)崁顶文化	距今 450～427 年	洪雅？	臧振华、高有德、刘益昌 1988

续表

文化类型	年　代	对应之族群	资料来源
(九)茑松文化 1. 茑松类型 2. 清水岩类型 3. 美浓类型	距今1350～953年 距今约1500～400年 距今约1800～400年	西拉雅 马卡道	黄台香1982、刘克竑1986、刘益昌1994b 刘益昌1994b、刘益昌等1995
(十)比鼻乌类型	距今约1500～300年	南邹	刘益昌1994b
(十一)北叶文化晚期	距今436～308年	排湾	刘益昌1986
(十二)龟山文化	距今1082年		
(十三)南仁山类型	距今约700～300年	排湾	李光周1985
(十四)三和类型	距今约1500～1000年		
(十五)工作地类型	距今约1000～300年		
(十六)静浦文化 1. 富南类型 2. 静浦类型	距今约1000～500年 距今约500～150年	阿美 阿美	刘益昌1991、郭素秋1995 刘益昌1991、郭素秋1995
(十七)Lobusbussan文化	距今1067～513年	雅美	刘益昌1994c

这个对比工作当然还有很多缺憾，也有很多需要更进一步的数据才能完成，但基本的蓝图与架构正在逐渐成形中。

第二章

台湾少数民族

台湾少数民族在语言上属于南岛语系。南岛语系的分布，东起太平洋的复活节岛，西至非洲东南的马达加斯加岛，北起中国台湾，南到新西兰，千百年来台湾与南洋群岛的南岛语系族群持续交流往来。有学者依据语言与基因的研究，认为台湾可能是南岛语系族群的主要迁移地之一，在其向海洋迁徙的过程中占有关键性的地理地位。[①] 而根据台湾少数民族语言及考古、文献、神话传说等方面，可知其祖先的起源地应是大陆东南沿海。

据统计，目前台湾少数民族人口数有 50 多万，占台湾总人口数 2%，居住活动地分布达 1.6 万平方公里，占全台湾面积 45%。

明代中期以前，关于台湾少数民族的文献记载十分稀少，明代后期之后，大陆汉人逐渐对于台湾少数民族的记述有所增加，

① 语言学家 Bellwood 提出南岛语系可分为五型，最古老的是台湾的泰雅语，其次是邹语，再次是鲁凯语、排湾语，最后是菲律宾他加禄语，各差 500 年左右。许多台湾学者据此宣称台湾是南岛语的发源地。

到了清代，随着汉人的大量移民迁入，相关的记载渐次出现。因此，我们对于台湾早期少数民族历史文化的叙述，就不能不更多依据明清以来的文献及田野调查材料予以回溯追述。

第一节　平埔各族群及文化特质

在明清时期的汉人来到台湾拓垦、定居之前，台湾西海岸的平原地带，从宜兰、基隆到恒春，已经有少数民族许多族群居住。“平埔”表示“平地”，所以“平埔人”原先是用来指称“居住在平地的人群”之意。

在清及以前各朝代的文献中，统称台湾少数民族为“番”，如明万历年间陈第所写的《东番记》是对台湾少数民族较早且较完整的记述。[①] 文中以“东番”或“东夷”称呼台湾少数民族；“西番”和“西夷”称呼前来中国通商的西方人，如荷兰人与西班牙人。明末清初以“土番”、“野番”、“社番”称之，清朝也有“熟番”、“生番”、“化番”的用语，已接受汉化的称为“熟番”，反之称为“生番”，居其间才归化的则称为“化番”。

清朝乾隆时期是台湾开垦的高潮时期，为了加强对于少数民族的管理，于乾隆三十一年（1766 年）成立了台湾的理番同知，作为管理少数民族的机构。在官方文献及相关的志书中，常可见到“官番”、“屯番”、“凶番”、“流番”等词语，这些字词是以政治态度作为分类的根据，“官番”与“屯番”是支持官府的，“凶番”与“流番”则是反对官府的。

清巡台御史黄叔璥于康熙年间所撰的《台海使槎录》中，最早使用“平埔熟番”一词，在该书《番俗六考》中有“如平埔熟

① 《闽海赠言》卷二《东番记》，台北：台湾银行 1959 年版。

番之制，衣着更短”记载，是用来与当时属于“生番”的卑南人做比较。[①] 雍正年间陈伦炯的《东南洋记》也有使用：“台湾居辰巽方……附近输赋应徭者，名曰平埔土番。”[②] “平埔番”或“平埔熟番”的用语出现在记载之中，主要是为了与“生番”、“高山番”区分。

在清代，台湾西部的平埔人被称为“熟番”，在南部（屏东平原与恒春半岛）与后山（宜兰至花东一带）的平埔人则被称为“平埔番”。咸丰年间的《噶玛兰厅志》以“平埔番”称呼噶玛兰族群。此外，清政府及汉人民间，把当时平埔人居住的村落，称为“番社”。

一、平埔各族群

日本帝国主义者侵占台湾之后，对台湾的人口与土地进行全面性的调查，同时也展开族群分类工作。

在日本学者对台湾少数民族进行研究调查之前，历代对于平埔人都欠缺有系统的分类。荷兰殖民统治时期只是依其分布的地区，划分成几个区域群，记录社名。清朝黄叔璥在《番俗六考》中，将台湾少数民族分为北路诸罗番一至十、南路凤山蕃、傀儡番、琅硚十八社等十三个部落群。到了日本殖民统治时期，日本学者伊能嘉矩、粟野传之丞的《台湾蕃人事情》[③] 书中才对平埔人有系统的分类，其后伊能嘉矩又著《台湾蕃政志》，修正分类，

① 《台海使槎录》，台北：台湾银行1957年版，第159页。该书由清巡台御史黄叔璥于1722年开始编撰，记录台湾的风俗，其在《番俗六考》（第五卷至第七卷）与《番俗杂记》（第八卷）中，详细记录台湾的山川地理、风土民俗。尤其对台湾少数民族的样貌，更是观察入微，该书为近现代考证平埔人历史之根基。在该书，“卑南”称为“卑兰”。

② 《海国见闻录》，台北：台湾银行1958年版，第11页。

③ ［日］伊能嘉矩、粟野传之丞著，笠原政治、江田明彦解说：《台湾蕃人事情》，东京：草风馆2000年复刻版。

将平埔人分为：凯达格兰（Ketagalan）、噶玛兰（Kavarawan）、道卡斯（Taokas）、拍宰海（Pazzehe）、拍暴拉（Vupuran）、巴布萨（Poavosa）、阿立昆（Arikun）、罗亚（Lloa）、西拉雅（Siraya或Siraiya）以及马卡道（Makattao）十个族群。

1930年，移川子之藏在《日本地理大系》[①]中，将伊能嘉矩所分的阿立昆及罗亚合并为洪雅，改马卡道为道（Tao），又增邵（Sao），仍为十个族群。

1935年，小川尚义在《原语による台湾高砂族传说集》[②]一书中，把道列入西拉雅中，故较移川子之藏的分法少了一个，分为九个族群。1944年，小川尚义在《インドネシア语に于ける台湾高砂语の位置》[③]一文中，又有新的分类，他从噶玛兰中分出雷朗（Luilang）。

马渊东一在1951年的《高砂族の分类》一文中，也依照小川尚义的分类。[④]但是邵应归入平埔人或是高山族学者仍有不同的意见。同样的情形，雷朗为凯达格兰的分支，或应独立成为一族群，学者也有不同的意见。张耀锜在1951年出版的《平埔人社名对照表》就将邵排除在外，并取消雷朗，另增加四社熟番（Taivoan）。[⑤]

1955年，台湾大学考古人类学系李亦园教授采纳了小川尚义1944年的分类，但是部分的汉文音译略有不同，如将邵依地名翻

---

① ［日］山本三生等编辑：《日本地理大系》，东京：改造社1931年版。

② ［日］台北帝国大学言语学研究室调查：《原语による台湾高砂族传说集》，台北：南天书局1996年版（1935年版本）。

③ ［日］小川尚义：《インドネシア语に于ける台湾高砂语の位置》，《太平洋圈民族と文化》上卷，东京：太平洋协会1944年版。

④ ［日］马渊东一：《高砂族の分类》，载《民族学研究》1951年18卷第1—2期。

⑤ 张耀锜：《平埔人社名对照表》，南投：台湾省文献委员会1951年版。

表 2-1　平埔族群分类对照表

<table>
<tr><td>年代及
研究者</td><td colspan="16">族　群　名</td></tr>
<tr><td>1904 年
伊能嘉矩</td><td>噶玛兰
Kavarawan</td><td colspan="3">凯达格兰
Ketagalan</td><td>道卡斯
Taokas</td><td>拍暴拉
Vupuran</td><td colspan="2">巴布萨
Boavosa</td><td>阿立昆
Arikun</td><td>罗亚
Lloa</td><td>拍宰海
Pazzehe</td><td>—</td><td>西拉雅
Siraiya</td><td colspan="2">马卡道
Makattao</td><td>十族群</td></tr>
<tr><td>1939 年
移川子之藏</td><td>噶玛兰
Kavarawan</td><td colspan="3">凯达格兰
Ketagalan</td><td>道卡斯
Taokas</td><td>拍暴拉
Vupuran</td><td colspan="2">巴布萨
Babuza</td><td colspan="2">洪雅
Hoanya</td><td>拍宰海
Pazzeh</td><td>邵 Sao</td><td>西拉雅
Siraiya</td><td colspan="2">道 Tao</td><td>十族群</td></tr>
<tr><td>1935 年
小川尚义</td><td>噶玛兰
Kavarawan</td><td colspan="3">凯达格兰
Ketagalan</td><td>道卡斯
Taokas</td><td>拍暴拉
Vupuran</td><td colspan="2">巴布萨
Babuza</td><td colspan="2">洪雅
Hoanya</td><td>拍宰海
Pazzehe</td><td>邵 Sao</td><td colspan="3">西拉雅 Siraiya</td><td>九族群</td></tr>
<tr><td>1944 年
小川尚义</td><td>噶玛兰
Kavalan</td><td colspan="2">凯达格兰
Ketagalan</td><td>雷朗
Luilang</td><td>道卡斯
Taokas</td><td>拍瀑拉
Papora</td><td colspan="2">巴布萨
Babuza</td><td colspan="2">洪雅
Hoanya</td><td>拍宰海
Pazeh</td><td>邵 Sao</td><td colspan="3">西拉雅 Siraiya</td><td>十族群</td></tr>
<tr><td>1951 年
马渊东一</td><td>噶玛兰
Kavalan</td><td colspan="2">凯达格兰
Ketagalan</td><td>雷朗
Luilang</td><td>道卡斯
Taokas</td><td>拍瀑拉
Papora</td><td colspan="2">巴布萨
Babuza</td><td colspan="2">洪雅
Hoanya</td><td>拍宰海
Pazeh</td><td>邵 Sao</td><td colspan="3">西拉雅 Siraiya</td><td>十族群</td></tr>
<tr><td>1951 年
张耀锜</td><td>卡瓦兰
Kavalan</td><td colspan="3">凯达格兰
Ketagalan</td><td>道卡斯
Taokas</td><td>拍瀑拉
Papora</td><td colspan="2">巴布萨
Babuza
Poavosa</td><td colspan="2">洪雅
Hoanya</td><td>拍宰海
Pazzeh
Pazeh</td><td>—</td><td>西拉雅
Siraiya</td><td colspan="2">四社熟番
Taivoan</td><td>九族群</td></tr>
<tr><td>1955 年
李亦园</td><td>噶玛兰
Kavalan</td><td colspan="2">凯达格兰
Ketagalan</td><td>雷朗
Luilang</td><td>道卡斯
Taokas</td><td>巴布拉
Papora</td><td colspan="2">猫雾
Babuza</td><td colspan="2">和安雅
Hoanya</td><td>巴则海
Pazeh</td><td>水沙连
Sao</td><td colspan="3">西拉雅 Siraiya</td><td>十族群</td></tr>
<tr><td>1970 年
《台湾省通志·同胄志》</td><td>卡瓦兰
Kavalan</td><td colspan="3">凯达格兰
Ketagalan</td><td>道卡斯
Taokas</td><td>拍瀑拉
Papora</td><td colspan="2">巴布萨
Babuza
Poabuza</td><td colspan="2">洪雅
Hoanya
（Lola、Arikun）</td><td>拍宰海
Pazzeh
Pazeh</td><td>——</td><td colspan="3">西拉雅 Siraiya</td><td>八族群</td></tr>
<tr><td>1985 年
土田滋</td><td>噶玛兰
Kavalan</td><td>马赛
Basay</td><td>凯达格兰
Ketagalan</td><td>龟仑
Kulon</td><td>道卡斯
Taokas</td><td>拍瀑拉
Papora</td><td colspan="2">巴布萨
Babuza</td><td colspan="2">洪雅
Hoanya</td><td>拍宰海
Pazeh</td><td>——</td><td>西拉雅
Siraya</td><td>马卡道
Makattao</td><td>大武垄
Taivoan</td><td>十二族群</td></tr>
<tr><td rowspan="2">1992 年
李壬癸</td><td rowspan="2">卡瓦兰
Kavalan</td><td colspan="3">凯达格兰 Ketagalan</td><td colspan="4">巴布兰 Baburan</td><td colspan="2" rowspan="2">洪雅
Hoanya</td><td rowspan="2">拍宰海
Pazeh</td><td rowspan="2">邵 Thao</td><td colspan="3">西拉雅 Siraiya</td><td rowspan="2">七族群
十四支</td></tr>
<tr><td>马赛
Basay</td><td>雷朗
Luilang</td><td>多啰美
Trobian</td><td>道卡斯
Taokas</td><td>拍瀑拉
Papora</td><td>猫雾
Babuza</td><td>费佛朗
Favoran</td><td>西拉雅
Siraiya</td><td>马卡道
Makattao</td><td>大武垄
Taivoan</td></tr>
</table>

数据源：依据李壬癸《台湾平埔族的种类及其相互关系》（载《台湾风物》1992 年 42 卷第 1 期）中表格修改。

译为水沙连。1970 年出版的《台湾省通志·同胄志》依张耀锜的方式，但是将四社熟番列入西拉雅，分为八个族群。

1985 年，日本学者土田兹在小川尚义 1935 年分类的基础上增加马赛（Basay）、龟仑（Kulon）、马卡道以及大武垄（Taivoan），但是不列入邵，分为十二个族群。

1992 年，台湾学者李壬癸在《台湾平埔族的种类及其相互关系》一文中将平埔人分为七个族群十四个分支：卡瓦兰（Kavalan）、凯达格兰〔下分马赛、雷朗、多啰美（Trobian）〕、巴布兰（Baburan）〔下分道卡斯、拍瀑拉（Papora）、猫雾（Babuza）、费佛朗（Favoran）〕、拍宰海（Pazeh）、洪雅、西拉雅（下分西拉雅、马卡道、大武垄）、邵。

表 2-2　平埔族群分布情形表

族群	分布区
西拉雅（Siraiya）	今之嘉南、屏东平原
洪雅（Hoanya）	今台中盆地雾峰以南至嘉南平原新营以北
巴布萨（Babuza）	今台中市以南至西螺以北之近海平原地带
拍宰海（Pazeh）	今丰原至东势一带之平地及山麓地区
拍瀑拉（Papora）	今大肚丘陵以西至海岸一带
道卡斯（Taokas）	今大甲以北至新竹市一带之海岸地区
凯达格兰（Ketagalan）	今桃园、台北及基隆一带
噶玛兰（Kavalan）	今之宜兰平原

1. 噶玛兰/卡瓦兰

噶玛兰主要分布于宜兰、罗东、苏澳一带，以及花莲市附近、东海岸之丰滨乡与台东县长滨乡等地。原居于兰阳平原，后逐渐南迁，是最晚汉化的平埔人。崇祯五年（1632 年），噶玛兰族群首见于历史记载，当时占据淡水的西班牙人，有艘船遭遇飓风，船员漂流至“蛤仔难”。噶玛兰比较明确的记载，则是在顺治年间时，荷兰人记录当时该地 39 个社的人口数据。

宜兰“蛤仔难”或“甲子难”，就是“噶玛兰”的音译，意指居住平原的人，主要是该族群用来区别当时居住于山区的泰雅人。宜兰最早归诸罗县管辖，雍正元年（1723 年）归入彰化县，后划入淡水厅。清朝原本在此地没有设官治理，并且严禁汉人前往开垦。林爽文事件后，官方暂时无力约束汉人前往宜兰，漳州人吴沙于嘉庆元年（1796 年）率领民众入垦。噶玛兰族群因此逐渐向花莲移民。

由于宜兰位于台湾的东部地区，早期交通不便，为便于经营开发，在台湾府知府杨廷理多次奏请之后，于嘉庆十五年（1810 年）设噶玛兰厅。光绪元年（1875 年），噶玛兰升格为县，改称宜兰县，由台北府管辖。此后“噶玛兰”被“宜兰”取代，成为该县的专属名称至今。

初设噶玛兰厅时，有熟番三十六社，其中包括若干凯达格兰村落。事实上其聚落的数量超过六七十个。过去以兰阳溪为界，以北的称为“西势番”，以南的称为“东势番”。噶玛兰人原本散居于宜兰平原各地，乾隆后期汉人开始移民之后，一部分沿山路南下至古名奇莱的花莲县，一部分由海路登陆花莲美仑山下的鲤浪港，形成加礼宛、竹仔林、七结仔、谈仔秉、瑶歌等六社。后再移动而形成新城、加路兰、新社、石梯、姑子律、水母丁、城子埔、加走湾等聚落。

历代记载的宜兰平原噶玛兰村落汉字译音稍有不同，现在较通用的村落名称有：棋立丹社（礁溪乡德阳村）、抵把叶社（礁溪乡德阳村）、新仔罕社（壮围乡功劳村）、奇武暖社（礁溪乡光武村）、踏踏社（礁溪乡玉田村）、马麟社（礁溪乡玉光村）、奇兰武兰社（礁溪乡二童村）、打马烟社（头城乡竹安村）、喀嘓里远社（壮围乡大福村）、奇上板社（壮围乡廓后村）、里目罕社（壮围乡新南村、功劳村）、抵美福社（壮围乡美福村）、新仔罗罕社（壮围乡功荣村）、抵美抵美社（壮围乡美间村）、珍仔满力社（员山乡蓁巷村）、摆离社（员山乡蓁巷村）、吧咾吻社（员山乡惠好村）、抵美简社（头城）、麻支镇落社（宜兰市进士路）、哆啰岸社（罗东镇打那岸）、歪仔歪社（罗东镇仁爱里）、扫笏社（五结乡兴盛村）、娑罗辛仔宛社（五结乡新店村）、加礼远社（五结乡秀水村）、奇泽简社（五结乡利泽村）、流流社（五结乡新店村、秀水村）、打郎巷社（五结乡协和村）、奇武老社（冬山乡三奇村）、里荖社（冬山乡埔城村）、珍珠美简社（冬山乡珍珠村）、武罕社（冬山乡群英村）、打蚋米社（冬山乡永美村）、马荖武烟社（冬山乡武渊村）、猴猴田社（苏澳镇顶寮里、新华里）、马赛社（苏澳镇永荣里）、阿里史社（三星乡大隐村、行健村、拱照村）。

2. 凯达格兰[①]

台北盆地为凯达格兰主要分布地，北起基隆市社寮里、和寮里、平寮里，沿大屯火山至淡水河口，南达桃园县境内。少部分移往宜兰平原建哆啰里远社与里脑社，现已几乎完全汉化。康熙年大地震前，为台北一带最主要居民。部分学者则以淡水河、基隆河、新店溪为界，分为南北两支系，再加上 16 世纪前迁移至宜兰的一支“社头社”（哆啰美社），该族群可分为马赛、雷朗与哆啰美。

新北市八里区的十三行遗址为凯达格兰文化最著名的遗址，属于北台湾地区的金石并用时代，时间大约为战国时期至汉人进入本地区之后才结束，是台湾史前文化的代表文化之一。

在 18 世纪以前，台北盆地是凯达格兰人的主要住地，有三十多社，以渔猎和简易农耕为生。泉州、漳州一带的汉人移民大量进入台湾后，凯达格兰各社因处平地，与汉人的接触机会

① 这个名称是由日本学者鸟居龙藏先提出，可是他并不确定，还是个模糊的概念。但由于有人提出了，后人也就这样沿用下来。

较多，加上早期汉人没有携眷，因此汉化程度较为迅速，但有部分影响仍保留下来，如现今台北许多地名都为凯达格兰语音译而成，像大龙峒、北投、唭哩岸、八里、秀朗、塔悠、艋舺等。

该族群主要部落如下：霄里社（桃园县八德乡霄里村、竹围村）、南崁社（桃园县芦竹乡山鼻村）、坑仔社（桃园县芦竹乡坑子村）、龟仑社（桃园县龟山乡枫树村）、南港社（新北市芦洲乡正义村、南港子）、武猫湾社（或武溜湾社，新北市新庄镇）、摆接社（或摆折社，新北市板桥镇社后里）、秀朗社（或绣朗社，又名控仔社，新北市中和乡秀朗村、秀山村）、雷里社（台北市万华区与德里、美德里）、沙笕厨社（又名纱帽厨社，台北市万华区）、里未社（台北市万华区）、阿八里社（又名龙匣口社，台北市万华区原安里）、圭母卒社（又名奇武卒社或奎府聚社，台北市大同区大稻埕）、大浪泵社（一名巴浪泵，台北市大同区大龙峒）、塔塔悠社（又名答答悠社，台北市松山区永泰里）、里族社（台北市松山区旧家里、新聚里）、锡口社（又名猫里即吼、麻里折口、麻里锡口等，台北市松山区饶河街）、房仔屿社（又名峰仔时、峰仔屿等，新北市汐止镇保长里、保安里）、毛少翁社（或称麻少翁社，台北市林围里、伦等里、三玉里）、奇里岸社（台北市北投区国度里、立农里）、内北投社（或内北头社，台北市北投区）、嗄嘮别社（台北市北投区一德里、桃源里、稻香里）、坌社（新北市淡水区竹围里、八势里）、鸡柔山社（或鸡洲山社，淡水区义山里、忠山里）、外北投社（或外北头社，淡水镇北投里）、圭北屯社（又名大屯社，一名大洞山社，淡水区屯山里）、八里坌社（新北市八里区）、小鸡笼社（新北市三芝区）、玛陵坑社（基隆市七堵区玛东、玛南、玛西等三里）、大鸡笼社（又名龟雾社，基隆市社寮里）、金包里社（新北市金山区三和村）、三貂社（或山朝社，新北市贡寮区穗玉村）。

3. 道卡斯

道卡斯人分布于台中市大甲区以北，经苗栗县沿海地带，至新竹市附近之海岸平原地带，以大甲为核心。“大甲”一名据研究亦来自“道卡斯”。或云该族群部分移往南庄地方形成赛夏族群，但可征资料不足。部分族人曾移往宜兰平原与埔里盆地爱兰地区，后移垦宜兰者大多仍还故居地。

清代中后期开始，道卡斯逐渐汉化，现今已高度汉化，语言使用闽南话。

该族群已知之部落分布如下：大甲西社（又名山明山社、德北社，台中市大甲区番子寮附近）、大甲东社（台中市外埔区大东村附近）、日南社（大甲区日南）、日北社（苗栗县苑里镇日北里）、双真社（大甲镇双寮）、房里社（苑里镇南北、房里）、猫盂社（又名兴隆社，苑万镇猫盂里）、苑里社（或宛里社，宛里镇苑东、苑西、苑北、苑南四里及西平里）、吞宵社（或吐宵社，苗栗县通霄镇通东村、通西村）、猫里社（苗栗镇）、加志阁社（苗栗镇嘉盛里）、后垅社（或后陇社，苗栗县后龙镇）、新港社（又名新港仔社，后龙镇新港）、中港社（苗栗县南庄乡中港）、竹堑社（新竹市）、眩眩社（新竹市树林里、福林里、德林里）。

4. 拍宰海/巴则海

拍宰海原本分布于台中市丰原区、神冈区、后里区附近较靠内陆的区域，约略位置是以丰原为中心，北至大甲溪河岸，东到东势区，南迄潭子区，西则到达大肚山山麓的横冈一带。16 世纪中，主要部落有岸里社、乌牛栏社、朴仔篱社及阿里史社等几个社。康熙三十八年（1699 年），岸里社还曾协助清朝平定吞霄社事件。嘉庆九年（1804 年），潘贤文率领部分道卡斯、拍瀑拉、巴布萨、洪雅、拍宰海人迁至宜兰。道光三年（1823 年），埔里的部人为求自保，邀请包括拍宰海在内的平埔人迁入埔里。

（1）岸里社群。包括岸东社（台中市神冈乡大社）、岸西社

（台中市神冈乡大社之西）、岸南社（台中市神冈乡大社之南）、葫芦墩社（台中市丰原镇）、西势尾（丰原镇社皮）、翁仔社（丰原镇社皮）、麻里兰社（丰原镇社皮）、岐仔社（台中市神冈乡溪州）、薯社（台中市内埔乡旧社）。

（2）扑仔篱社群。包括社角社（台中市石冈区社寮角）、大湳社（丰原区大湳）、水底社（台中市新小区水底寮）、山顶社（新小区马力埔山顶）、大马僯社（台中市东势区新佰公番社）。

（3）阿里史社。原居住在今台中市潭子区，嘉庆九年（1804年）与岸里社及北部平埔人千余人，翻越山岭至宜兰移垦，此为罗东、三星一带今仍有以阿里史为地名之缘由。剩余社众于道光三年（1823年）弃地入垦南投县埔里镇。

（4）乌牛栏社。台中市丰原区乌牛栏为其故址，道光三年（1823年）弃地移垦南投县埔里镇，故埔里有乌牛栏之地名。

5. 拍瀑拉/巴布拉

拍瀑拉分布于大肚溪以北至清水溪以南、大肚台地以西之海岸平原地带，即台中市大甲区、沙鹿区、梧栖区和清水区。其主要部落包括以下各社：大肚社（台中市大肚区）、水里社（台中市龙井区）、沙辘社（又名迁善社或回马社，台中市沙鹿区）、牛骂社（又名感恩社，台中市清水区）。现今较著名的聚落有大肚城（南投县埔里镇）、生蕃空（南投县埔里镇）。

6. 巴布萨/猫雾

主要分布在大肚溪以南至浊水溪之间的海岸区域，包括彰化平原和台中盆地西南边缘地带。其一部分深入台中市盆地，至今台中市西方。其主要部落如下：东螺社（彰化县头埤乡番子埔）、二林社（彰化县二林镇）、眉童社（彰化县溪州镇旧眉）、半线社（彰化市）、柴仔坑社（彰化市大竹阿夷）、阿东社（彰化县彰化市大竹番社口）、马芝遴社（彰化县鹿港镇）、猫雾拺社（台中市南屯区附近）。以上各社之中，大多后来迁至埔里盆地，东螺社部分人移至宜兰。

1650 年，荷兰传教士吉尔伯特斯·哈帕特以荷兰文编写了一部《虎尾垄语词典》，记录了当时巴布萨人所使用的语言。

7. 洪雅/和安雅

洪雅分布于台中市雾峰区以南，台南市新营区以北，接近山麓之平地。包括罗亚和阿立昆二支。

(1) 罗亚。包括哆啰国社（台南市东山区东山村、东中村、东正村）、紫里社（亦名斗六门社，云林县斗六镇）、西螺社（云林县西螺镇）、他里雾社（云林县斗南镇）、猫儿干社（云林县仑背乡）、诸罗山社（嘉义市一带）。

(2) 阿立昆。包括猫罗社（彰化县芬园乡）、大武郡社（彰化县社头乡）、大突社（彰化县溪湖镇）、南投社（南投镇）、北投社（南投县草屯镇北投里）、万斗六社（台中市雾峰区万丰、旧正、峰谷、六股等村）。

以上所列阿立昆各社于道光年间放弃原居地，大举迁移至埔里盆地。罗亚之斗六门、猫儿干二社亦移至埔里盆地，其余则留居原地。

8. 西拉雅

西拉雅是台湾平埔人中人口最多的一个族群，分布于嘉南平原与屏东平原，北自台南市佳里区、麻豆区附近，南达屏东县林边乡的平地或山麓地带。19 世纪开始，部分西拉雅人逐渐东迁，移往台东、花莲一带。

(1) 西拉雅。荷兰人的《热兰遮城日志》曾对该支有所记载，称之为 Sideia。以台南地区的平地为居住地，以新港、目加溜湾、萧垄、麻豆四大社最著名，为当年荷兰人推广新教最主要的平埔部落。后迁往内山、旗山方向及台东一带。明郑时代新港社群移往新市附近，卓猴社群移至新化区那拔里。后新港社再移至新化区、关庙区附近，且有更南下移至高雄市旗山区，甚至翻越中央山脉远达台东县（池上乡锦园村、成功镇成广澳）。日本殖民统治时期，部分后裔仍居留于台南市东山区、官田区、大内区及左镇区。

该支大杰颠社曾自原居地冈山地方路竹区下社及大社，移至下淡水溪流域之旗山。道光九年（1835年），有三十余户相率南下至枋寮，越山经巴纴卫（今大武）顺东海岸北上至台东，后来与卑南相处不睦，乃续北移至大庄开垦。数年后经由布农人之引导，自新武路入山，越关山，来到高雄市六龟区荖浓、六龟地方。后部分社众及新港、卓猴二社部分社众，越山至新垦地。嗣后西拉雅人移往台东纵谷者日盛。北自花莲县玉里镇观音山，南至花莲县富里乡公埔，新开园及海岸地带之彭子存、大扫别、加定湾、城子埔，均有其部落。阿美人称这些西拉雅人为 Takavuran。

该支主要部落有：赤嵌社（初在台南附近，后移至新社附近改称新港社。其一部分先移往新化区那拔里，再移至新化、关庙及旗山、台东）、大目降社（今新化区附近）、卓猴社（今新化区礁坑里，其社众有分出至高雄市旗山区、台东县者）、目加溜湾社（今台南市安定区、善化区、大内区）、芋匏社（今台南市山上区）、麻豆社（今台南市麻豆区）、萧垄社（亦名欧汪社，今台南市佳里区镇山里、海澄里与漳州里）。

（2）马卡道。原居凤山地方至下淡水溪（高屏溪）流域，即文献中所称的“凤山八社”。包括上淡水社（亦称大木连社，屏东县万丹乡上社皮）、放綀社（自高雄市仁武区大庄移至屏东县林边乡田墘厝）、下淡水社（屏东县万丹乡下社皮）、塔楼社（屏东县里港乡塔楼）、茄藤社（屏东县林边乡东路干）、武洛社（亦称大泽机社，屏东县里港乡武洛）、力力社（屏东县新园乡力社）和阿猴社。阿猴社原居高雄，后移至屏东附近，其一部分自屏东地方南下至恒春平原，与原住之排湾族群的斯卡罗龙銮社订立和约，赠予水牛得地居住。光绪十七年（1891 年）左右尚有百户，后因遭大水灾，家屋田园被冲毁，乃迁往台东县与花莲县富里乡公埔等地。

（3）大武垄。又称“四社熟番”。荷兰殖民统治时期其原居地为乌山山脉之西麓，曾文溪流域之平原地带，即今台南市玉井区与大内区境内。在此形成茄拔、芒仔芒、头社、宵里四社。后向东逐渐迁移至楠梓仙溪沿岸之地，迫使邵族群美珑、排剪、搭蜡袷、雁尔四社退居荖浓溪上游现居地。乾隆初，汉化已深，与汉人杂居，由四社分散成 29 个部落。四社故居地分布如下：茄拔社（今台南市善化区嘉北、嘉南二里）、宵里社（今台南市玉井区丰里村）、芒仔芒社（今台南市玉井区三和村、望明村）、头社（今台南市大内区头社村）。

9. 大肚王国

大肚王国，为 16 世纪拍瀑拉与巴布萨、拍宰海和一部分洪雅人所成立的“跨族群准王国”。领域范围主要在今天的台中市，以及彰化县和南投县。依据苏格兰人戴维·莱特（David Wright）的记载，大肚王国最强盛的时候曾统治 27 座村落，只是后来有 10 座村落独立。也有学者指出，大肚王国其实只是极为松散的部落联盟，没有具体的组织和有效率的统治形式。

大肚王，汉人称为 Quataong，可能系闽南话 Hoan-á-ong（番仔王）的转讹。荷语称其为 Keizer van Middag，台湾当地民众则称之为 Lelien，意为白昼之王或平埔太阳王。大肚番王的首领一直以 Camachat、Kamachat、Kamacht 为名，而甘仔辖·阿拉米（Kamachat Aslamie）也是大肚番王所辖村社使用的语言的名称，在清朝的土地调查文书中也有“干仔辖”、“干马辖”、“干仔旱”等由此音译而来的称呼。

荷兰人侵占台湾期间，为了连通台湾南北的道路，与大肚王国发生冲突。1644 年，荷兰上尉布恩（Piter Boon）率兵远征北台湾，胜利之后南下打通陆路，因为遭遇拍瀑拉人的反击而未成功。翌年再度进攻，摧毁了13座反荷村落，首领甘仔辖·阿拉米（Kamachat Aslamie）只得接受范布炼（Simon van Breen）牧师的调停。1645年4月荷兰人召开台湾少数民族的地方会议时，阿拉米跟联合东印度公司订约，不过直到1662年荷兰人离开台湾为止，大肚王国始终不肯接受基督教，只让欧洲人通过领土，不准他们定居，也无荷语的翻译员。

明郑时期在台湾实施兵农合一政策，派遣军队分赴各地屯垦，导致明郑和大肚王国发生数次武装冲突。

巡台御史黄叔璥在他的《台海使槎录》中，有这样的记载："大肚山形，远望如百雉高城，昔有番长名大眉。"只有短短的数语，但是说明17世纪的台湾中部确实有一个超部落的"番长"存在。

雍正九年（1731年），地方官吏指派劳役过重，引起反抗，发生大甲西社抗清事件。事件被镇压后，大肚王国所属民众陆续逃离原居地，迁往埔里，大肚王国亦终告瓦解。

二、平埔族群的文化特质

从文献与史前遗物而言，有关平埔族群文化行为的资料相当有限，但还是可以看到一些古文化的特质，平埔人的古文化特质都与东南亚的古文化，以及南岛语系民族有着相当密切的关系。

（一）刀耕火种与渔猎

平埔人很早就懂得采取火耕方式，生产农业作物。这种耕作方式相当简单，通常在离住家不远地方的森林中，找块地，将树木砍掉，然后以火焚烧树枝杂木，利用焚烧之后的灰烬做肥料，到了次年的播种期，就以木制的耒耜耕种。在土地使用两三年之后，土壤变贫瘠之时，再换到邻近的土地砍林烧树，播种耕种。这种耕作的方式，在人力与物力的花费上较为经济，但是产量不高，仅能自足。耕种通常是女人的事。由于这种耕作方式，会不断改变耕作地点，也使得部落会慢慢地向四方迁徙。

由于火耕地点不固定，无法修筑灌溉引水设备，所以只能耕作旱田。在八九月的时候，先除田中的茅草，覆盖在田埔上，枯朽后便成为田中的肥料。伺来年三四月再播种，收成后休耕一年，来年再种。这种耕种方式直到汉人入垦后才发生改变。

平埔人依靠渔猎作为动物性蛋白质的来源。鹿是主要的猎物，多半在春天时，全社壮丁出动，携带器械及猎犬，由四面呼噪围猎。猎到鹿之后，以皮和汉人交易盐米烟布等物。在打猎之前必须以白色长尾的“蛮任”（苹雀）叫声作为鸟占，声音洪亮表吉，细微表凶。平埔人捕鱼的方式从射鱼、围鱼一直演进到网鱼，受到汉人的影响很大，在使用围网捕鱼时，妇女也必须参与。

（二）聚落人口与组织

《热兰遮城日志》中，已经有不少对平埔聚落人口的统计。南部平原上的聚落人口比其他地方多很多。在台南平原上的萧垄、麻豆、新港、湾里等社聚落都相当大，多的达 3000 人左右，少的也有 1000 人左右。台湾其他地方的平埔聚落人口都很少超过 200 人的，有 11 个聚落只有 50 人左右。这也显示平埔族群的社会结构与文化行为也必然存在着极大的差异。

以部落为单位的长老政治制为平埔族群的特色，依据年龄形成部落的社会组织，随着年龄长幼有不同的地位和职级。长老会议主要是解决部落内的纠纷，以及对外部落的战争。头目是领导者和发号施令者。长老地位崇高，有参加部落会议的义务，并可被推选为领袖。丁男是未婚者，合宿于青年集会所，由长老指挥训练，从事对外战争或参与猎团。但不是每个族群都有明显的年龄阶层，也不是每个族群都有固定的头目领导人。

一般而言，长老层享有最尊贵的地位，部落中的重大问题和祭典祭祀礼仪，都必须通过长老和头目共同召开的长老会议来决定。已婚妇女是部落的骨干。成年男子主要负责渔猎生产。未婚男女的地位则较低。某些部落每逢祭典或重大活动，不同年龄层的人甚至不能一起吃饭。

在众多平埔族群之中，西拉雅没有固定的领袖人物，但是有地位较高的长老，同时长老没有真正的政治实权，村中的重要决策是由村民大会决定。长老在开村民大会时有发言权，没有支配决策的优势。长老具有监督与执行的能力，不是下达命令的领导人。整个部落没有贵贱、主仆的阶级之分。作战时也没有正式的领袖，通常是以猎过较多人头者为领导，是个民主平权的社会。

平埔人的公廨是部落政治中心，是开会议事的场所，平常是丁男合宿并接受长老训练的处所。在祭礼期间，就成为举行祭仪、歌舞之处。现在全台仅西拉雅、马卡道、洪雅的个别部落仍保有若干公廨，且公廨的建筑材料早已改用现代砖瓦或钢筋水泥，屋形也改成汉人家屋或纪念馆的形式，仅有单纯祭祀和信仰的功能。

在社会事务方面，女人通常负责宗教祭祀的事，男人负责政治方面的事。男人与女人的工作并不是截然划分开的，例如：男人从外面打猎回来，要进村之前，女人会出来欢迎，同时，也要做个仪式，希望猎物能重生，下次打猎时还能丰收。

（三）婚姻习俗

1. 牵手

清人郁永河所著《裨海纪游》一书中记载："婚姻无媒妁，女已长，父母使居别室中，少年求偶者皆来，吹鼻箫、弹口琴……女择所爱者，乃与挽手。挽手者，以明私许之意也。"这是叙述台湾早期平埔人婚姻的形式，牵手仪式除了让亲戚朋友知道以外，还象征夫妻手牵手互相扶持、同甘共苦过一生。汉人受到其习俗影响，也称自己妻子为"牵手"。

平埔人的婚姻习俗，不是靠媒妁牵线，而是自由恋爱。男生若是看中某位女子，就向她吹奏求爱音乐或送鲜花表示爱意，然后再送槟榔试探对方心意。若是女方收下槟榔，就表示答应其追求，两人就私自相配，携手以归，甚或同居。先婚而后才告知父母，征其同意办理嫁娶。结婚时，男女两家各备酒肉宴请部落众人，歌唱共舞整日。婚后三日，夫妻各拔齿相赠，表示双方誓守终身，也用来区分已婚和未婚。平埔人是一夫一妻制，若是要求离婚者必处以罚物，若因为私通而离婚更要加倍惩处。

妇女生产孩子后，会携带所育儿女同浴于溪，借此完成初生婴儿的洗浴礼。平埔人习惯将小孩侧背在腋下，他们认为孩子背在背后，会被番婆鬼偷换成畚箕，为求安全只好背在腰侧。

2. 凿齿

凿齿文化也是东南亚古文化的特质之一，过去平埔族群也盛行凿齿习俗，至今已不复见。多是少年男女在求婚之时，凿去二齿以作为定情之物，《裨海纪游》中就记载："女择所爱者，乃与挽手。挽手者，以明私许之意也。明日，女告其父母，召挽手少年至，凿上颚门牙旁二齿授女，女亦凿二齿付男，期某日就妇室婚。"伊能嘉矩的记录显示拍宰海男女至结婚年龄时，拔去上门齿二枚，作为成年之标识。

（四）衣饰文化

在汉人大量移民台湾之前，平埔人的衣着相当简单，在较为炎热的南部，夏天时男性几乎是全裸，女性只在私处围上一块布；冬天时披鹿皮为衣，或以树皮和兽毛织成的"番毯"御寒。[①] 与汉人接触频繁之后，逐渐穿着上衣、腰裙、头巾等衣饰，随着道路交通便利，各部落的往来更多之后，衣饰也逐渐多样化。

① 郁永和：《裨海纪游》卷下，台北：台湾银行1959年版，第33页。

1. 上衣

平埔人不分男女都穿“笼仔”，这是一种无袖、无领、无扣、对襟的短上衣。以两片布缝在背后及腋下两侧。该衣服长度很短，只到肚脐，男性的衣饰朴素，女性的服装上有彩色线织的装饰花纹。

2. 裹腿布

平埔妇女必须从事耕作之类的户外劳动，为了保护小腿，习惯用布裹起来，大部分高山族妇女也有裹腿的习惯。裹腿是以青布或乌布，把膝盖到足踝之间包起来。

3. 装饰品

平埔人的饰品多使用玛瑙珠、螺钱、牙堵及各类玉石或其他材质的珠饰，体积都很大。屏东平原的平埔人有戴花和插羽毛的习俗。宜兰地区的平埔人盛行以金鲤鱼作为饰品。

4. 西拉雅人的礼服与花环

西拉雅女性的结婚礼服是件短到腰身的红色毛衣，袖口缝有蓝布带状的棉布条，袖子特别长，穿着时候要将袖口往上折两折。下半身是长裙，无折线，腰带的金饰镶满玉石，首饰以色泽美丽的玛瑙穿线串制而成。

西拉雅人举行祭典时，参与仪式的人必须佩戴花环作为装饰物。花环是以甘蔗叶为材料，上面缀上泽兰叶、圆仔花，俗称圆仔花环。

5. 水平背带纺织机

因一端布夹系于纺织者的腰背，水平背带纺织机也称为腰机或腰式水平纺织机。水平背带式的纺织机遍布东南亚，其形式又可分三种：伊能嘉矩之记载应属于第一型，有别于兰屿雅美人的第二型以及台东卑南人的第三型。平埔族群中拍宰海人之纺织机属于第二型，其经卷系固定于地上或简单木架上，此一型之水平背带纺织机广见于菲律宾、加里曼丹岛等地，较第一型进步。台东卑南人纺织机的经卷固定于特设之架上，较其他二种更进步。

6. 贯头衣

台湾大学人类学系标本陈列室藏有平埔族群拍宰海男子上衣两件，其形式类似泰雅人的 rattan。开有圆领，腋下两侧不密缝，近似贯头衣。贯头衣是最原始的衣服形式，散见于印度尼西亚群岛以及中南半岛，并向东分布至玻利尼西亚。南美洲之贯头衣亦可能经由玻利尼西亚传去。

（五）祭祀与宗教

在平埔人社会中，相当重视祭祀祖灵或怀念祖德。占卜是平埔人最传统的巫术，其方式包括草占、鸟卜等。每年新春，平埔人以草生长的状况预卜新的一年是否丰收，甘草先长表示今年会丰收，苦草先长表示歉收。出外狩猎或在山林砍柴时，会听鸟的叫声而占卜吉凶。

1. 祖灵崇拜

平埔人崇拜祖先的观念极为浓厚，视各种祭祀中所祈求的对象均为祖灵。人类学者李亦园认为，平埔各族群的祖灵祭可分为三个类型：（1）台湾中部拍宰海、道卡斯、洪雅等，其祖灵祭以少年人的竞走作为仪式重心，称之为“赛跑型”祖灵祭，为祖灵奉祀与成年礼之混合形态。（2）台湾南部西拉雅人的祖灵祭以陶罐作为祖灵的神体而加以崇拜，祭祀陶罐的风俗或与祖骨崇拜有关。（3）台湾北部凯达格兰、雷朗、噶玛兰三族群的祖灵祭项目大致相同无特殊形态。

西拉雅人将一些祖灵再提升为地方守护神，认为阿立祖是西拉雅人的守护神。阿立祖也称为阿日祖、阿立母、太祖，屏东地区的族人多称为老祖。每个部落都有共同崇祀的阿立祖，供奉在公廨之中。个人私祀的守护神供奉于家中。早期的阿立祖信仰并不塑像也不立神位，仅以象征物代表，例如祀壶、猪头壳、将军柱等。后来因受汉文化影响，塑神像的比例渐增。祭祀的时间也因地而异，屏东县恒春半岛多在正月十五，屏东县内埔乡老埤村则是十月十五，台南市东山区东河村在九月初四夜，台南市大内区头社村则在十月十四日夜。

凯达格兰人重要的祭典有两个。六月的祭典是在祈求捕鱼丰收，八月的则是感谢祖灵庇佑农作物收成，他们会以其神圣的植物山橄榄当作祭品。

现存的平埔人祭典中，以东山区吉贝耍[①]公廨以及大内区头社公廨的夜祭最具代表性。此两地的公廨祭典其实都是祖灵祭，因为都在夜间举行，所以俗称夜祭。吉贝耍在农历九月初四，头社在十月十四夜。祭典从入夜开始，主要活动包括杀猪、献祭、牵曲[②]、禁向[③]。

2. 祀壶

祀壶是重视祖灵崇拜的西拉雅人最特殊、最具代表性的祭器。祀壶就是祭祀的壶或瓮，大小、造型、颜色并没有限制，只要是开口缩小的壶体便可。祀壶内部都装有清水，上插泽兰叶、海芙蓉。阿立祖的信仰原本不立塑像神位，以祭祀壶瓮等物为主，作为祖灵祟祀象征，谓之拜壶。也有人效法汉人习俗，在壶体上缠红线，有的全部裹紧红布，上绣珠串，甚至挂着金牌。对西拉雅人来说，祀壶就是阿立祖的化身。有些马卡道人因受环境影响，将祀壶改成宽口浅碗，内装清水，再加一片九芎叶。

西拉雅人公廨中有一大型祀壶，称为向缸，认为是阿立祖囚禁鬼魂的地方。壶瓮没有规格或数量的限制，破损之后经祭拜阿

---

① 吉贝耍自佳里萧垄社迁居而来。“吉贝耍”的意思为“木棉之庄”，相传早期当地种满木棉树，其名因此而来。

② “牵曲”是一种由众少女赤脚，双手交叉牵围成圈，配合简单的二进一退舞步，边跳边唱，是夜祭祭典中不可或缺的一项仪式。

③ 通过作法下诅咒的仪式来禁止何事不可行，不遵循会有何种后果，便叫“禁向”；若通过作法仪式来解开（除）诅咒，则叫“开向”。

立祖同意即可更换，壶瓮下以香蕉叶为垫底，置于地上或桌案上以示阿立祖幻化于世间。壶中的清水称为向水，具有祖先灵魂的力量，也代表祖灵洗净休憩之所。各部落在每年某个固定时间，都会举行开向礼，表示释放壶中向魂之意。大约一个月后，则举行隆重的夜祭或噶海。祭典结束之后另择一日禁向，将向魂囚禁回壶中。

祭祀阿立祖不是祭壶，而是祭拜壶内的水。西拉雅人认为水是祖灵依附所在，容器只是外在的形式，可以是瓶碗瓮缸，但是不变的是水。向缸中的向水，必须从固定的河川中请来。水会腐败和消失，不换水，灵力会消失，同时为了给祖灵提供干净舒适的环境，每逢初一、十五都要举行换水仪式。

3. 尪姨

尪姨是平埔人的女祭师。她们的工作内容包括主持祭典、驱逐邪魔、消灾治病、施法、问姻缘、占卜事业等，还要负责公廨的整洁和祭典，可说相当繁重。尪姨的产生方式因时因地而异，有的从小训练产生，有的则在老尪姨退休前，起乩指定而产生。也有人是为了谋生，自习巫术而成为尪姨的。

4. 祭典仪式

平埔各族群都有自己特别的祭典仪式，下面选择部分加以介绍。

（1）拍宰海的过年祭

拍宰海习俗是将每年秋天稻子收割后的第一个月圆夜（现在定为农历十一月十五日）当作过年，也是全年度最重要的祭典，其意义在于感谢今年所获、祈求明年丰收。男性会去打猎、捕鱼；女性腌制鱼、鹿肉，制小米酒、阿拉粿等祭品。祭典当天男女老幼盛装打扮，妇女在头上卷头巾、插鲜花。并举办“牵田”、“抓大鱼”、“走标”等传统活动。由长老下令仪式开始，然后热闹庆祝三天三夜。

过年祭首先登场的仪式是牵田和夜祭，在除夕夜（十一月十四日）正式展开，家家户户将祭品送到集会所前，在月亮升起后，由长老率领族人祭拜先祖，并唱起“Aiyen”祭祖歌。第二日举行走标活动，这是属于年轻男子的赛跑活动。获胜者将获得少女青睐，也能提高在部落中的地位，取得成为长老人选的资格，还能得到花布彩带。十八日在老猎人的带领下集体狩猎，以铜锣通告族人丰收，为整个祭典画下句点。由于社会变迁，现在的狩猎活动已转化为欢迎宾客、共享收获喜悦的铜锣舞。

（2）吉贝耍的嚎海祭

于初四日先开始夜祭，由尪姨领导，将宰好的猪献给神灵，少女围圈牵曲。初五日中午过后，嚎海祭正式开始。由尪姨主持祭典，地上铺上香蕉叶象征航海中的船只，吟唱牵曲。吟唱的内容是叙述阿立祖指示族人要勤耕敬神、敦亲睦邻。牵曲期间，尪姨代表尪祖巡视祭品，巡毕慰灵后，倒地翻滚，号啕训示子孙不可忘记先人的恩德。这种饮水思源的祭典是此地特有。

（3）道卡斯人的祭典

丰年祭：又称作牵田，分为做旗头、做旗尾两个节日，各为三天。族人兴致高时，可由旗头一直做到旗尾。白天狩猎，晚上庆祝共同分享猎物。

祭祖：称作“巴代”（Patai），意指敬祖，也是道卡斯人最神圣的节日。

祈雨祭：是一个不定期的祭典，在干旱时期才会举办，也是道卡斯人传统祭典中，长期未被记载于文献中或田野调查记录上的祭典。

（4）拍瀑拉人的走缠

拍瀑拉人在祭祀祖先之后，会让部落中健壮的男子进行竞走活动，首先到达终点取得布标的勇士，可以选择族中美女为妻，此活动称为走缠。

（5）丧葬

南北各地平埔族群的丧葬形式差异颇大。屏东的平埔人是在人死后，以木板钉成棺，亲友赠送青蓝布或鹿皮陪葬，埋在平常所睡的床下，配偶必须迁到别的地方居住。北部淡水的平埔人习俗是裸体入葬，只用鹿皮包裹尸体，由四位亲属抬至山上坟地，然后将鹿皮铺展开来，再用死者日常穿着的衣服覆盖，最后用土掩埋。一般而言，子孙在胸背披两片蓝布表示戴孝，但时间长短不一定。

1947 年至 1984 年，日本学者国分直一等人陆续在基隆市中正区社寮岛，以及屏东县琉球乡小琉球发现石棺遗址。社寮岛的石棺为灰褐色砂岩之组合石板棺，出土陶片为赤褐色及灰黑色方格印文陶，一般认为此一遗址应是属于早期的凯达格兰人。

琉球遗址的石棺是珊瑚灰岩之组合长方形石板棺，棺底不铺石板，伴同出土物有红色无纹陶，从其年代及其所在地域上看，被认为与南部平埔族群有关。由这两个遗址的发现，可以推知早期平埔族群中盛行石板棺葬。

传教士甘为霖[①]在《荷兰人侵占下的台湾》中提到当地住民在人死后两日之内做了许多丧礼仪式，然后把尸体的手和足包扎起来，置于一竹篾做成的竹台上。竹台立于屋内，其下生小火烘干尸体。尸体需烘几天，并且每日要用水洗涤尸体一次。到了第九日将尸体从竹台上搬下，用席包扎，又在屋内另筑一高台，台上围盖许多衣服，再把包裹草席的尸体置于其上，放置两三年之久，最后将遗骸移下，就在屋内开挖坑洞，把尸体葬于其中。这种葬法属于洗骨葬的一种。

---

① 甘为霖（Dr. William Campbell MD，1841～1921 年），苏格兰人，19 世纪后期在台湾南部传教，1891 年 10 月于台南创立台湾第一所盲人学校——训瞽堂，他是台湾盲人教育的先驱者。

（6）居住习俗

平埔人的传统建筑，受限于自然环境因素，南北使用的材料不同。北部气候适合树木生长，因此居住在北部地区的平埔人多以木材当作主要建材。南部气候适合竹子的生长，人们以竹子作为主要建材，日常生活用品也多半取材自竹子。中部地区地处两种环境的过渡地带，兼以竹子跟木材当建材。

“凤山八社”的人称住屋为“朗”，用土筑成基座，以竹做梁和墙壁，屋顶为茅草，织蓬为门。住屋内部也讲究装饰，屋脊左右以圈竹裹草如兽吻状，称为律武洛或打蓝。圭茅为储藏米谷的仓房，其基座高过家屋一倍以上的。部落四周植竹木作为防卫。

平埔人将造屋称为“乘屋”，为部落中的大事。子女嫁娶时需要另造新屋。造屋时间多半选择在丰年收成之后，也可随时造。房子有的有底座，有的则无。在造屋之前，必须以鸟音占卜择日，在动土日先做高五尺的营基，周围砌石，中间填土。建筑屋舍的人力来自全社壮丁，社内所有的家庭共同合作营建，互相帮助。大致顺序是先立基柱，然后削竹为椽，编茅成圆盖屋顶，然后再举升此圆盖置于木柱上。其墙壁前后皆有窗扇，绘雕上漆，装饰炫丽。但有些部落的房舍的屋顶是方形。

凯达格兰、雷朗、噶玛兰三族群在清初尚保存有干栏建筑。清代巡台御史黄淑璥的《台海使槎录》和日本学者伊能嘉矩调查台北盆地雷朗族群的文案中，都记载了这种干栏式房屋的存在。干栏就是架在桩上的屋宇，这种建筑文化的分布范围，从中国南部经中南半岛而至东南亚，并西至非洲的马达加斯加，东则经大洋洲而达南美，也就是整个南岛语族分布地带。台湾高山族的公共会所及谷仓还保存干栏式的建筑，至于普通居屋则不见有这种建筑。

（六）其他特殊文化

1. 日常生活

平埔人善酿酒，以味酸为醇。传统酿酒分为红酒和白酒两种。食物有白豆、地瓜、稻、黍及猎获物。平埔人不设厨灶，在地上将锅架起三尺高烹煮，以椰瓢食粥。虽懂熟食，但许多食物仍以生食为主。将生鲜蔬菜捣碎后，再加盐及大蒜等配料食用。兽肉和鱼，大多用盐腌来食用。鸡和宝冬瓜被认为是待客最佳食物，喜欢吃的水果是番石榴。

有客人来时，妇女会拿酒出来招待，客人接受了，宾主都很高兴。若有人拒绝，族人会认为是瞧不起他们而闹得不愉快。酒酣之后，族人则起而歌舞。

传统的家庭用具有椰瓢和葫芦瓜，用来盛食物和汲水。以前并无桌椅，宴会时人人以蹲踞之姿进行，乾隆后才仿效汉人制作桌椅。外出工作时，以竹筒储香米饭，方便携带。工艺方面，擅长藤编和竹编。武器有刀、弓、矢、镖，也有木盾牌，上绘以图案。

偷窃和赌博，甚为平埔社会所不容，犯过者须受到极严厉的刑罚。

因为平埔人传统的生活形态以渔猎为主，所以每一个子弟从小就得接受捕鱼和打猎的训练。各族群的长老们，都以不同的方式来训练自己的子弟。有在春秋之季带子弟上山，也有在传统牵曲时，定出某几日为猎获之期。由经验老到的猎人，分批带领年轻男子上山打猎，教授各项打猎技巧。也举办射鱼训练和比赛。

平埔人若出门时，都会佩刀，有方头形状，也有尖叶形状，长不超过一尺，装在木鞘内，横系在腰背。外出主要是步行，很少用到交通工具，在特殊场合会乘坐牛车，此情形称为游车。游车多见于新春时节拜访亲友，除了共享欢乐外，也让未婚的男女青年有更多认识交往的机会。

2. 洪水故事

台湾少数民族各族群都有洪水神话，其基本架构类似华南地区的洪水神话，也有兄妹结婚成为人类祖先的故事。如凯达格兰的传说称族群原住于“三赛”(Sanasai)，人口数万人，有一天忽然天昏地暗，出现一只大怪蛇，族人都被噬去，只剩兄妹二人，遂结为夫妇，传承子孙。其后又遇有大洪水，田原屋舍都被淹没，族人乃相率渡海在基隆附近海岸上陆。这一传说各社版本稍有不同，有的因为妖怪作祟，有的是洪水侵袭，有的出海捕鱼却遭遇台风，辗转来到台湾；登陆的地点，各社解释不一，范围皆在北海岸一带，北投社在今新北市瑞芳区的深澳港、三貂社在新北市贡寮区的澳底、基瓦诺湾社在新北市金山区。

3. 文身

清代《彰化县志》中记载平埔人文身：“岸里、扫楝、乌牛栏、阿里史、朴仔离番女绕唇胳皆刺之点，细细黛起，若塑像罗汉髭头，共相称美，又于文身之外，别为一种。”伊能嘉矩曾引用此资料，不过他怀疑这个记载，认为《彰化县志》中记载的有文身番女，是平埔人所娶泰雅妇女之误。但是清代官员郁永和在《裨海纪游》也提到：“若夫平地近番……胸背文以雕青，为鸟翼、网罟、虎豹文，不可名状。”所以一般学者仍然认为少数平埔族群确有文身之习。

4. 木鼓

木鼓多半用于号召群众，传递信息，有的则与猎头风俗有关。甘为霖在他的著作中引用17世纪荷兰传教士GeOrge Candidius描述居住在台南附近西拉雅族群中新港、麻豆等村落的民情风俗：“村中有人死亡，他们在屋前敲击以大树干刨空而制成的木鼓，以告村人……”

5. 猎头

台湾高山族中泰雅、阿美、邹、布农等族群在19世纪之前盛行猎头。平埔人亦有此种风俗，甘为霖的记载有：“如发现有敌人……他们立刻把他杀掉，把头颅砍下，以便夸耀他们的勇猛和历险。但如遇敌人追击，有时便抛下敌首，仅割取其头发。”伊能嘉矩也记载拍宰海亦有猎头的风俗，猎得敌首后，还举行祭祀。

6. 父子连名制

移川子之藏曾利用契约文书，举例说明拍宰海人特有之姓名。以朴仔离社为例，祖名 Bahara Abuk，父名 Ashin Bahara，子名叫 Tahan Ashin，称之为父名的连锁。也就是说平埔族群亦有父子连名的制度，通过此制度能够追溯其祖先，可以避免近亲结婚的问题。

第二节　平埔人的汉化

一、平埔人的人口

清代以前关于平埔人的人口资料相当稀缺，汉文典籍中几乎没有涉及，明代后期荷兰人占据台湾时，始有少量的记载。

据记载，在 1632 年时，Quimaurri 有 600 人，分居在四五个部落。在荷兰人的记录中，整个台湾少数民族人口总数估计是 6 万人。但是有些地区是不为荷兰人所知，因此，鲍晓鸥推论，可能总数有 10 万人。他同时也推算当时北台湾的人口总数是占台湾全岛的 20%。①

1646 年，也就是西班牙人离开台湾之后的第 4 年，有一名荷兰士兵在向导的带领下，做了一次人口调查。从登记的人口记录来看，整个台北盆地有如遭人废弃的荒域，只有不到 3000 人。分布如下表：

---

① 鲍晓鸥：《西班牙人的台湾体验》，台北：南天书局 2008 年版，第 140 页。

表 2-3　1646 年北台湾的人口

区域	村落	头人	户数	寡妇	人口	总数
Tamchui（淡水）	Senaer	Tenayan	37	5	131	543
	Taparri	Chereman	84	6	278	
	Kipatou	Rapan	39	4	134	
Kimazon（基隆河）	Quiranganan	Motton	8		28	1157
	Kimasaou（麻少翁）	Gommou	98	10	425	
	Paronpon	Mapalell	18	1	72	
	Kimaltsion	Kauyo	13	5	72	
	Katayo（搭搭攸）	Laemo	52	3	54	
	Lechoco（里族）	Ponap	51	2	228	
	Kimalts	Taquay	36	5	178	
	Rabrabar	Limonang	28	2	100	
Pulauan（武勝湾）	Rauarauas	Rimolts	30	6	119	1114
	Pinorowan	Pathiran	59	5	223	
	Roewerijs	Para	39	6	146	
	Sijoeron	Karijnach	55	6	204	
	Ribalts	Paeron	49	6	181	
	Kipas	Kakijlach	32	2	108	
	Pattsij	Taunas	35	9	133	

数据来源：*FE*III，P. 123—124。鲍晓鸥：《西班牙人的台湾体验》，台北：南天书局 2008 年版，第 141 页。

在荷兰人的记录中，从1646年到1655年的十年之中，北台湾各部落的人口总趋势基本是在减少。

表2-4　1646～1655年的北台湾人口减少情形

区域＼时间	1646年	1647年	1648年	1650年	1654年	1655年
Tamchuy（淡水）	543	427	414	668	610	412
Quimazon（基隆河）	1157	1315	1322	1224	1003	950
Pulauan（武勝湾）	1114	1109	1104	1218	1199	818
Quimaurri	——	408	500	541	506	491
Caquiuanuan	——	——	360	375	360	——
Cavalan（噶玛兰）	——	10559	8517	9670	11479	——

数据来源：*FE*III，p.124；p.187；p.236；p.292；p.505。中村孝志：《荷兰时代台湾史研究》下，2002年，第23页。

是什么原因造成人口的减少，目前仍是众说纷纭。很可能的原因之一，是居住环境条件改变，导致大量人口死亡。据记载，短短数周内，Taparri和Quimaurri地区分别有61人和37人死亡。基隆河、武勝湾及其他小支流地区也有不少人亡故。①

清代，政府也没有对于台湾少数民族人口的记录，即使是对已经纳入统治体制内的平埔人，其记载依然相当缺乏并且模糊。日本侵略者占据台湾之后，一些日本学者展开对台湾少数民族的人口研究，其成果可供参照。

日本学者中村孝志对于当年荷兰人所控制的平地少数民族（即后来的平埔人，不包括高山族）的统计如下：②

① *FEP*III，p.447.

② ［日］中村孝志著，赖永祥、王瑞征译：《荷兰人对台湾“原住民”的教化》，载《南瀛文献》1956年第3辑，第1—20页。

表 2-5　荷兰殖民统治时期部分平埔人人口数

时　间	村落数	户数	人口数
1647 年	246	13619	62849
1648 年	251	13955	63861
1650 年	315	15249	68657
1654 年	271	14262	49324 以上
1655 年	223	11029	39223 以上
1656 年	162	8294	31221 以上

这些人口与高山族合计起来，约在 15 万至 20 万之间，平埔人人口在此时大抵在 4 万至 6 万之间，集中于台南及其附近的汉人则在 5 万以下。①

日本殖民统治时期的总督府作了几次的人口调查，其中关于平埔人人口如下表：②

表 2-6　日本殖民统治时期平埔人人口调查

时　间	男	女	总　计
1905 年	22708	23724	46432
1915 年	23429	24247	47676
1925 年	25421	25588	51009
1930 年	27057	26890	53947
1935 年	29022	28790	57812
1936 年	29659	28560	58219
1937 年	30261	29329	59590
1938 年	30727	29508	60235
1939 年	31434	29133	60567
1940 年	30555	29735	60290

① 《台湾省通志稿》卷二《人民志·人口篇》，南投：台湾省文献委员会 1964 年版，第 111 页。

② 张耀锜：《台湾の平埔人一序说》，见《南方文化》第六辑，天理南方文化研究会 1979 年版，第 138 页。

从表中可知平埔人人口除了 1940 年略减之外，基本上呈现增长趋势，人口在 4 万至 6 万之间。但是从 17 世纪的荷兰殖民统治时期至 20 世纪初的 300 年间，平埔人人口增长几乎是零。平埔人口不增加的原因有卫生环境、疾病、战争等，但更重要的原因是平埔人汉化之后，成为汉族的一员。

二、平埔人汉化的方式

清朝统一台湾后，历代的地方官员都将教化当地住民列为政绩，有许多制度上的设计与施行。而在汉族民间，对于平埔人的影响，则更多的是潜移默化式的。

汉族民间社会对平埔人的影响，主要通过以下途径进行的：

（1）经济往来。汉人从明代后期开始批量迁入台湾之初，首要的目标就是获得土地，取得生存发展的立足之地。于是，汉人与当地住民发生经济上特别是土地交易方面的关系，就成了双方之间既不可避免而又最为频繁的交往关系。在这种日益频繁的交往关系中，汉人的强势经济实力与文化潜质，就势不可挡地渗透到当地住民原有的生产生活方式与文化之中，从而促进了平埔人的汉化历程。

（2）语言。由于平埔人没有自己的文字记录其语言，遭遇到有文字的汉语之后，很容易就丧失其特质，而且清朝又禁止罗马拼音，所以语言逐渐绝迹。

（3）血缘与姻亲。汉人为父系社会，平埔人为母系社会，双方通过婚姻、收养、结拜、雇佣等关系，促成了民族融合。

（4）风俗。汉人民间的戏剧、宗教、崇祀等，都影响到平埔人。如受到汉人戏剧的影响，平埔人土官喜欢购买戏剧中的戏衣作为公服。平埔人的垦主卫阿贵于嘉庆十七年（1812 年）在关西创建太和宫，主祀三官大帝。台中市神冈区的文兴宫也是平埔人创立，主祀包公。受到汉文化的土地公信仰的影响，于是出现了

“番仔土地公庙”。平埔人在学习汉文过程中，也学习到尊师重道的习俗，祭祀孔子。农业化之后，日常生活也依据汉人的农历作息。

第三节 台湾高山族

近代以前文献中的所谓台湾“生番”（又称“野番”、“山番”），指的是那些尚未与汉民发生经常性接触并且逐渐相互融合的台湾少数民族。清政府以是否“尊王化、服徭役与纳饷课”作为区分“生番”与“熟番”的基本标志。对于“生番”采取了严厉防范的政策，因而对他们的具体状态知之甚少，并无固定的称谓与分类。19 世纪末日本侵略者占据台湾之后，出于高压统治的需要，一部分日本人类学者开始对其进行研究并做分类，其间不同学者曾先后提出数种大同小异的分类法。1949 年台湾大学考古人类学系成立伊始，采用九分法，将高山族分为九个族群，自北而南、自西而东依序是泰雅、赛夏、布农、邹、鲁凯、排湾、阿美、卑南及雅美。但是近年来台湾主管部门又划分出邵、噶玛兰、太鲁阁、撒奇来雅及赛德克等族群。

由于清政府采取了严厉的防范措施，使得“生番”较少受到外来文化的影响，保有其大部分的语言文化。因此从严格意义上说，目前台湾的原属于“生番”的这部分高山族人，大体还是以九个族群比较合理，或许还可以增加上撒奇来雅。至于其他的四个族群，在清代已经与政府产生了诸多的联系，其文化受到汉民的影响也相当明显，应属于平埔族群。只不过因为这些年来台湾选举政治的需求与推动，高山族的分支才不断“增加”。

（一）泰雅

泰雅（Atayal）是台湾高山族诸族群中分布最广的一个族群。其分布地域，在台湾的中部和北部中央山脉两侧，以行政区而言，共分布在 8 个县 13 个乡内，面积约占全台湾山地的三分之一。台中、埔里、花莲一线以北的山区均为泰雅人的分布地，包括浊水溪、北港溪、大甲溪、大安溪、后垄溪、大嵙崁溪（大汉溪）、大南澳溪、大浊水溪（和平溪）、达奇里溪（立雾溪）、木瓜溪等河的主流及支流流域。[①]

表 2-7　泰雅人的分群与分布[②]

<table>
<tr><td rowspan="10">泰雅人</td><td rowspan="7">泰雅分支</td><td rowspan="3">赛考列克群</td><td>马卡纳奇系统</td><td>福骨群：仁爱乡；石加路群：泰安乡、南庄乡、五峰乡；金那基群：尖石乡、五峰乡、南庄乡；大嵙崁群：复兴乡；南澳群：南澳乡、大同乡</td></tr>
<tr><td>马立巴系统</td><td>屈尺群：乌来乡；大嵙崁群：复兴乡；卡奥湾群：复兴乡、大同乡；溪头群：大同乡；司加耶武群（包括色拉茅群）：和平乡</td></tr>
<tr><td>马里阔丸系统</td><td>马里阔丸群：仁爱乡、尖石乡；马武督群：关西镇</td></tr>
<tr><td rowspan="4">邹利群</td><td>马巴阿拉系统</td><td>南澳群：南澳乡；马巴阿拉群：仁爱乡眉原村；万大群：仁爱乡亲爱村</td></tr>
<tr><td>马巴诺系统</td><td>汶水群：泰安乡；北势群：泰安乡；南势群：和平乡</td></tr>
<tr><td>莫拿玻系统</td><td>南澳群：大同乡</td></tr>
<tr><td>莫里拉系统</td><td>鹿场群：南庄乡、泰安乡；大湖群：泰安乡；加拉排群：五峰乡、尖石乡</td></tr>
<tr><td rowspan="3">赛德克分支</td><td colspan="2" rowspan="2">东赛德克群</td><td>德奇塔雅群：秀林乡、万荣乡</td></tr>
<tr><td>道泽群：仁爱乡、卓溪乡</td></tr>
<tr><td colspan="2">西赛德克群</td><td>太鲁阁群：仁爱乡、秀林乡、万荣乡、卓溪乡、吉安乡</td></tr>
</table>

① 李亦园、徐人仁等：《南澳的泰雅人》下册，台湾“中央研究院”民族所专刊甲种第 6 号，1963 年，第 5 页。

② 本表除参考《重修台湾省通志·住民志·同胄篇·泰雅族》第 259—265 页（台湾省文献委员会 1995 年版）外，另参考《南澳的泰雅人》下册第 6—7 页（台湾“中央研究院”民族所专刊甲种第 6 号，1963 年）编制而成。

据2009年底的统计资料，泰雅族群（包括所谓的太鲁阁及赛德克二族群）共有112524人，仅次于阿美族群。由于泰雅族群人口众多，分布广泛，再加上高山峻岭的自然阻隔，各社自成体系，方言众多，社会组织、风俗习惯等存在着一定差异。依据这些差异，学者对泰雅族群内又有不同的划分。较为普遍的看法是，泰雅族群可分为泰雅和赛德克两个分支，其中泰雅分支又分为赛考列克和邹利二群，赛德克分支以中央山脉为界可分为东西二群。[①] 再进一步划分，泰雅亚族共包括7个系统22个亚群，再加上赛德克亚族的3个亚群，共有25个亚群。其分群与居地的概况如表2-7。

泰雅人的起源传说大致可分为石生与树生两种，“裂石生人”是最普遍的泰雅创生传说，流行于泰雅分支，而树生说则流行于赛德克分支中。

泰雅人传说中的发源地，共有三处：白石山附近之Vusux-kahuni，人称神石的地方；位于南投县仁爱乡发祥村瑞岩附近，称为pin sbkan的一块巨石；位于大安溪与大汉溪上游之间的大霸尖山，泰雅语称papak waqa之处。

泰雅分支各群大都认为祖先是从pin sbkan的大石头中生出来的，“太古时代，在叫做sbkan的地方有一大石头，有一天石头裂成两半，从中生出一男一女，此即人类的始祖。这两人结为夫妻，逐渐繁衍子孙。留在此地者，即为今日的Tayal族，下到平地者，成为其他的种族。sbkan又叫pin sbkan，位于papak waqa山的山腰”[②]。

有的故事更进一步引申出泰雅人的繁衍，以及文面习俗的由

① 李亦园、徐人仁等：《南澳的泰雅人》下册，台湾“中央研究院”民族所专刊甲种第6号，1963年，第6—7页。

② ［日］小岛由道：《番族惯习调查报告书·泰雅族》，台北：台湾“中央研究院”民族学研究所1996年版，第18页。

来。从大石裂开生出的一男一女，男为兄，女为妹，两人和睦相处，到达适婚年龄后，妹妹忧虑缺乏其他婚配对象，无法繁衍子孙，唯一的解决之道是与哥哥结婚。可是又怕哥哥不答应，于是伪称山麓岩窟中有一女，并指点路径与其兄，为免哥哥看到其容颜，乃在脸上涂抹煤烟。因此哥哥抵达后未识破妹妹的计谋，两人结为夫妻，泰雅族群因此得以绵延至今。泰雅妇女婚前在脸上刺青，就是由此而来。

散居苗栗及台中的邹利北势群传说其祖先发祥地为 Babag-Wa-a（大霸尖山）深处的 Pinsbugan（雪山）山巅。山巅有一巨岩，某日巨岩破裂，从裂隙生出一男一女，男名 Doau-Lods，女名 Yukex-Umau，这就是人类的祖先。

虽然泰雅分支各群对祖先的起源有大同小异的传说，但是各群对于 papak waqa 的位置却有不同说法，有认为是在南湖大山的，也有认为是在大霸尖山的。

赛德克分支的起源传说是树生石生的混合型，其祖先是从 Bunohon 的一棵神树中产生。传说中的神树一半是木质，另一半却是石质，某一天从这棵高耸入云的树中忽然走出男女二人，两人结合后产生绵延不断的后代子孙。至于 Bunohon 的确切位置也有白石山及埔里牛眠山的不同说法。①

相对而言，泰雅人的传统社会组织较为松散，没有明显的政治组织，社会阶层分化也不明显，是一个平权的社会。祭团在泰雅传统社会中起着重要的作用，以祖灵信仰维持着社会的运作。

gaga 意为祖先的遗训，是祖先所创造的制度规范与禁忌，也是群体的行为准则和约束力量。尊奉同一 gaga 的人即是 qutux gaga，也就是所谓的泛血族祭团，其成员组成是以地域性的父系

---

① 余光弘、李莉文主编：《台湾少数民族》，福州：福建人民出版社 2012 年版，第7—8 页。

血亲为基础，大致上是以一个或两个近亲群为核心，有的再加上一些较远亲族或姻亲，以及若干无亲属关系的朋友组合而成。泛血族祭团的存在以泰雅人对超自然的观念为基础，他们认为祖灵rutux是宇宙的主宰，能给子孙带来幸福，也能降下灾祸。祭团成员违反禁忌的行为会导致祖灵对整个祭团人的惩罚，如歉收、意外的死伤等。gaga的功能以宗教最为突出，尤其是丰年祭和守望月的各种祭仪行为，包括共同祭祀、共同狩猎、共守禁忌、分享祭品和猎获物等，实际上这些仪式的功能也有经济上的意义。祭团的成员通常还有劳力互助的义务，以完成一个家庭无法独立完成的工作。脱离祭团的人，被认为得不到祖灵的保护和帮助，会导致作物歉收和狩猎不获，更重要的是丧失团体的互助，故开除出祭团是泰雅人除了死刑之外最严重的刑罚。

最初祭团的范围比较清晰，常与部落一致，例如一个部落常以一两个近亲群组成的祭团为基础发展而来，其成员遵守相同的gaga，共负罪责，共同进行狩猎、祭祀等活动。但随着部落的人口增加及发展，祭团的范围往往发生变化。比如人口的增加，引起祭团内部的不和，以致分裂；再如拓殖新居地后，新居地的居民要返回故居举行祭仪常感到不便，或另成立新祭团，或向新居地附近居民购买gaga。以上种种因素都可能造成部落与祭团以及依附于祭团的功能团体的不一致。由于这样的原因，不同地域和不同亚群的社会组织差别很大。大体上可分为部落、祭团、共负罪责团体及猎团等数种地域团体。

泰雅部落的政治运作，各地并不一致，仅以对南澳群的研究为例说明之。一般而言，每一个祭团都有其领袖人物，也就是祭团的祭司，一般是心地善良、聪明及家境较富裕者，负责主持祭仪，调解裁决纠纷，并执行祭团会议的决定等。真正决定祭团事务的是祭团会议，包括长老会议和全祭团成员大会。长老会议由全祭团中所有老人组成，讨论并决定祭团的公共事务，视情况交予祭团领袖办理。重大事项的决定和宣布，以及祭团领袖的选举和罢免，需要召开全祭团的大会，每一家都会派人参加，但只有男子具有发言权。

泰雅人的部落领袖一般称为 meraho（或 pusuilang、ludang、nevekeisi 等）。当部落与祭团一致时，祭团的首领自然就被视为部落的领袖。当一个部落包含数个祭团时，则最强大祭团的首领通常被选为部落的领袖。部落领袖的职责对内在于处理一些有关全部落的公共事务，以及祭团间的纠纷，对外是参加部落联盟会议的代表，保持与其他部落的联系。部落领袖会不定期召集祭团首领开会，讨论部落的公共事务。涉及其他祭团的，由各祭团的首领执行，部落领袖不能直接插手。重大事项的决定和宣布，如部落联盟会议的结果，以及宣战媾和、领袖选举等要召开全部落大会进行。

部落同盟称为 qutux ləlioaŋ（或 qutux paxapaŋ、qutux gagoaŋ），ləlioaŋ 是河流或流域之意，同流域的相邻数个部落常因血缘关系较近，自然形成同盟关系。同流域的聚落，风俗习惯、谋生方式较为接近，而且土地毗邻，常有猎区、渔区的共用或接壤，因此需要一种互不侵犯和共同防御的关系。泰雅人骁勇善战，在自然扩张和开垦、狩猎等活动中，不仅和周边的族群经常处于争斗状态，内部也经常发生冲突，因实际需要而产生的军事同盟，便成为一种普遍的制度。

泰雅人的部落同盟，相对于部落、祭团等组织而言，比较松散，但组织形态和原则大体相同。首先由某一较强大的部落发起会盟，将各部落领袖聚集在一起。发起者提出会盟的理由，例如需要协助或解决的问题，然后各部落的首领会推举一名有组织能力的头目为盟主。讨论一致后，达成协议，持异议者可在中途退场，并无遵守其他部落决定的义务。

会盟组成之后没有常设机构，加盟的部落如有必须解决的问题，可向盟主请求召集联盟会议。盟会的主要讨论范围，包括订立攻守同盟、决定战争与和解事宜、协调同盟内利益纠纷、制定规则、选举盟主等。盟主通常是强大部落的代表，而且在个人财富、武力与领导能力方面都较强。盟主的权力只限于召集并主持盟会，平时各部落都保持独立状态，互不干涉。盟主原则上是终身制，但并不世袭，盟主因身故或退休而导致盟主之位空缺时，必须召集盟会另选继任者，既不会限定来自某一部落，也不是轮流担任。

泰雅人剽悍好战，出草（malakajam）是泰雅人过去以猎头为目的而对敌人进行的突袭。出草猎头是泰雅男子争取荣誉的主要手段，男子没有猎得敌首者不得文面，不能文面即不得结婚。此外为洗清冤屈、复仇、泄愤、禳除不祥、求婚等原因都可组织亲友进行猎头。日本殖民统治台湾以后，猎头被严格禁止。在1916年以后，出草的行为已经基本消失。

泰雅族群与其他族群，以及族群内敌对群体（如其他部落联盟、猎团等）之间，经常处于一种紧张敌对状态，一旦发生杀人或侵占事件，便成为仇敌，每个成员均有向对方任何成员复仇的义务和权利，构成持续的战争状态。猎头出草就是在这种战争状态下的常见行为。泰雅人从来不采取正式宣战的方式，而以突袭为惯用战术。仇杀的对象，也包括老弱妇孺等所有敌方成员，对待敌人也毫无怜悯，只有斩首，从不俘虏。战争的决定，由长老或全群的意愿决定，而不会出自个人。一旦进入战争状态，全社群都会被动员参与其中。战败一方如无力复仇，则请求中立部落的领袖出面调解，商谈媾和条件。通常是战败部落割让土地、赔偿财物以谢罪。条件达成后，要经过埋石为誓、交换武器、媾和饮宴的缔和仪式，和议方可成立。①

① 余光弘、李莉文主编：《台湾少数民族》，福州：福建人民出版社2012年版，第21—28页。

泰雅人没有文字，故其社会控制的实现是依赖祖灵信仰及其所衍生出的习惯法，对犯罪的惩处和纠纷的裁决通常即由头目和长老依照口耳相传的习惯法来裁决。泰雅社会的习惯法是以祖灵信仰的伦理观念为基础的，强调个人内心的自我约束和团体的共同责任。泛血族祭团的功能就在于以集体的力量约束个人，以维持社会伦理道德。祭团是一个共负罪责的团体，泰雅人认为如有某一成员触犯禁忌，就会触怒祖灵，降罪于全体成员，因此每一个人都要小心翼翼地避免破坏禁忌，还要惩处违反祖灵禁忌的成员，以免自身连带遭祸。通过这一过程，泰雅人的信仰得以维系，社会控制也得以实现。

（二）赛夏

赛夏（Saysiyat）分布在新竹县五峰乡及苗栗县的狮潭乡、南庄乡。根据2009年底的统计，其人口数为5900人，只占台湾高山族人口总数的1.15%。虽然目前赛夏是一个居地局促、人口不多的小族群，据传说昔时该族群曾经奄有北起桃园，南达苗栗、台中交接处的辽阔山区。

人类学者将赛夏分为南北两群。北赛夏群居住在新竹县五峰乡的大隘村（五峰、上大隘、高峰、茅圃等社区）与花园村（比来社区）。五峰乡的泰雅人远多于赛夏人，在泰雅人的包围下，北赛夏的社会文化受到泰雅的强烈影响，尤其语言有逐渐被泰雅语取代的倾向。南赛夏群与客家人杂居于苗栗县南庄乡东河（东河、鹅公髻、大竹园、三角湖、加拉湾、中加拉湾、向天湖等社区）、蓬莱（蓬莱、八卦力、大坪、二坪、大南等社区）及南江（新村、小东河二社区）三村和狮潭乡的百寿村（百寿、马陵、坑头、崩山下等社区），为适应当地社会环境的需要，很多赛夏人都能操流利的客家方言。

赛夏人虽然受到周遭族群的文化压力，但矮灵祭为该族群独特的宗教祭仪，南、北两群赛夏人每两年即须合作举行祭仪，无形中强化了赛夏人族群与文化的认同感。

赛夏的神话中，最独特的是其始祖创生传说，这类传说都与大洪水及截肉生人有关。[1] 流传于南庄乡东河村的故事述及：

> 太古时代，神所创造的人类尚聚居于最初之土地上时，忽起洪水，人们离散四方，生死莫测。此时有一男子，乘织机木胴[2]漂着于 Sirubia 山；此山上有叫作 Ots'p'oehoboŋ 的神忽然把他捉住，神恐怕人类因大洪水而绝灭，马上把这唯一的生存者杀死，截碎其肉，口唱咒文投入海中，悉成人类。这是我们的祖先，神命其名为 Sasijat。

五峰乡大隘村流传的则是人造人的传说：

> 太古有大洪水，平地变为一片沧海，有朱姓兄（名 Buroŋop'oi）妹（名 Majaop'u）乘织机木胴遁往李头山。不久，妹死亡，兄忍不住痛苦而大哭，抱妹尸走到山麓之池畔，把尸体切成小片，一一用 likkaru 树叶仔包上，念咒语曰："吾妹，若愿安慰您这寂寞的哥哥，请肉化为人罢。"然后，把一片装入织机木胴沉于水中，忽化为人。Buroŋop'oi 大喜，引其上陆，是为豆姓之祖。又如法〔炮〕制，每得人类，为日姓、风姓……等十姓之祖。不久后，Buroŋop'oi 徘徊于林中，见地下散有芋皮，遂知尚有其他人类，各方探觅，果见一男子，携归同住为狐姓之祖。

---

① 许世珍：《台湾高山族的氏族创生传说》，载《"中央研究院"民族学研究所集刊》第 2 期，1956 年，第 156—157 页。

② 织机木胴是赛夏与泰雅的织布工具之一，是以长度近一米的大木刳挖而成，形似口部内缩的大木槽。

相同的“截肉化人”母题也对族群中氏族的分立与迁徙有所交代，以下是在向天湖采得的故事：

> Ebe-nabon 是赛夏族的始祖，所有本族的规矩 kasbuaŋ 都是他传授给我们的。他的太太叫 Maja-nabon，两人本来是兄妹，都住在大霸尖山，该处的石头，都长得像人一般。
>
> 两兄妹结婚后，只生了一个小孩，夫妇俩人就说：“只有我们两人活在世上没有用。”于是将小孩切碎成肉块，丢到水里，这些肉块就变成人。当切成肉块时，已经将各姓分好，切成几块肉就生出几个姓。……各人如果不清楚自己的姓，就向 Ebe-nabon 问，大家问完，才离开大霸尖山沿着河边走，这样子一直走到海边，已经无路可走了，才沿着原来的路走回去，住在苗栗。后来荷兰人来了，就再往上面迁徙到 lalala 和 bua 两地，各姓就在此时分开，风姓 Vavai 迁向南庄。之后日本人来了，我们就被日本人管，此时我们曾迁往 laiboua，这时候客家人来了，我们又搬回离南庄乡不远的半山处。日本人曾联合客家人来打我们，以后日本人又联合我们去打泰雅人，经过这两次打仗以后，我们……就一直住在向天湖 rarumonŋ，不再向外迁徙了。[1]

赛夏人有一则与泰雅人极为相似的射日传统，这则同样采自向天湖的传说牵涉到祈晴祭的起源：

> 从前我们居住的地方有两个太阳。没有黑夜，只有漫长的白昼，当一个太阳从西边下山，另一个太阳就从东边升

① 陈春钦：《向天湖赛夏族的故事》，载《“中央研究院”民族学研究所集刊》第 21 期，1966 年，第 158—159 页。

起。从前我们没有钟，没有房屋，只有小茅屋，也不感到冷，如果煮了饭，也不知道该在什么时候吃中饭。族人们认为有二个太阳，就必须一直工作着，连休息的时间也没有，因此每姓就派一个代表去开会。

每姓参加开会的代表都是遴选出来的最精于箭术的人，当这些代表们在河边开会完毕后就开始比赛射箭，在远处画一个圆圆的目标，由各姓代表轮流射之，比赛结果只有日姓Tanohera射到，就决定由日姓人负起将太阳射下来的使命。日姓代表回家后，将弓、箭准备好，用一个羊皮做的袋子装小石头和橘子种。并带了他的二位小孩，启程往东方而去。沿途放置石头当记号，且顺便将橘子种埋在地里，每置一个石头就放一粒橘子种。日姓父子三人如此跋涉了一段漫长的岁月，父亲已渐年老，两个小孩子已经长大成人了。当老人衰弱将死的时候，才吩咐二个儿子继续向东进发，如将太阳射下来就沿着橘子树回来，一定可以回到家的。

日姓老人死后，二个儿子就将他埋在路边，在该处放一个石头和一粒橘子种，善后处理好了，此两日姓兄弟仍继续向东进发，沿途采果为食，遇到野兽就顺手猎来吃，大约经过了十八个漫长的年岁，才到达东方（太阳升起的地方）。

这时候接近太阳，光线很强，就用树叶来挡，但树叶不久就枯萎了，他们乃改用羊皮来阻挡太阳光，在羊皮上开个洞，可以让箭由洞穿射出去，大哥这时年纪已大，就要他弟弟来射，由哥哥指导之。当日姓兄弟将射日事准备好了，刚好一个太阳已经下山，他俩就等另一个太阳上升的时候来射，这时太阳光不太强，看得清楚，比较容易射中。弟弟一箭射中太阳，此时遍地漆黑，见不到路，两兄弟还是沿着原来的路回去，此时路边的橘子树已经结果了。

当他们回到家时，邻居们就来抱怨说："你们兄弟将太阳射下来后，天一直很暗，该怎么办呢?”日姓的人就集会，同时要别姓的代表来参加讨论此事。从前我们赛夏人不知有台风，也不知会下雨，这就是将太阳射下来以后我们才知道的，其他风、云、霜、露也是这时才知道的。

会中决定以后遇到不停地下雨就拿珠串 sile 来祭，由每姓自己祭，这叫做祈晴祭 kawazan。kawazan 是从那时以后才有的。祖灵祭 pasvake 也是那时才开始举行。[①]

赛夏人的神话传说除交代祖先的来源及仪式的起源外，还有很多对于事物起源的故事，也充满想象力。

赛夏社会是一个父系氏族社会，由同一祖先男系血亲组成拥有图腾名号的氏族（aha siŋrahio），是部落组织的基本单位。氏族成员并不集中居住于某一部落，而是散居各地；氏族所包含的各个家族单位（aha taroaŋ）零散分布在各村落（aha rito）中。对于赛夏的氏族总数，不同研究者有各自的说法，最少的是 11 个，最多的是 17 个，本书以《台湾省通志·同胄志·赛夏族篇》的资料为准，将其定为 15 个，亦即现存的 15 个赛夏姓氏。赛夏的氏族是外婚群体，成员间禁止通婚。15 个氏族再依血缘关系结合成 5 个外婚联族 aha mamajax 和 3 个孤立氏族。这 5 个联族分别是（1）Tautauwazai、Tataisi、Saitehoraan；（2）Vavai、Sharawan、Kasiamus；（3）Kaibaibao、Sainasu；（4）Hajawan、Karakaran；（5）Titirong、Butbutol。其中第一个氏族是母氏族或长系氏族，同一个联族内的两三个氏族有较近的血缘关系和祭仪关系，他们之间禁止通婚。各氏族的家族在赛夏族群领域内的分布很不均衡，北部群以 Tautauwazai、Titirong 二氏族人口较

① 陈春钦：《向天湖赛夏族的故事》，载《“中央研究院”民族学研究所集刊》第 21 期，1966 年，第 161—162 页。

多；南部群则以 Vavai、Kaibaibao 两个氏族较繁盛。除上举 12 个组成联族的氏族外，剩下 3 个不与其他氏族联合的独立氏族是 Tanohera、Kamurarae、Minrakesh。

在各个部落以及部落同盟之间，重要祭典仪式的司祭权常分属不同的氏族，而且这种司祭权是世袭的。如矮灵祭是由 Titirong 负责，军神祭和敌首祭由 Tautauwazai 负责，祈雨祭、祈晴祭及驱疫祭的司祭权属于 Sharawan，静风祭由 Vavai 负责，Hajawan、Karakaran 共同负责连日阴雨的祈晴祭等。氏族内部的祖灵祭则是由各氏族中各祭团的长老负责。

氏族是土地共有单位，氏族成员开垦耕种的土地即属于该氏族所有，氏族内部成员间土地的使用权可以互相转让，但不可以转让给其他氏族的成员。同氏族各家庭间财物也常互通有无，猎获物也须与氏族成员共享。氏族成员彼此之间负有连带责任与共复血仇的关系。同姓中如果有人负债或者有犯罪行为，族人有连带的赔偿责任。有人被杀害，同氏族人有为他报仇的义务。氏族内有人死亡，同族人也有为他服丧一日的义务。

赛夏人以共居的地缘关系和氏族的血缘关系来构成社会组织。同氏族三五个家族聚居为一个聚落，形成一个基本地域团体，若干毗邻的同姓聚落联合成一个更大的地域单位，可称为社群。社群没有政治组织，只是在本地域内组成一个祭祀团，以举行祖灵祭并发挥相应的功能。这种地域社群共戴一位族长，不仅在共同的祭日内举行祭仪，也是土地的共有单位，成员都属同一氏族，因此可以共同开垦休耕的土地。除此之外，他们还共有猎场、渔区，共享猎物和渔获，也是共复血仇的社会单位。

若干地域单位之祭团联合组成一个部落，部落是成员自治的行政单位，拥有固定的疆域，共同拥戴一位部落领袖，通常是由部落内主要氏族的氏族长担任。赛夏部落内具有世袭权力的各氏族中，以 Tautauwazai 与 Titirong 两氏族的地位最高，所以各部落中通常拥戴 Tautauwazai 氏族的长老做为部落首长，其次是 Titirong，再次是 Hajawan 与 Sharawan。部落首长之下有氏族长老会议，凡是部落重大事务都须先经过氏族长老会议讨论决定。部落首长负责执行会议的决定事项，并开展部落的例行事务，例如分配社民服工役，审判以及处罚部落内部的犯罪行为，同时也代表部落与其他部落处理共同事务，接受地方政府的政令及部落同盟的决定，召集并主持族长会议等。部落首长是终身制，部落首长去世后从其氏族中选出贤能者继任，因而父死子继的情况很常见。部落是赛夏内部最大的土地所有单位。各部落领地的一切自然财产原则上都属部落所有。部落民可以自由使用领地内的山林、水源等资源。

赛夏人对犯罪的界定在于是否侵害他人名誉、身体、财产，或是破坏了本族群的传统，触犯本族群的禁忌，若有此类行为，不论是否故意，都要遭受制裁。有人权利受到侵害时，由其家长向族长提出控诉，族长再与加害者之族长交涉；或加害者自知理亏，先行提出和解要求。若和解无法达成，被害者会向部落首长提出正式控诉，如果案情简单，部落首长会同双方族长即可做出判决；若问题复杂则由部落首长召集族长会议，以多数决定的原则裁定刑罚；更严重复杂的问题，或牵涉部落间的纠纷，则利用祭期上诉至部落同盟的首长。犯罪者若不服判决，可要求以角力、出猎或出草判定曲直，以角力获胜、猎获较佳或猎得敌首者为胜诉。

出草是为了洗雪冤屈、争取男子的荣誉或为族人复仇，由二三十人临时组建一支战斗队伍，向敌人发动突袭以猎取敌首的行动。出草的队伍由族长或者有战功者担任队长之职。一旦决定出草，参与的男子及其家人一定要严守出草禁忌，例如本人不能接近女人、节饮食、少言笑。出发的前一天晚上，由队长为敌灵作祭，然后做梦占，由梦的吉凶来决定是否要出动。第二天，队员在队长家里集合，再向敌灵作祭，其后行鸟占，依鸟声来预卜吉凶。如果梦占和鸟占都是吉兆，即可出发。若征兆不吉利则在途中搭建小屋露宿，夜里若得吉梦，翌晨即可前进。

由于赛夏人数较少，碰到敌人来袭时，仅能动员全社武装自卫，并伺机反击。侦知有敌来袭，常削竹刺插于地以阻敌，或挖掘陷阱以陷敌。若是寡不敌众就寻求第三者出面讲和，和解仪式与上述相同，约期在一指定地点会合，用茅秆互相投掷后，行“并口饮礼”。若是为土地起纷争就埋石头划分地界，并指天立誓，或者互换枪弹，誓称“背盟者当饮其弹”。①

以男性为主的亲属团体是最基本的社会经济单位。赛夏社会原本盛行大家族制度，一个家族中通常包含着三代亲属和两代的配偶群；昔时更有同一住屋内有几个经济独立且各自分爨的单位。但是现在赛夏家族发展日益趋向小家庭制，长子或幼子婚后仍与其父母同住，而其余诸子婚后各建新家分开居住，但分居后共用财产的现象也很多。

赛夏人很重视婚姻，认为婚姻是一男一女终身结合的盟誓，所以从未有过一夫多妻或一妻多夫。婚姻的缔结是在男女两家同意之下进行的，没有拐骗、抢夺强占的例子。而且其结合多为从一而终，而不是暂时性。赛夏人恪守同姓不婚的法则，甚至同一联族间亦禁婚，与母亲同姓者及同联族者亦不可婚。妇女一旦成为本族人之妻，即便日后离婚，族人亦忌以之为妇。赛夏人亦不认同夫兄弟婚或妻姐妹婚。此外仇敌之间也不缔结婚约，两姓之间若曾发生杀害事件，即使已行过和解仪式，子孙后代也忌讳缔结婚姻。若伤害事件发生在成婚之后，婚姻并不会因此解除。②

---

① 许木柱、李壬癸等：《重修台湾省通志·住民志·同胄篇·排湾族》，南投：台湾省文献委员会 1995 年版。

② 余光弘、李莉文主编：《台湾少数民族》，福州：福建人民出版社 2012 年版，第 72—80 页。

（三）布农

根据2009年底的统计资料，布农人有51447人，主要分布于南投县仁爱、信义及高雄县桃源、三民，台东县之海端、延平、金峰等乡境。其原驻地在玉山以北中央山脉以西及郡大溪等流域，近代始向东部和南部迁移。布农人共分为五个群，分别是卓社群、郡社群、卡社群、丹社群、峦社群。

布农人的始祖创生传说主要有以下几类：石生，动、植物生，粪生和直接化鸟为人。粪生的传说在卓社群和峦社群相当普遍，所指的粪主要是犬粪和虫粪。这些起源传说也解释了人的直立行走（大都是因为受到惊吓而直立行走）、男女结婚生子、火的获得、祖先迁移、工具和种植技术及种子的获取之道、祭祀的原因等问题。如峦社群Katoguran社Tansikian氏族传说，山麓边犬粪生子，传衍子孙而为氏族祖先。卓社群传说，太古时代，Mintungul之处有两穴，有hulhal虫把粪作球形投入二洞中。半月后，一穴出现一男孩，他穴出现一女孩，二人长大成人后便结为夫妇，产有子女相互婚配，成为该群祖先。卡社群传说，太古时代，有芋虫名为kulat在地匍匐，行动极速，后由于蚊子猛叮腹部而惊跳起来，以后遂直立行走，成为人。后育有两子，繁衍为今天的人类。另一传说又称太古时有两无骨之人，爬行于地。一次，许多蚊蚁蛆聚集前来将其包围，二物受惊遂起立行走而成男女二人，此二人从鸟的交配学习到和合之道，繁衍众多子孙。Tamazuan社亦有石生传说，Imibal山顶一巨石裂开，石缝生人。

布农社会实行父系氏族制，其原始组织系统保存甚为完好。约三分之一的氏族名为图腾式，以动植物名为氏名。一部分以祖名或祖居地名为氏名，多数氏族有始祖诞生神话为氏名依据。氏族功能除外婚法则外，以社会连带关系和象征性社会行为为基本特质。氏族组织可分为如下几级单位：（1）联族，是最大亲族单位，为同一氏族分裂出的氏族群。每一亚氏族中有一长支氏族和若干庶支氏族，通常以长支氏族为共同姓氏。为最大氏族系外婚的氏族群。是共食祭粟、互用猎场、共行祭仪之单位。（2）氏族，各有姓氏，彼此绝对禁婚，是共有猎场、共食猎肉、共守禁忌并共负法律责任之单位。（3）亚氏族或世系群，持有亚姓，共有财产、共享共劳、共行祖灵祭、共戴氏族长老并与母族禁婚。每一亚氏族内有一原氏族的直系群，袭原氏族之姓氏。（4）家族，氏族组织基层单位，社会基本经济单位和育儿养老的基本单位。其基本性质为：父系继嗣和承嗣、父长制、从父居制、大家族制。通常由两代以上的父系亲属及其配偶组成。家族共同居住饮食、共同工作和享用。由尊长指挥幼辈工作和生活。昔时家人死亡则埋于室内地下，埋至无地时，则另建房屋。

父系同族有扶养孤老和孤儿的义务。女儿丧夫或被离弃则返父族。姻亲无同居之谊。无嗣者可由族中收养或过继。家人不和可以分家。布农人的家庭，除受父系继嗣原则的影响外，“微观多貌公议民主”结果原则也很重要，而且随着市场经济的进入，逐渐占据优势地位。父系继嗣原则的意义在于绵延子孙而达到社会繁衍的目的，而“微观多貌公议民主”原则则在于通过社会团体的活动而达到个人的自我实践。随着经济条件的改变，家庭的内在结构、家庭间的关系，乃至家庭的意义都已有所改变，家庭出现了阶层性的分化。

布农社会行单偶婚制，以嫁娶婚为主。过去偶有一夫多妻的现象，但族人视之为禁忌。按照父系继嗣原则，婚后多半行随夫居，但若新婚夫妻与家人不和，则可建立新居。行招赘婚者，则行从妻居。其禁婚范围有同一联族，包括同氏族内部的人禁婚；姑表和舅表在五代以内禁婚，姨表在四代以内禁婚；收养子女的禁婚范围，须从养子女的亲生父母算起，而非从养父母方面算起。布农人由于有血亲禁婚的严格限制，故多数人都经过两个核心家庭：未婚时的成长之家和婚后的生殖之家，使亲属关系不断拓展出去。然而台湾光复前由于族群数量的限制，族人往往无选择结婚对象的余地，因而造成类似规定婚的现象。光复后，此现象有所缓和，汉人成了其优先选择对象。原有禁婚原则减弱，其背后的父系承嗣原则之重要性也相对减弱。真正扩大对象选择范围的是女性，因此导致男性在族内寻偶的机会减少。

布农人以社为部落组织单位，现有的部落如下：卓社系统诸社、卡社系统诸社、丹社系统诸社、峦社系统诸社、郡社系统诸社。部落为一自治聚落单位，旧社的若干氏族定居于某一溪边的山腹或是台地上，建立一个居住中心。之后，同一部落系统或少数外来分子陆续加入，建立会所，形成部落。

部落首领由部落居民共戴产生。首长经部落会议表决，从各户长老中选出，为终身制，以体格、经验和才能为选出标准，并无门阀制度。部落首长是部落习俗的守护人，也是部落会议的召集人和主席。部落首长下设副首，即刑官。副首由头目指定，由体格强健、头脑聪明、道德行为良好者担任。若做得好，可一直担任，若遭到部落中多数人的反对，头目可以将他罢免。其主要职责是帮助头目推行政务。军事领袖（即酋长或土帅）掌管战争和部落的防卫事务。军事领袖从作战有功之人中选出，为终身制。军事领袖是部落战时的最高指挥者，平时是集会所的领袖。

布农人以剽悍好战闻名。该族群的猎头习俗，大约在台湾光复前十余年才开始绝迹。出草动机包括：显示勇武精神，获得勇士荣誉；为同族复仇；蒙冤者为洗刷自己的清白；因为妻子犯通奸而要攘除不详；由于梦示；为祈求丰收；为争夺猎场；为争夺情爱；遭人侮辱。战争原因包括：复仇、争夺土地、应战、援救友社和抵抗侵略等。部落会议决定出战后，土帅征募作战部队。部落的壮年男子都应参加，老人也可志愿参加。土帅以下设副指挥。作战部队分为：前哨部队、突击部队和后卫部队。而突击部队又可分为中央突击队和两翼侧击队，最勇敢之战士都分在中央突击队中。

作战的主要目的为猎取敌人首级。若主动攻击，则以偷袭为上策。由中央突击队进行突袭，两翼部队包围敌社。若正式宣战，则约期而战，以包围阵势歼灭敌人为上策，要求战至最后一人，在战场绝不退缩。挖陷阱亦为常用之防守方法。

布农社会制裁制度特质包括：集体负责的原则，一人犯罪，整个氏族承担责任；而受害人得到的赔偿亦由亲族全体享用；处罚条例完备；在法律制裁外，加以巫术、宗教和道德的裁判；制裁罪犯时，重视其犯罪动机是否正当，及犯罪次数的多寡，而不重视故犯和误犯的差别；犬之地位很高。布农人对刑罚的实行偏重消极刑法，其犯罪和刑罚观念相联系，认为犯罪必遭神谴。

（四）邹

“阿里山的姑娘美如水，阿里山的少年壮如山”，这首家喻户晓的歌曲《高山青》，就是以嘉义境内生活的邹人（亦称曹人）为创作背景的。

邹人居住于玉山西南方，以阿里山地区为主要分布地。其居住地以现在的嘉义阿里山乡为中心，跨及南投县境内信义乡西南，阿里山东溪流域望美村与高雄县境内的桃源乡境内。东方与居住在中央山脉玉山山麓的布农人接壤，西面与嘉南平原的汉族为邻，南边则与鲁凯人毗邻。

邹族群的人口，据历年来文献统计，1905 年有 2242 人，1931 年有 2197 人，1961 年有 3223 人，1962 年底有 3278 人，1976 年有 4496 人，1985 年有 6621 人，1992 年有 6192 人，1996 年年底有 6836 人。[①] 阿里山乡是邹人主要聚居地，分布在 12 个村，但多集中于达邦村、乐野村及山美村。

---

① 田哲益：《台湾的“原住民”邹族》，台北：台原出版社 1995 年版，第 35 页。

邹族群可以分为三大亚族，分别为阿里山亚族、卡那布亚族以及沙阿鲁阿亚族。阿里山亚族主要分布于阿里山区、曾文溪流域与浊水溪上流流域。在日本殖民统治时期，阿里山亚族以大社为单位，区分为达邦、图富雅（也称特富雅）、鲁夫都三部落。另一部落伊姆兹因在日本殖民统治之前与图富雅部落之间发生多次冲突，其后又不断遭受天花恶疾摧残，部落首长死亡且绝嗣，故大社沦亡，其会所内头骨移置于达邦社会所内。达邦与图富雅部落位原居于曾文溪上游；鲁夫都部落大社先移居于和社溪与陈有兰溪左岸；伊姆兹部落则位于石鼓盘与清水溪流域之间。台湾光复后，阿里山亚族除鲁夫都部落之外，居住地全部划入吴凤乡境内，现更名为阿里山乡。其中，达邦与图富雅两个部落在行政区域上同属于达邦村。鲁夫都在日本殖民统治时期已经与达邦、图富雅分治，后由于人口减少及渐移至图富雅者增多，逐渐被其邻近的布农人同化。[1] 卡那布亚族分布于高雄县三民乡境内高屏溪支流楠梓仙溪流域山地。沙阿鲁阿亚族分布在高雄县桃源乡境内荖浓溪两岸。原比兰社、排剪社、塔拉鲁社三社合并为高中村，原雁尔社现为桃源村。

在许多文献中，邹人也被称为“曹人”。“邹”比较接近邹人所发出的原音，因此近年来逐渐习惯使用“邹”的称呼。邹人的“邹”这一字音，包含诸多意义。它最基本的意义是“人”，指所有的人。它也指“活着的人”，相对于“死去的人”。略微狭窄的含义是泛指台湾地区的少数民族。但邹人自称时并不单称“邹”，而是称“couadoana”，意思是“我们这一群人”，由此可以了解到，“邹”并不是邹人自称时所用的语音。

邹的族源神话传说比较芜杂，有“山崩地裂说”、“树生说”、

---

① 王嵩山：《阿里山邹族的社会与宗教生活》，台北：稻香出版社 1995 年版，第 26 页。

"神造说"、"蛇生说"、"茅草说"、"泥造说"等等。[①] 浦忠成《阿里山邹族口传故事·树果变成人》记载：古时候哈莫天神摇撼着枫树，枫树的果实掉落地上，就变成人，是邹和马雅人的祖先。后来哈莫天神又摇撼茄冬树，茄冬树的果实掉落地上，也变成人，那是布杜（汉人）的祖先。

关于他们的来源与迁徙，也有不少传说，其中较为普遍的是"平原说"、"玉山说"和"海上漂来说"。"玉山说"认为邹人祖先原本散居在各处，有一次洪水泛滥的时候，邹人祖先集体逃难，集中到玉山山顶上。直到洪水退去之后，才分别顺着浊水溪、曾文溪、荖浓溪等走下玉山，然后定居在现在居住的地方。从此，邹人就将玉山视为发源地，玉山也成为邹人心目中的圣山。"海上漂来说"称上古的时候，洪水泛滥大地，邹人的祖先由海上漂来。

关于猎首习俗，有关传说如下：洪水之时，邹人以射杀野兽为生。一日，杀犬而食，将其头取下穿于竹竿，插之于地，供娱乐之用。众人见之，甚感愉快。又一日，得一猴杀之，复将其头如法炮制，众人更感兴趣。其后，众人想如挂人头必更为有趣。适有顽童经过，乃杀之，取头高挂竿上插于地，众人大乐。洪水退后，各族群分散谋生，时日既久，情感也自疏远，于是互杀取头以行乐，遂成猎首习惯。据说邹族群原来仅有一氏族，自猎首成习以后，遂定规则：凡战士每取敌人一头，可另组一氏族，并以被杀者之名为氏族名，于是邹氏族乃渐加多。在台湾少数民族中，邹人放弃猎首风习最早。

邹的部落组织，以氏族为构成单位，形成聚居于一个固定地区的区域团体，即为部落。此种团体具有复合性质，其中心部落

---

① 余光弘、李莉文主编：《台湾少数民族》，福州：福建人民出版社2012年版，第93—94页。

称为大社，为最先形成的聚居单位，以会所为其组织中心。首先移居这一地区的氏族即建立一库巴，后来者亦附加其会所，日久即形成一个部落组织。由于人口的增加和耕地范围的拓展，部分族人自大社迁至他处来拓新社而建立新的聚居部落，形成小社。沙阿鲁阿亚族原有部落组织亦为二级制，故有部落和小村落之别，但目前已无此制。

一个完整的大社就是由几个氏族联合而成的、以父系为主的氏族社会。在传统观念中，拥有会所、神树（eono），能够举行全部落会议、长老会议，有氏族祭仓和固定的生活领域等，才有资格称为大社。

由于耕地向外拓展，自大社移民到新开拓地区建立的小部落即为小社。小社没有会所，亦没有独立自主的权利。无论在军事、政治、经济与宗教仪式上都要依赖大社。因而邹的部落的范围，实际是大社联合各个小社形成的。小社在地域方面虽脱离大社，但并不因此与大社断绝联系，重要庆典仪式都需要回归母社参加，即一切部落活动皆集中于大社。此外，小社社民亦对大社有无条件服从的义务。

邹族群亦产生过超越部落界限的联合部落。这种联合一般是遭逢强敌，需协同攻守时出现。如鲁夫都四社曾联合共同对抗日本占领。

邹人各部落以一个强大氏族长老为首长，首长下有祭司一人、有军事领袖一人。领导阶层还包括一位刑官、一位外联官。各个部落（即大社）均有世袭首长一名，叫别庸西（peongsi），有王者之意。首长对内领导管理族人，对外代表族人。部落内的祭仪，罪行审理、处罚，争执的处理，部落外的结盟与战争，也是首长的职责所在。部落首长具有很多部落重要事项的领导权责与决策权责，但是邹部落并非全部由其独揽统帅之权。在部落首长下有四个重要辅佐者，即祭司、军事首领、刑官和外联官。

部落的重大事项均由部落会议决定。部落会议由部落首长召集，联合氏族推派的氏族长老共同参与主持，故亦称部落会议为长老会议。部落会议是部落的最高决策组织，部落首长命令、决定重大行动、各位官员的任命必须先在部落会议中通过，才能付诸实施。在部落内部，存在着部落首长、祭司、军事首领、刑官、外联官及氏族长老和部落会议几种权威形态。这些形态具有明确的阶层性的社会结构，在不同的权威形态之中，邹族群已有行政权力、决策权力、军事权力、宗教祭祀权力的分化现象。

邹社会是典型的父系氏族社会，同其他父系社会相似，将女子排除于诸多活动之外。尤其是部落政治军事活动为男性所独占，一切象征部落的事务均禁止女性接触。男子会所绝对禁止女性进入。敌首祭、猎神祭因为与战争和狩猎密切相关，因此不许女性参加。农业祭仪则不仅允许女性参加，有些祭仪如稻灵祭还以女性为司祭。总体来说，男子的地位权利均高于妇女，女性主要操持内务并限制参与公共事务。老人具有崇高的社会地位。老人期开始并无正式仪礼标志，大体依年龄、婚姻状态与功绩而取得资格，故因战功而一度担任军事指挥者，即使年纪尚轻亦可享受长老待遇。长老有诸多特权，如可经常身着长袖衣服，可获得较大量的猎肉与祭肉分配，可大杯饮酒、自由吸烟，可被选为氏族首长，出席部落会议，可被选为部落官吏，在任何场合均受青年辈的尊敬，集会时坐上座，可在会堂起立讲演，陈述意见，可免除战斗与出猎等义务，在衰老期更可以有特殊饮食等特权。

邹人对犯罪惩罚的基本观念为：（1）凡不甚具体且不易获得证据的犯罪属于禁忌，其处置信任神罚。（2）犯罪的范围不包括对外族群的侵害，仅限定于本族群以及支族群之间。（3）犯罪者的亲属对其罪负有连带责任，家族或氏族需负担赎罪的财物。（4）被害者对加害者有复仇的权利，但以避免实行为原则，或止于对加害者殴辱的程度为止。总之，邹人的观念是罪责的衡量均以族群利益为根本，其处罚对女性较为严苛，即对女性道德标准更加严格。①

（五）鲁凯

鲁凯人自称 Rukai，又称萨利先、大巴六九，都是译音。鲁凯人主要分布在台湾中央山脉南段两侧的高雄县茂林村、屏东县雾台乡以及台东乡境内的山地区域，至 2009 年底，人口约为 11850 人。

人类学家根据文化等特征，将鲁凯族群分为三个社群，分别为下三社群、鲁凯群和大南群。下三社群主要分布在高雄市茂林乡境内浊口溪流域，分为茂林村、万山村和多纳村。鲁凯群主要分布在屏东县雾台乡境内隘寮北溪上游的山地，分为大武村、雾台村和好茶村等八个村。大南群主要分布在台东县大南溪上游卑南乡境内的山地（大南村）。

鲁凯人关于起源的神话传说版本相当之多，但总结下来都是与百步蛇、茶壶、百合花、太阳、岩石等有关。这些物品对于鲁凯人来说都具有非同寻常的意义。

有一种传说称古时有位少女，不婚而孕，孩子诞生之时，被认为是太阳之子。后来这孩子就成为贵族，拥有土地。这和大陆上吞鸟卵而怀孕或履大人足迹而怀孕的说法如出一辙。另外有一种传说是说在太古时代，太阳和陶壶结婚，生下了一颗蛋，蛋中生出了一个女子，这个女子又和岩石所生出的男子结婚。二人结婚之后生下一个女孩，这个女孩又与百步蛇结婚，生下两个男孩。后来，这对夫妇和长男升天，留下次男 canovak 在人间，创建了阿礼社的头目家族。也有说鲁凯族的远祖划着船，在台东知本溪口香兰附近的美和海岸登陆台湾岛，后来又逐渐迁移到中央

---

① 余光弘、李莉文主编：《台湾少数民族》，福州：福建人民出版社 2012 年版，第 113—118 页。

山脉，在今天的东兴后山腰上建立了大南社。

在鲁凯人的宗教观念中，天地万物都是有神灵存在的，许许多多不同的善恶神灵充斥着整个世界。因此，鲁凯人的神灵信仰可以称为泛灵信仰。

鲁凯社会最大的特点就是有由贵族、世族和平民所组成的阶层社会。阶层的地位是以神话传说为基础的，他们认为，贵族就是最早祖先的后裔。

鲁凯的领袖人物一般都被认为是头目，但事实上，鲁凯的领袖人物一共有六种类型。其一，贵族头目。鲁凯一般的部落很少是只以一个头人为中心的，他们大都有两个以上的头人系统，组成一个多元复合的政治经济部落。包括最初开辟疆土并定居下来的头人，以及后来进来的头人。如果后来进入的头人势力强大，夺取了优势地位，那就可被尊为大头人，其他的头人便被称为副头人。当然，贵族头目的身份是通过血缘世袭的。大部分土地归贵族头目所有，只有极少部分的公共土地归整个部落共有。由于贵族头目拥有猎场、渔区、农地和建地，所以使用者需要缴纳贡赋。在使用土地之前，必须取得地主的同意。但作为贵族，在享有收取贡赋权利的同时，也被赋予了社会救济的义务。如果部落内部出现鳏寡孤独等无人奉养的情形，贵族头目家庭有照顾奉养的义务。[①] 其二，地域领袖。地域领袖与贵族头目不同，是从佃民中选举一位平民领袖。这种领袖并不是亲族领袖，而是地域领袖。他们的最主要任务就是部落的法官、对外代表和部落会议的主持人。因此，这位平民领袖通常是部落中最高权威的代表。其三，军事领袖。军事领袖或公廨领袖，是从部落中挑选的，只有英勇善战、战功最高、众望所归的人才能作为部落的军事首长和

---

① 余光弘、李莉文主编：《台湾少数民族》，福州：福建人民出版社2012年版，第140—143页。

公廨首长。其主要任务是保卫本部落，对敌对部落进行攻击作战。这种军事组织有时也是猎团组织，部落每年都要举办至少一次的集体围猎，这时军事首长就需要进行组织工作。其四，祭仪领袖。农业祭仪：通常是从世族中挑选出一位作为司祭，由原来部落开创者的子孙主持祭仪。狩猎祭仪：由各个头人的旁系或者世袭的陪臣作为司祭。敌首祭仪：由部落中某一世族家系作为司祭。其五，长老贤达。长老贤达是部落中记忆部落历史最多的老人，相当于部落的史官。这类领袖都是通过选举产生的，全部落只有三四位。其六，技术领袖。技术领袖是一种特权领袖，是某一种职业的领袖。这类领袖是由师徒学习来传承的。

鲁凯部落中政治事宜的主持与执行，都是通过部落会议的形式。（1）部落民大会。凡是涉及全体部落民利害的公共事务，如宣战、媾和、宣布祭日、集体修筑部落道路、防卫、集体出猎、审判等，皆可召开部落民大会。部落民大会的召集人和主席是部落头目。根据每次会议的不同目的，有不同的主要发言人，有关战争防卫的会议，军事领袖就是发言人；有关土地纠纷的会议，头目或者其代表就是发言人；有关祭仪的会议，司祭就是发言人。部落民大会共有五种：祭仪会议、出征会议、防卫会议、出猎会议和垦拓会议。（2）头人会议。头人会议是大头人和头目共同主持的，由部落内部的头目、世族、佃民大宗、部落长老和村民代表参加的高级会议。（3）审判会议。审判会议是由部落头目主持，有各宗族的首长、家长、头人代表参加的会议。其主要的目的和功能在于审判犯罪和纠纷，给予处罚。（4）公廨会议。公廨会议是由军事领袖主持，部落内部各位勇士参与的会议。其主要目的在于讨论和决定青年的训练、战争领袖和勇士的选举等军事事务。（5）头人宗主团体会议。头人宗主团体会议是由头人或者其代表主持的，有旁系头人、佃民代表、采地代理头人等参加的会议。其讨论的主题通常是有关于土地和租赋方面的问题。

(6) 猎团会议。在部落内部，一般都存在几个猎团。猎团会议就是在集体出猎之前，用于分配出猎任务的会议。猎团会议多半是在猎场猎舍召开的。(7) 社际会商。社际会商是在两个部落之间发生关于土地或者其他人或事的纠纷时，由一方社头作为代表，到对方部落进行交涉，抑或是双方社头直接约会商议。

(六) 排湾

排湾人的分布地区主要在台湾中央山脉南段，北起武洛溪上游大母母山一带，向南直到恒春半岛，东南方则包括山麓与狭长的海岸地区。东部囊括了西太平洋海岸，西部则以屏东以东的山脚地带和平地民庄为界。从行政区域来说，包括屏东县的三地、玛家、泰武、来义、春日、狮子、牡丹、满洲等乡和台东县的达仁、金峰、大武、太麻里、卑南乡境的山地。除此之外，有少数居住在花莲县卓溪乡与高雄市的三民、桃源两乡境内。

根据口传及各头目家系谱的分析，可推断排湾人早期居住在大武山的西北部一带，然后渐次南下，途中在中央山脉东方分出几支，另一部分则继续前进，到达台湾的最南端。族群的移动在17世纪中叶，荷兰殖民统治台湾时已经大致完成。日本殖民统治时期，把深山区的聚落迁至浅山区。台湾光复后，在当地政府的指导下，继续进行有计划的迁移，包括大规模新建小区、帮助深山交通不便地区的聚落居民移住，尤以屏东、台东两县的排湾部落为多。

排湾族群大体可分为拉瓦尔亚族和布曹尔亚族两个系统。布曹尔亚族又可分为北部的巴武马群，南部的查敖保尔群、巴利则利敖群，以及东部的巴卡罗群。[①] 另外一种分法是分为 Puyuma、Calisian 和 Paiwan 三大部族，Calisian 又分为 Taizaya、Calisian、

---

① 许木柱、李壬癸等：《重修台湾省通志·住民志·同胄篇·排湾族》，南投：台湾省文献委员会 1995 年版，第 607 页。

Drekai、ravar、Vuculj 五小部族，Paiwan 则分为北 Paiwan、Tjakuvukuvulj、Paliljaliljau、Paqaluqalu 四小部族。[①]

排湾的神话传说大体上分为三种，即始祖创生传说、贵族来源传说和贡赋由来传说。其中贵族来源传说和贡赋由来传说以拉瓦尔亚族最为著名。

1. 始祖创生传说

在高山族各族群中，排湾的始祖创生传说类型最为复杂。这可能是由于排湾人口较多，与周围鲁凯、卑南长期互相交流而形成的文化混合的结果。排湾人的始祖创生传说包括太阳卵生、蛇生、石生、壶生、犬生、竹生等类型。[②] 同一种始祖创生传说在各社之间也存在一些差异。排湾中心区域是以太阳卵生和蛇生为主。

根据现在收集的众多排湾人始祖创生传说资料，太阳卵生说常见于布曹尔亚族诸社以及拉瓦尔亚族的 Pariarayan 社。如布曹尔亚族巴武马群望嘉社的太阳卵生传说：太古本社有一个湖。一天日神从天而降生了三枚蛋在湖中，一条狗看见后狂叫不止，湖水逐渐减少，然后一只猫过来抓这三枚蛋，三枚蛋被抓破生出了一女两男。这三个人跟别处的男女结婚，成为萁模（该族群内的一支）的祖先。数年之后日神第二次降临在 Kadziaka（本社东面某地）生下一枚青色蛋。这次蛋自然破开生出一个男孩，这个男孩就是本社的祖先。[③]

凡是有蛇蛋生祖先或蛇生人、蛇化成人的始祖创生传说的诸社都崇拜蛇，而杀害蛇的行为就成为一种禁忌。如有一则传说

---

① ［日］小岛由道：《番族惯习调查报告书·排湾族》，台北：台湾“中央研究院”民族学研究所 2003 年版，第 7 页。

② 童春发：《台湾“原住民”·排湾族史篇》，南投：台湾省文献委员会 2001 年版，第4 页。

③ 参考许世珍：《台湾高山族的氏族创生传说》，载《“中央研究院”民族学研究所集刊》第 2 期，1956 年。

为：从前，Amawan社有一个女神。有一天她在荡秋千，因为荡得太厉害，秋千断了。她因此掉进了洞穴里，降到下界去了。后来洞穴中出现了另外一个女神，她也居住在该社。有一天这个女神在与玛家社人Puraruraruyaŋ交谈时，Puraruraruyaŋ口渴，女神出去打水，在路上拾到百步蛇蛋和龟壳蛋各一枚带了回来。不久之后，百步蛇蛋生出头目家祖先，龟壳蛋生出平民的祖先。他们通婚生出的小孩只有一个鼻孔和半个嘴，因此头目家与平民禁止通婚。

2. 贵族来源传说

拉瓦尔亚族Dalimalao社家系谱中记载，头目是太阳的后裔，Dalimalao家祖先是太阳与瓮所生。这个贵族起源的传说，除了在细节上各地有些出入外，大致被全拉瓦尔亚族所接受。其内容如下：当初还在Davalan的时候，Dagivalit家的祖先Sadel与Salili两兄弟都是有神力的人。哥哥神力较大，能杀死怪兽；弟弟神力较小。一天两兄弟到大武山下打猎，哥哥走在有阳光的地方，弟弟走在阴凉的地方，在路上看到一个拳头大小的陶壶。弟弟感到十分好奇就把壶放进了怀中，但壶会自动旋转，立刻从弟弟的怀中落下，始终无法放入怀中。弟弟便叫来哥哥，哥哥因神力较大，将壶放入怀中壶没有落下。二人将壶带回家中放到角落里，从此对壶不太注意了。壶不断长大，到十个月的时候已经长得很大了。一天早晨，两兄弟在屋外干活。太阳刚刚升起，阳光从屋上的一个小洞照进了屋里，恰巧照在陶壶上。两兄弟突然听到很大的爆炸声，就赶紧跑进屋里查看。他们看到陶壶已经裂开，一个女婴在地上打滚。两兄弟不知道该如何养育这个女孩，于是哥哥用神力变出两个人：一个是负责哺乳的奶妈，就是Madalalap家的祖先；另一个负责帮女孩洗衣服、洗澡、洗尿布，是Tuŋaliŋit家的祖先。这个女孩是个哑巴，长大后不知怎么就怀孕了。当时Davalan的居民已经不少了，于是两兄弟将全村青年都集合起来，要女孩指认是谁让她怀孕的。女孩指出是 Dagivalit 家的 Balibəlip。女孩生子后还一直住在 Dagivalit 家里。Dagivalit 家用村中居民贡献的食物供养她，因为她是太阳与陶壶所生，所以是贵族。Madalalap 与 Tuŋaliŋit 两家人曾经照顾过女婴，因此被称为世族。

3. 贡赋由来传说[①]

在拉瓦尔亚族传说中，贡献给头目的贡赋是这么来的：Dagivalit 家的祖先 Sadel 神力很大，射箭很准。古时候从玛家往南一直到牡丹一带，有很多怪兽会吃人，吃人时会连木材一起吞下去。人被吞下去后第一天还不会死，两天后才会死掉。因此各地的人都请求 Sadel 杀死怪兽，但射箭时只能射怪兽的腿部，以免伤及怪兽腹中未死的人。于是 Sadel 就杀死了怪兽，并救出还没死的人。人们非常感激 Sadel。当时还没有头目，故 Dagivalit 家的地位最高。人们为了表示感谢，每年丰收后收获的芋头、小米、稻米都会送到 Dagivalit 家表示感谢，这就是最早的贡赋。

综合各类资料，不难看出，事实上贵族和平民是具有共同开端和起源的。但不知道是什么原因（至少在诸多相关资料中都未提及为何同样的族群内出现“供养”现象，也没有指出是何因素导致最早的地位差异）因为“供养”一事而产生了贵族和平民的分异。不过可以肯定的是，就排湾人的宗教信仰来看，贵族和平民的分异应该是从“神性”的不同开始的，贵族的祖先所具有的“神性”要比平民的祖先更高一些，并以贡赋作为标志物，由此才有了后来的贵族制度以及贡赋制度，这也是排湾文化中不可或缺的部分。[②]

---

① 蒋斌：《排湾族贵族制度的再探讨——以大社为例，兼论人类学田野方法的特性》，台湾大学人类学研究所硕士论文，1980 年。

② ［日］移川子之藏、宫本延人等：《台湾高砂族系统所属之研究》，台北帝国大学土俗人类学研究室调查，1935 年。

排湾拥有一个较为特殊的部落组织结构——团。团实际上是一个具有经济和治安功能的群体，有维持团内社会正常运作的责任。团主与团民之间的关系不仅仅是地主和佃户的关系，更多情况下团民更像是“家臣”，即除了缴纳贡赋之外，团民还有要向团主服役之类的义务。而反过来说，团主则要尽到自己的责任，保证团内的安定团结，同时要以经济枢纽的角色运作于团内的生产生活之中，这样才能“担得起”那些贡赋。当然，更多的情况下团主只负责指挥或者发布条例，诸多决策还得由部落会议或者长老会议来决定。

团有两种模式，即单团和多团。两者的区分仅仅在于团的数量，在具体社会管理方面还是各团自治。若是单团构成的部落，很多情况下，团和部落并没有太明显的区分，甚至团主和部落首领是同一人。相对于团来说，部落是一个共同防守、共同复仇的政治单位，组织要比团复杂得多。一切政事由部落会议选出的干部负责。对于部落的任何行事，所有团都必须要参与进来，这是团和部落之间固有的义务和责任所决定的。

排湾社会阶层共有三级，即贵族、世族和平民。排湾社会的阶层遵循两个构成法则，一个是长嗣继承余嗣外出，另一个是长房袭位余嗣分出。当然，阶层并不是固定的，比如婚姻的升降法则对于所有阶层都是通用的，因而排湾的社会阶层是一种可超越而非封闭的模式。

部落会议是排湾政治的核心部分，基本上部落内部的大小事宜都是由部落会议讨论决定，对一个部落的整体发展起决定性作用。当然，部落会议是一个概括的称呼，实际上部落会议包含部落贵族会议、部落平民会议、祭仪会议、军事会议、部落公审会议等几种不同的会议形式。除了上述会议以外，实际上首领之间还会举行不定期的内部会议，商讨部落发展的各种问题。

排湾的部落同盟分为两类——地域相互毗邻的部落联合和超

部落的领主同盟，不论是哪一类，基本上都是出于友好来往与互利的原则而结交，取代了早先更多的"战斗同盟"这一类别，这是排湾人受到汉族文化以及现代文明影响的结果。

作为阶层制度较为明显的社会，排湾人在社会控制方面存在几个特色：(1)双重规范：正式法与习惯法并存。除了对所有人都适用的正式法之外，还有一类习惯法是领主贵族对平民的约束，即对于不同阶层的一种区别法。在双重规范的基础上，同样的犯罪情况，对贵族惩罚较轻，对平民则处罚较重。(2)连坐制度：排湾人讲究连带责任，即一人犯罪，其家庭甚至社群都要受到牵连，而一般裁决犯罪和解决问题，多半也是由犯罪者的家庭或者社群头目出面解决。(3)赔偿万能：无论多么严重的罪行，都可以转换成物品赔偿，不存在死罪。虽然最严重的刑罚是驱逐出社，但对于驱逐的命令，实际也可用赔偿的方式脱罪的。

排湾族群内没有常设的司法机构，一般是等到案情发生后，才临时组织裁判组织。裁判组织包含：被害者的亲属，犯罪者的亲属，团主的家人。裁判一般由团主主持，本着和解调停的原则进行，基本上是以犯罪者家庭赔偿被害者家庭，并宴请团主首领为结局。如果不服调停，若诉诸武力，一般会被团主驱逐，永远不得回归。在控诉程序方面，排湾人依照从下到上的反馈制度，即由被害者家庭向团主申诉，团主召集两边家庭和部落干部，通过团主裁决和家庭商议来解决问题，一般来说团主有权给出最终的裁决，而理论上双方都应该接受裁决并不再生事。

(七)阿美

阿美分北部阿美和南部阿美，北部阿美自称为"pantsax"，南部阿美自称"amis"或"ami"。阿美人大都居于平地，受汉族影响较深。

阿美人主要分布于台湾本岛东部中央山脉与海岸山脉之间的谷地(也称台东纵谷)，并扩及太平洋沿岸和南侧恒春半岛的一部分，北自花莲附近的奇莱平原，南达台东以南太麻里，从行政区域上讲主要居住在花莲与台东两县。

根据2009年底的统计资料，阿美族群有183799人，在台湾高山族中人口最多。

阿美人由于分布地区较广，各地区难免有语言及风俗习惯上的差别，因此在研究中学者们将阿美人进行分类。

目前习惯上将阿美人分为三群，根据《台湾省通志·同胄志·阿美族篇》，其分布如下：南势阿美群，亦即北阿美群，分布于花莲市及花莲县下之新城、寿丰、吉安、秀林、丰滨、凤林、光复等乡镇与台东县之关山境内；中阿美群包括秀姑峦阿美与海岸阿美，分布于花莲县境之凤林、光复、丰滨、瑞穗、玉里、富里及台东县下之长滨与成功等乡镇；南阿美群包括卑南阿美与恒春阿美，分布于台东县下之成功、东河、关山、池上、鹿野、台东、卑南、太麻里、太武等乡镇及屏东县下之牡丹、满洲二乡境。

阿美的起源传说大多为兄妹婚配型的洪水故事。大抵可分为北中部与南部系统：北中部系统（即南势阿美与秀姑峦阿美）以今花莲港西北的Tatevuratsan山和奇美社的Tsiraŋasan山为发源地；南部系统（即卑南阿美与恒春阿美）则以今台东县太麻里乡美和村境内的Arapanai为起源。[①] 简单分述如下：

南势群荳兰、薄薄两社的传说：昔有洪水，兄妹二人乘独木舟避难至大港口附近。洪水退后，兄妹结为夫妻，生子传孙，一部分沿花莲溪北上，是荳兰、薄薄二社之祖。

马太安社传说：从前有兄妹二人，和家人一起住在舞鹤(Karara或称Aulikitan)。一天海水突然袭来，家人全被冲走，

① 许木柱、李壬癸等：《重修台湾省通志·住民志·同胄篇·阿美族》，南投：台湾省文献委员会1995年版，第711页。

兄妹二人为躲避海水而坐在一只打谷用的方木臼 dodaŋ 内，任海水冲流，到了 Tsatsulaan 这个地方居住下来。兄妹成人后，结为夫妻，生子女十二人，六男六女，各自互相婚配。

马兰社传说：昔日 Tsiranŋasan 有一老人及其孙兄妹二人，洪水起后乘 kalolangan 来到 Arapanai。兄妹二人结婚，最初生蟹，其次生石头，石头生人，此人子孙成为 Pangtsah 族群（即阿美族群）或 Panapanayan 族群。[①]

此外，还有海上岛屿渡来说，流传于海岸阿美，多认为其祖先来自绿岛，其后再登陆台湾岛。

从上述各种传说中大致可以了解：阿美族群的源流相当复杂，若他们祖先都来自台湾岛外的话，应是分批在不同时期来台；由始祖传说来看，至少有一部分阿美人认为他们的祖先由海上漂来今日的绿岛暂居，后来才渡海到台湾岛定居；南部阿美人大多以 Arapanai 为发祥地，中部以 Cilangasan 为故居地，而北部则以 Tateforacan 为发祥地。总之，今日阿美迁来台湾的时间，以及何处登陆等问题，由于时间久远，仅凭族人的神话传说故事，尚难得到可靠证据，仍需从其他方面资料来相互研究印证，以求进一步了解。

阿美语称部落为 niarox，原意是“栅园内的人”，其地域性非常明显，是 个以地缘关系为单位的最基本社会集团。

在台湾高山族中，年龄级是非常普遍的一种社会制度，除泰雅和雅美没有此制度外，其他诸族群都有。年龄级制度有两种基本类型，一是通名制，另一类是专名制。通名制，即只有几个代表长幼资格的集体称号，此种称号适用于男女两性，与个人身心发育之状态及社会责任相对应，故在幼年期与老年期，同一称号

① 许木柱、李壬癸等：《重修台湾省通志·住民志·同胄篇·阿美族》，南投：台湾省文献委员会 1995 年版，第 711—715 页。

可以适用于男女双方，在少年期与成人期则需区分性别，各有专称。各级称号的适用是推移式的，只要到了适当年龄的人都可参加升进仪礼，或自然的升进一级，赛夏、邹、鲁凯、排湾、布农、卑南等族群都使用这个制度。另一种类型为专名制，为具有区别年龄与依长幼分组之连带社会责任之集体称号，并且自参加成年仪礼进入组织以后，每一级接受一个专名称号，此称号永属于该一组级，该组级的社会责任与待遇虽然随着年代变迁而变动，但级名则永远保持下去。此专名制的年龄组织唯阿美人行之，它是以会所为中心的男性组织，女性不允许加入。

阿美各族群的年龄级存在差异，总体可分为两个基本类型，一为马兰式，一为南势式。马兰式以南部阿美为典型，其级名为创名制，每产生一个新级即取一新名，直至该级成员全部死亡后级名取消。南势式以北部阿美为典型，其级名为袭名制，部落循环使用传统的九个级名，最年轻的一级或两级常与最年老的一级或两级同名。中部各部落往往取两种类型之混合，一般越往南越接近马兰式，越往北越接近南势式。

年龄级在阿美社会中是一种相当重要的制度，是整个部落组织的基础，一切公共事务都通过年龄级完成。其功能包括教育、军事、仲裁、敬老、接待外客等各种社会功能，农业、捕鱼、狩猎等经济功能及宗教仪式的执行等功能。较特别的是它的政治功能，阿美领袖制度的基础是年龄级，经过二三十年严格训练的老人渐渐升至年龄级的最高级，从而具有完全充分的决定权和真正的领导权威，这就形成了阿美独具特色的老人政治制度。

阿美是母系氏族社会，男性的地位较女性低，男子的男性角色认同基本上通过年龄级来体现，年龄级与每个阿美男子都是不可分割的，它可以促进男性认同的发展，使男性的地位得与女性相抗衡。

阿美人的头目是由社民公开选举的，不是专属于某家的世袭特权，每个人都可以自荐或经他人推荐成为头目。候选人被推选后要先按例谢绝，在再三劝说下至难以推辞时，备酒席招待现任头目及最年长的年龄级，最后在来宾的恳请下表示接受任职。头目任职无任何通告仪式，而是顺其自然为众人所知。

大头目之下有地域领袖、年龄级领袖及司祭，部落居民在这些部落领袖的带领之下进行政治、经济、宗教、军事等活动。部落的年龄组织推动着这些活动，在部落领袖的领导监督下，所有年龄级的成年男子维护部落内部安定有序的生活，保护部落不受外敌入侵。秀姑峦马太安社大头目应具备的条件有精通系谱知识，能约束部落居民，精通于演说报告，能维持部落传统，能照料部落，遵守戒律，精通部落各种特殊信仰，精通猎首仪礼，精通年龄级事务等。大头目的主要职责有：决定部落一切祭日次序及主持祭祀，遵守一切禁忌，主持部落会议，裁决部落内的各种事件，主持与其他部落的交际等。

大头目是终身制，但若部落中连续发生不吉利的事件，那么在任的大头目将被罢免，并会选出一位新的大头目。大头目除与头目享有同等特权外，亦可持有作为权力象征的铁杖，葬礼也不同于普通居民。①

（八）卑南

卑南族群分布在台东平原及平原西缘中央山脉山麓地带，以及台东纵谷南端河川平原上。根据 2009 年 3 月的统计资料，卑南人口有 11463 人。卑南族群的主要部落有知本社、射马干社、吕家社、大巴六九社、阿里排社、北丝阄社、卑南社、槟榔树格社八社，因此昔时曾被称为“八社番”。日本殖民统治末期又增加斑鸠社和宝桑社两个部落。

① 余光弘、李莉文主编：《台湾少数民族》，福州：福建人民出版社 2012 年版，第 206—212 页。又卫惠林、余锦泉等：《台湾省通志·同胄志·阿美族篇》，南投：台湾省文献委员会 1972 年版。

卑南的起源传说大致分为两个系统：以知本社为主，认为祖先是从石头中诞生的石生系统，以及以卑南社为主，认为祖先由竹节中生出的竹生系统。

知本社人传说其祖先的发源地在上古的 Ruvoahan 海边，先是在海上涌现海潮的泡沫，之后产生若尘芥之物，继而变成石头，石头裂开生出一个两膝长六个眼睛、前后都有颜面的人形物体。从其右小腿产下男女各一，此二男女婚后先在 Ruvoahan 生下一石头，又到大武山生下另一石头，海边的石头生出一女，名 Rarihin，大武山的石头生下一男，名 Vasakaran，从此才有真正的人，他们就是知本社的祖先。卑南社的传说是太古时女神 Nunur 从海里出来，摘下茅草 aruno 插于 Panapanayan（或 Ruvoahan）的海岸，因为茅草系倒插故上端生根，其后根上长出竹子，竹子裂开上节生出一男名 Pakmalai，下节生出一女名 Pagumuser，二人婚后繁衍出卑南人。传说中的 Panapanayan 及 Ruvoahan 都在今台东县太麻里乡美和村境内。

主张石生说的包括知本社、射马干社、吕家社、阿里排社、斑鸠社、北丝阄社、大巴六九社，主张竹生说的有卑南社、槟榔树格社、宝桑社等。

年龄级制度是卑南文化最重要的内容之一。卑南人的年龄级制度采用通名制，即每一级有一专属的名称，每一男子，终其一生都能知道其所处的位置。加上年龄级与会所制度紧密联系在一起，每一级在会所中都有一定的职责，使整个社会看起来井然有序。部落会所是卑南人的政治、军事、经济、社会、教育中心。按卑南社特有的二部组织制度，少年会所南北两亚部落各建一座，青年会所南北各有三处，各会所以所在地名为名。至日本殖民统治时期，青年会所与少年会所一般，合并成南北各一处。卑南社的会所领导系统与领袖氏族并行，即会所所在地的领导氏族之族长兼任会所之领导人。会所拥有猎场与渔区，在其内狩猎捕鱼，须将所获的一部分交予拥有该地的会所。

卑南男子在会所中的经历与他们在家族和亲族中的经历是同等重要的。少年会所及青年会所的设立，就是为了培养理想的卑南人。卑南男子到了一定年龄，就必须脱离家庭进入会所接受为期八九年的严格艰苦训练，训练结束才可以离开会所并结婚成家。以男性为中心的会所制度与由女性为中心的母系氏族制度共同成为卑南社会的重要基石。

母系氏族及世系群是构成卑南部落的基层组织，因此各母系氏族或世系群之直系宗家即成为其部落政治的领导系统。其中卑南社以地域和政治为基础的部落二部组织与二头领袖制度，是其最大特色。卑南社的二部组织始终保持南北地域性的政治、祭仪的区划与对抗。卑南社下两个亚部落单位里的七个母系氏族中，有六个氏族宗家承袭部落领袖的特权，而这六个氏族宗家又平均分散在卑南社南北，并且各有一个实力最强者，南为 Rara'、北为 Pasara'al，两者力量相当。后由于北部的 Pasara'al 在此较早建设氏族，其会所与灵屋便成为最大的，即使在清代南部的 Rara'成为卑南社的领袖，但 Pasara'al 的优势地位始终维持。在知本社，尽管会所与灵屋制度有些混乱，但部落在地域上仍分为 Alipai 与 Karodos 两部，各自的世袭领袖也相互制衡，即 Mavariu 与 Pakəloko 两家并立，可见知本社的原始部落制度也是二部组织与二头领袖制度。后来，由于加入了第三家 Ruvanian 部落，知本社的部落组织制度便发生改变。

在二部组织中相应有二头领袖，第一领袖为 maidaŋkana ajawaŋ，即大头人（或头目），第二领袖为 madip na ajawaŋ，即头人。其他氏族领袖简称为 ajawaŋ 或 maidaŋ kana sawawaŋ。这些部落领袖的权力一方面建立在地方年龄组织与会所分立制度的基础之上，具体体现为每一特权氏族之直系宗家出生的长子成为会所名义上的首长；另一方面建立在母系氏族之长系承继领袖制度上，具体表现为由每一特权氏族之直系宗家出生的长女，承袭本氏族宗家首长的职位并掌管氏族的灵屋。总结来说，男性的特权体现在会所，女性的特权体现在氏族的灵屋。[①]

卑南社最初建立氏族及会所的Pasara'al之领袖即为卑南社之大头人，但后来被南部的Rara'取代，因此头人变成大头人，而大头人降为第二头人。其他四个领袖氏族各有其氏族特权，但其权威不及全部落之世袭头人。其他四处会所之世袭领袖与南北二亚部落各选出一位德望智慧皆受全部落崇敬的长老，皆仅为部落领袖咨询而已。此外，部落司祭与军事领袖皆经选举任职，另有各氏族之族长与地域单位之干事十人。[②]

知本社以Mavariu为最大头人。Pakəloko本来是与Mavariu平等，但后来渐处劣势，在地域会所之关系上已失均衡。知本社还有一位第三头人Ruvaniau，但其权力范围更小，因此权威集中在第一头人身上。每一头人身边有一副手，从其近亲中选出，一位传令，为其在会所中之副手。部落之司祭由Mavariu头人自兼。另有12位干事为头人之差役。另有两位长老从两个亚部落中选出。知本头人制度之权威，显然比卑南更为集中。

卑南的部落头人必须是男性，由大宗家的长子担任，若无男嗣则由长女的配偶当头人。头人的产生无须通过选举，是世袭的。卑南人习惯上由女性年长者继承家产，但头目家例外，由嫡长男继承，若无子女则收养子女做继承人。头目对外代表部落，对内保障社民的安宁幸福。

卑南人虽无成文法，但其习惯法似已相当严密，不同类型的犯罪会处以不同的刑罚。实际上，卑南的刑罚以赎刑为最常，很

---

① 卫惠林、余锦泉等：《台湾省通志·同胄志·卑南族篇》，南投：台湾省文献委员会1972年版。

② 许木柱、李壬癸等：《重修台湾省通志·住民志·同胄篇·卑南族》，南投：台湾省文献委员会1995年版。

少有死刑与放逐的例子，而且赎罪与刑罪两者常被混为一谈。

卑南人从不把犯罪当成个人行为，而是以母系世系群为集体责任单位，所以受害者要先通知其母系宗族族长，由族长召集亲族会议，讨论处理方针。如果犯罪者为同族或同世系群内之兄弟姐妹，或有姻亲关系者，则常由族长邀集双方家长进行和解。若犯人属于异世系群或氏族单位者，则由受害者世系群的长老出面向部落领袖报告。若是用巫术杀人的，则由主审者用竹占方法判定其犯罪与否。一般犯罪则只要有证人证物就可以判决，否则还需以占卜法进行裁决。谢罪和解的方式是由犯罪者持赔偿财物及酒肉至头目处，再由犯罪者向被害者敬酒赔礼，接着被害者饮酒还礼。①

（九）雅美

雅美人居住于距台东东南方约 49 海里的兰屿岛上。该岛面积仅约 45 平方公里。岛上山丘遍布，植物种类繁多，海中生物也极多样，为居住岛上的雅美人提供丰饶的生活资源。

在 20 世纪 60 年代以前，雅美人很少与外界往来，因此其社会文化体系保持得较为完整，一切日需品都是自制自用、自给自足。传统上他们是台湾高山族中唯一不酿造酒精性饮料、不猎人头、不使用弓箭的族群。他们的主要生活方式以渔猎和水田植芋或山田耕作为主。他们的建筑形式以及很多宗教理念与岁时祭仪都是独一无二的。当然近年因与外界的接触日益频繁，雅美人的社会文化正面临着强大的被同化的压力。

根据 2009 年底的统计资料，雅美人有 3748 人。兰屿全岛设一乡，其下辖四个村。红头村辖红头与渔人两部落，椰油村即椰油部落，朗岛村即朗岛部落，东清村辖东清与野银两部落，每个

---

① 卫惠林、余锦泉等：《台湾省通志·同胄志·卑南族篇》，南投：台湾省文献委员会 1972 年版。

部落都是一个自主的单元，因此从来没有一个全岛性跨部落政治权威存在。每个部落仍是各自为政，部落纷争仍是以传统方式解决。

关于祖先来源的传说，不同部落有不同的说法。如渔人部落传说：很久以前，从别的地方漂来了一个像木箱子的船，箱子里有一对夫妻和一个儿子，他们漂流到兰屿的 Jimasapaw。靠岸后他们从箱子里出来，就在 Jimasapaw 居住下来。几年之后因为此地有很多蚊子，于是他们全家就迁到 Dobosloosan 居住，他们在这里生养众多，人口也渐渐增加了起来。后来一部分的人离开 Dobosloosan 而迁到现今的渔人部落，当时渔人部落周围都还没有人居住，他们就是渔人部落人的祖先。

雅美人是双边偏父系的社会，最重要的互助团体是称为 zipos 的双边亲属团体。这是以个人的婚姻和生育产生的核心家庭为基础，以己身向父母及子女双边等距离展开的亲属为主要组成部分的亲族群体。其中关系最密切的亲属除了自己的子女及其配偶与孙子女外，就是同胞兄弟姊妹及其配偶，这当中亦包括同父异母或同母异父的兄弟姊妹。

雅美社会中夫妻及未婚子女构成的家庭是最基本的社会经济单位，由家庭扩展的亲属关系是重要的互助合作力量，是许多社会生产活动的基础。

雅美男女青年在婚姻方面有较大的自主权，婚前交往也较自由，一旦双方认定彼此为自己的固定对象后，女方常即搬入男方家同居，虽然未办婚礼，却已经在部落中被公认为是一对夫妻，以后男女双方就不容有越轨行为。一般新婚夫妇的关系不太稳定，但随着生育子女数增多，以及夫妻双方分工合作的需要，关系日益紧密，彼此的依赖性也愈强。因为雅美人在生产工作上性别分工清楚，单身的男女很难同时兼顾主食及服饰的生产，所以丧偶者只要还有工作能力，都会积极寻求再婚，再度组成一个健全完整的社会经济单位。雅美人禁婚的范围只及于一从表，即父母双方同胞的子女，并且也没有明确的禁婚社群区划，昔时由于同部落的青年男女有较多的交往接触机会，所以部落的内婚比例较高。

雅美人的生产一方面建立在两性自然分工的基础上，另一方面在家庭及部落之间存在若干以农渔生产为目的的工作团体，主要有渔船组、粟作团体、灌溉团体。因为这些工作都不是一人一家可以独立完成的，因此为了共同的利益，就产生了能够集合更多劳力的共作团体。现在粟作团体已经消失，其他的共作组织在雅美社会中仍在发挥作用，还出现了一种新的共作团体即渔网组。因为这些共作团体涉及生活生产的不同方面，因此一个人往往会成为多个共作团体的成员。在这种情况下，共作团体就起到了密切部落中人与人之间的联系的作用，更有利于增强部落中成员的情感，提高部落的认同感。[①]

雅美人的社会生活主要受居住的地缘关系及亲族的血缘关系交叉影响，他们分别居住于六个部落（或称社），各自分立，原本有明确的界限，每一部落的土地、牧场、渔场都是属于全部落的资产，邻部落不得侵犯，否则全部落人员必联合抗之。不过近年来对于渔场的限制已经较为松散，越界捕鱼的事经常可见。迁居其他部落者必须放弃其对原部落土地、牧场、渔场的使用权，而使用现居部落中的土地与海域。

雅美人没有统一固定的社会权威或领袖人物，但是从传统来看，老人在雅美社会中有较高的地位，当有涉外事件或部落内发生纠纷时，部落中各家族长老会聚会商讨，但是这种聚会所得的决议对部落成员不具有明确的约束力，也没有强力的制裁系统做

---

① 许木柱、李壬癸等：《重修台湾省通志·住民志·同胄篇·雅美族》，南投：台湾省文献委员会1995年版。

为此决议的后盾，但由于敬老原则，通常人们还是会尊重长老的决议而行。有时长老的聚会具有很强的随意性，没有固定形式，没有固定成员，没有一定的开会期，常是部落发生大事时临时召开，或是节庆村人群聚时有人提及公共事务，即会引发讨论。

部落成员间发生纠纷，若双方不服长老的仲裁，争议的双方常各引亲戚为后援，结成互相对抗的两个阵营，或致流血斗殴，力弱者最后不得不退让。但因为发生事端的双方须各自偿付金银珠宝及猪羊芋头给为其争斗而致受伤流血者，所以一般人也未必会轻启争端，否则家产快速损失，将导致原有社会地位的丧失。

除年龄标准外，对社会地位的衡量较为重要的条件就是财富。拥有很多水田、猪羊、金银珠宝的人会被认为是富人，在社会中说话较有分量。雅美人常会用聚宴、馈赠等方式夸耀其财富，最重要的一种时机是在新屋或新船落成庆典时，主人会邀集亲友及其帮工，举行盛大仪式，陈列大量的水芋及猪羊，并将之分配给所有的村人及来参加典礼的外村亲友。但财富只能赢得声名并不能换取任何权威，也并不会因为财产多少而形成不同阶层，雅美社会相对台湾高山族其他族群而言是平等的。此外有特殊技术成就的人，在一定场合中会成为暂时的领导者，受到敬重。例如，擅用刀斧、手艺特佳者在建屋造船时常被尊为指导者，渔船组的领导人都是擅于操舟及捕鱼技能娴熟者，但这些领导者在事情办完之后，在部落内并不能因此而拥有特别的权利。[①]

① 余光弘、李莉文主编：《台湾少数民族》，福州：福建人民出版社2012年版，第259—262页。

第三章

古代中国文献中的台湾及其演变

第一节 夏商至南北朝对台湾的认识与称呼

“台湾”这一名词，目前被用来统称台湾本岛、澎湖群岛及周围其他小岛，如钓鱼岛、绿岛、兰屿及小琉球等。康熙二十三年（1684年）将明郑之东宁府改为台湾府后，被正式用于统称全台，并沿用至今。那么在被冠以“台湾”这一名称之前，中国古代的传统文献如何称呼这个地方？严格而论，中国传统文献对台湾的记载向来不清楚，充满了“想象地理”（imagined geographies）[①] 的成分。

---

① “想象地理”（imagined geographies）是指：“由地方、空间和生活其间之人群的各种再现，形成（并经常作用）于心灵中的印象。想象地理经常构成主导性的人群和地方印象，尤其是我们没有直接个人经验的那些地方和人群。”见 Paul Cloke、Philp Crang、Mark Goodwin 编，王志弘等译：《人文地理概论》，台北：巨流图书股份有限公司 2006 年版，第 455—456 页。

但从学术史的角度看，回顾这些看法还是有其意义。

在中国古代文献中，台湾曾先后被称作岛夷、雕题、瀛洲、东鳀、夷洲、流求等。台湾首任知府蒋毓英在其纂修的《台湾府志》卷一《沿革》中认为台湾“亦当附于扬州之境”。康熙三十三年（1694年）接续其说，认为：“台湾，《禹贡》扬州之域。”《禹贡》为《尚书》中的一篇，记载了四千年前中国的地理分域，将中国分为九州，扬州为中国东方南方的一州，《禹贡》称其地为：“淮、海惟扬州……岛夷卉服，厥篚织贝，厥包橘、柚，锡贡。沿于江、海，达于淮、泗。”日本学者尾崎秀真撰《台湾四千年史之研究》，据之推衍其说，认为文中的“岛夷卉服”，是指麻织的衣服；“篚”是方形有盖的竹器，“厥篚织贝”指的是“背负竹篮，佩戴贝饰”。这种风俗和台湾少数民族的习俗相类似，因此他认为《禹贡》所说的丕夷之地就是台湾。但这种说法，并未得到多数学者的认同。日本学者伊能嘉矩在《台湾文化志》中指出，“岛夷”是否指台湾，不得不加以再三考虑。杨云萍也认为：“柑橘非台湾一地之特产……织贝假使可以断定为现今之‘珠裙’，但也不能断定在‘禹’的时代，台湾以外之岛，绝没有‘珠裙’的存在。四千多年的漫长岁月，不是容易可以一跃而跨过的。再从古代的交通情形说，问题亦不是如此简单的。至于《禹贡》之写定年代存有疑问；气候、地形，古今亦有变化。《禹贡》所载的‘岛夷卉服’之‘岛夷’是否即四千多年前之台湾原住民族，固有俟今后的研讨，只是提出古代台湾与中国大陆的关系，确值得注意。”①

然而，《汉书·地理志》却写成：“鸟夷卉服，厥棐织贝，厥包橘、柚，锡贡。均江海，通于淮、泗。”颜师古注曰：“鸟夷，

---

① 杨云萍：《台湾史讲义》（台湾大学，1970年），转引自张胜彦：《台湾古地名考》，台北：华世出版社1981年版，第128页。

东南之夷善捕鸟者也。卉服，絺葛之属。”[①] 有解释称，岛夷又作“鸟夷”：“被服容止皆像鸟，作岛谓居海岛也。”秦汉时，南海多指东海，此处所说的岛夷指包括台湾等东南沿海大小岛屿的人。

《山海经·海内南经》载：“海内东南陬以西者。瓯居海中。闽在海中，其西北有山。一曰闽中山在海中。……伯虑国、离耳国、雕题国、北朐国皆在郁水南。郁水出湘陵南海。一曰相虑。”颜师古注：即今泉州是其地。袁珂按：此泉州即今福建省福州。[②] 时人的解释是，离耳国似指海南岛，而雕题国黥面文身，类似台湾少数民族，故雕题国指台湾。

《列子·汤问》载：“渤海之东不知几亿万里，有大壑焉，实惟无底之谷，其下无底，名曰归墟。……其中有五山焉：一曰岱舆，二曰员峤，三曰方壶，四曰瀛洲，五曰蓬莱。”[③] 岱舆、员峤、方壶、瀛洲、蓬莱均是古代传说中的仙山，有人认为岱舆、员峤就是台湾。连横认为“或曰，澎湖则古之方壶，而台湾为岱员，于音实似”[④]。许维勤认为，其中“岱舆”与“大言”音暗合，应是同一地名的两种表达。[⑤] 然而，《列子》的成书年代存在争论，因此，这种比附难成定论，故多数学者也不认同。

《史记》载：“既已，齐人徐市等上书，言海中有三神山，名曰蓬莱、方丈、瀛洲，仙人居之。请得斋戒，与童男女求之。于是遣徐市发童男女数千人，入海求仙人。”[⑥] 时人解释为三山依北而南排列，蓬莱为日本，方丈为琉球，瀛洲为台湾。清代徐怀祖

---

① 《汉书·地理志》，北京：中华书局1962年版，第1529页。

② 袁珂校注：《山海经校注》，成都：巴蜀书社1992年版，第317页。

③ 景中译注：《列子·汤问》，北京：中华书局2007年版，第136页。

④ 连横：《台湾通史》卷一《开辟纪》，台北：幼狮文化事业公司1977年版，第1页。

⑤ 许维勤：《闽台行政建置关系》，福州：福建人民出版社2008年版，第33页。

⑥ 《史记·秦始皇本纪》，北京：中华书局1959年版，第247页。

的《台湾随笔》及吴延华的《社寮杂诗》都认为瀛洲就是台湾。不过这里提及的是三神山，瀛洲只是其中一地，故日人尾崎秀真就认为蓬莱才是台湾。

《汉书·地理志》载："会稽海外有东鳀人，分为二十余国，以岁时来献见云。"[①]《后汉书·东夷列传》亦云："会稽海外有东鳀人，分为二十余国。又有夷洲及澶洲。"[②] 有的学者推测东鳀非今之琉球，而是指台湾。连横及日人市村瓒次郎等均认为瀛洲及东鳀所指之地即台湾。既云瀛洲是台湾，又云东鳀是台湾，显然无法确证，是综合诸说而成。日人桑田六郎认为东鳀是想象中的产物，所指是否为台湾，仍应存疑。杨云萍也认为，东夷未统治过台湾，甚至根本未到过台湾。郭廷以则认为台湾、琉球同在东鳀之内，对台湾即东鳀之说，不加可否。

三国时，吴国黄龙二年（230年）春正月，孙权"遣将军卫温、诸葛直将甲士万人浮海求夷洲及亶洲。亶洲在海中，长老传言秦始皇帝遣方士徐福将童男童女数千人入海，求蓬莱神山及仙药，止此洲不还。世相承有数万家，其上人民，时有至会稽货布，会稽东县人海行，亦有遭风流移至亶洲者。所在绝远，卒不可得至，但得夷洲数千人还"[③]。这里将夷洲及亶洲并举。

关于夷洲，吴国丹阳太守沈莹可能通过到过其地的官兵和被带回的夷洲人详细了解情况，从而写出《临海水土志》，并于其中作进一步的说明："夷洲在临海东南，去郡二千里。土地无霜雪，草木不死。四面是山，众山夷所居。山顶有越王射的正白，乃是石也。此夷各号为王，分画土地，人民各自别异，人皆髡头，穿耳，女人不穿耳。作室居，种荆为藩障。土地饶沃，既生五谷，又多鱼肉。舅姑子妇，男女卧息共一大床。交会之时，各

① 《汉书·地理志》，北京：中华书局1962年版，第1669页。

② 《后汉书·东夷列传》，北京：中华书局1965年版，第2822页。

③ 《三国志·吴书·吴主传》，北京：中华书局1959年版，第1136页。

不相避。能作细布，亦作班文。布刻画，其内有文章，以为饰好也。”①

《临海水土志》较详细地对夷洲方位、地形、气候、居民、物产、习俗等进行介绍，称夷洲居民为“山夷”。山夷的生活文化，归纳起来有分散、荆障、杂居、木鼓、踞坐、竹筒饮酒、歌舞、猎首、拔齿等。这些描述被认为是当时台湾的情况，也是世界上最早记述台湾的文字。日人伊能嘉矩、市村瓒次郎、白鸟库吉、和田清等均主张夷洲就是台湾，不过考证均不如人类学家凌纯声。凌纯声系根据东南地区民族学资料，从方位、气候、地形、习俗等方面详加比对，才断言这里所说的夷洲是台湾。当今学者大都通过论证夷洲即台湾，从而认定孙权曾遣兵至台湾，这说明东汉时福建与台湾之间已有了海上交通。

第二节　隋唐至宋元时期对台湾的认识与称呼

隋朝时称台湾为流求国。《隋书·东夷列传·流求国》记载：“流求国，居海岛之中，当建安郡东，水行五日而至。土多山洞。其王姓欢斯氏，名渴剌兜，不知其由来有国代数也。彼土人呼之为可老羊，妻曰多拔荼。”记载中说明了流求国的位置和与建安郡（今福州）的距离；国王和王后姓氏、居住环境及部落与社会组织；男女服饰及装饰品；武器及部落间战斗概况；法律及历法；人种、生活习俗；婚姻习俗及妇女哺育子女情形；制盐、酿酒及饮酒、酒后歌舞状况；办理丧事事宜；动植物及耕作方式；宗教信仰等方面的情况。隋代的流求指的是今琉球还是台湾的问

① 《太平御览·四夷部一·东夷一》，石家庄：河北教育出版社 1994 年版，第 278—279 页。

题，已成为百年以来的争论，但大体上以台湾说较占优势。由于以上记载看起来和台湾的少数民族习俗有某些相似，因此荷兰学者希勒格，日本学者箭内亘、藤田丰八、市村瓒次郎、和田清、白鸟库吉、币原坦，我国台湾学者柯劭忞、连横、郭廷以、洪樵榕、杨云萍、曹永和等均主张流求就是今天的台湾。也有学者认为流求指今台湾及琉球者，如法国学者圣第尼及德国人里斯。此外，我国台湾学者陈信雄教授认为："《隋书》所载'流求'记述丰富，含方位、距离；地形、气候、植物、动物；居民火耕、作物，以及纹身、猎首风俗。而这些记述又确为东方岛屿之特色，因此推断隋代中国人对于东方海岛确有所知，但未明其详切所在。"①

唐代称台湾为流求、留仇、流虬、岛夷等。唐代李延寿所撰的《北史》载："流求国居海岛，当建安郡东，水行五日而至。"②唐代杜佑所撰的《通典》称："流求，自隋闻焉。居海岛之中，当建安郡东，水行五日而至。"③ 这些记载，均是唐人沿袭隋代所载资料，说明已经知晓流求这一地名，或对该地有所传闻。《全唐诗》有施肩吾诗《岛夷行》："腥臊海边多鬼市，岛夷居处无乡里。黑皮年少学采珠，手把生犀照咸水。"④ 诗中出现了"岛夷"地名。这首诗自南宋以来常被引用作澎湖历史与风土的写照，认为岛夷即澎湖，如南宋王象之《舆地纪胜》载："环岛三十六，自泉晋江东出海间，舟行三日，抵彭湖屿，在巨浸中。"文中引

---

① 陈信雄：《东西方历史学界对台、澎、琉历史的理解与误解》，台湾成功大学历史系"东亚历史变迁研究计划研究成果发表会"，2003年，第9页。

② 《北史·流求传》，北京：中华书局1974年版，第3132页。

③ 《通典·边防二·东夷下》，北京：中华书局1988年版，第5026页。

④ 《全唐诗》卷四九四，北京：中华书局1980年版，第5592页。

用施肩吾诗为证。[①] 可是，入清以来的漳州府志、县志却不再刊载。因未有其他史料佐证，故史学家对施肩吾到澎湖一事并未完全肯定。施肩吾，字希圣，洪州人，唐元和十年（815 年）登第，为浙江桐庐进士。有学者认为，施肩吾一生不曾到过福建、广东，不可能到过澎湖，施肩吾所咏之地亦并非澎湖。但施氏有《送人南游》诗："见说南行偏不易，中途莫忘寄书频。凌空瘴气堕飞鸟，解语山魈恼病人。闽县绿娥能引客，泉州乌药好防身。异花奇竹分明看，待汝归来画取真。"[②] 可见施肩吾对福建并非不了解。关于施肩吾是否到过澎湖这一个问题的争论，大都是在文献解读上存在的分歧。但近年来随着考古工作的进行，如台北十三行遗址发掘出土了"开元通宝"；臧振华则认为澎湖讲美村附近的莳板头山的上层年代为南宋时期，下层为唐末文化层。[③] 从这些蛛丝马迹看，在隋唐时期，或至迟到唐末，台湾或澎湖先民和中国大陆应有些往来。

宋代文献中有关台湾澎湖的记载，虽然有部分仍有待商榷，但大体较唐代以前可靠，特别是有关澎湖的记载。在郑樵撰《通志》卷一九四、乐史撰《太平寰宇记》卷一八五、李昉等撰《太平御览》卷七八四、陆游《剑南诗稿》中的《感昔诗》、真德秀《真文忠公文集》、王象之《舆地纪胜》、赵汝适《诸蕃志》卷中"毗舍耶"条等诸文献史籍中，都相继出现流求、幽求国或琉球、毗舍耶等名称。

宋代福建地区由于人多田少，因此只好往外发展，距福建不

---

① 王象之：《舆地纪胜·福建路·泉州风俗形胜》，台北：文海出版社 1962 年版，第 688 页。

② 《全唐诗》卷四九四，北京：中华书局 1980 年版，第 5586 页。

③ 转引自蔡丁进：《唐朝时的澎湖——论施肩吾〈岛夷行〉一诗（上）》，载《硓咕石季刊》1995 年第 1 期，第 43 页。按：臧振华在讲美海边发掘时，笔者曾由郭金龙陪同前往参观，臧氏展示当天刚挖出的南宋铁钱。

远的澎湖是最好的选择之一。据周必大所撰《汪大猷神道碑》记载："乾道七年……四月，起知泉州。海中大洲号平湖，邦人就植粟、麦、麻。有毗舍耶蛮，扬帆奄至，肌体漆黑，语言不通，种植皆为所获。调兵逐捕，则入水持其舟而已。俘民为向导，劫掠近城赤屿洲。于是春夏遣戍，秋暮始归，劳费不赀。公即其地，造屋二百区，留屯水军，蛮不复来。"

类似的记载还有楼钥《攻媿集》卷八十八的《汪大猷行状》，其内容为："乾道七年……四月，起知泉州。……郡实濒海，中有沙洲数万亩，号平湖。忽为岛夷号毗舍邪者奄至，尽刈所种。他日又登海岸杀略，禽四百余人，歼其渠魁，余分配诸郡。初则每遇南风遣戍为备，更迭劳扰，公即其地造屋二百间，遣将分屯，军民皆以为便。不敢犯境。"

这两则史料除部分文字不同、记事互有详略外，说明当时平湖地区，已有种植粟、麦、麻等植物，并且需造屋二百间进行军屯，说明当时应有一定数量的人口移居。这两则史料所说的平湖，被认为是指今日澎湖列岛，学界基本上无异议。毗舍耶指何地，向来有菲律宾或台湾二说，但近来学者持台湾说者居多。

南宋嘉定十一年（1218 年）十一月，真德秀在《申枢密院措置沿海事宜状》中记载："永宁寨，去法石七十里。初乾道间，毗舍耶国入寇，杀害居民，遂置寨于此。其地阚临大海，直望东洋，一日一夜可至彭湖。彭湖之人，遇夜不敢举烟，以为流求国望见，必来作过。以此言之，置寨诚得其地。"[①] 文中将毗舍耶与流求国并提，指出澎湖距流求国不远，这也是最早有关澎湖的可靠文献资料。成书于南宋的王象之《舆地纪胜》记载："海道，唐志云：自泉州正东海行二日至高华屿，又二日至鼊鼊屿，又二

① 真德秀：《西山先生真文忠公文集》卷八《申枢密院措置沿海事宜状》，上海：商务印书馆 1937 年版，第 138 页。

日至流求国。”[①] 南宋宝庆元年（1225年），泉州市舶司提举赵汝适在《诸蕃志》记载了流求国、毗舍耶。他在“流求国”条载：“流求国，当泉州之东，舟行约五六日程。……旁有毗舍耶、谈马颜等国。”谈马颜即今台湾南部属岛红头屿。“毗舍耶”条载：“毗舍耶，语言不通，商贩不及，袒裸盱睢……泉有海岛曰彭湖，隶晋江县，与其国密迩，烟火相望，时至寇掠，其来不测，多罹生啖之害，居民苦之。淳熙间，国之酋豪常率数百辈，猝至泉之水澳、围头等村，恣行凶暴，戕人无数。……不驾舟楫，惟以竹筏从事，可折叠如屏风。”[②] 方豪认为赵汝适本人就是泉州提举市舶使，这里所载澎湖隶属府治晋江县，不可能有误。最迟在宋理宗时，澎湖已正式入于中国版图。[③] 汪大猷亦在澎湖进行军屯，其说或可接受。但问题是是否已派设流官治理，并未见记载。此外，书中准确地指出彭湖的地名、方向、距离，邻近流求，特别是彭湖、毗舍耶同时出现，在流求之外增加了毗舍耶的信息，说其以竹筏为海上工具，酋豪率众侵犯泉州的水澳、围头等村。陈信雄认为，赵汝适《诸蕃志》“毗舍耶”条“提到彭湖对岸的‘毗舍耶’，其地与彭湖‘密迩，烟火相望’，不能否定其地为台湾，乃中国文献述及台湾之始”。这说明了宋代海外交通发达，对于东方海岛的认知有重大突破，宋人续用流求之名，同时新出现了彭湖与毗舍耶之名。在《诸蕃志》之后，逐渐出现新的地名称呼，如《宋史》卷四九一《外国传》称流球，马端临的《文献通考》卷三二七称琉求，汪大渊的《岛夷志略》称琉求、毗舒耶。

---

① 王象之：《舆地纪胜·福建路·泉州风俗形胜》，台北：文海出版社1962年版，第689页。

② 赵汝适：《诸蕃志》卷上，“台湾文献丛刊”第119种，台北：台湾银行1961年版，第37页。

③ 方豪：《台湾早期史纲》，台北：学生书局1994年版，第34—35页。

据《元史》所载，元至元二十八年（1291年）九月，“海船副万户杨祥请以六千军往降之，不听命则遂伐之，朝廷从其请”。这是自三国孙权征夷洲之后又一次远征瑠求，后因福建书生吴志斗而罢。至元二十九年三月二十九日，派海船副万户杨祥为宣抚使，偕吴志斗、阮鉴等携诏书至瑠求招谕。因岸上人众不晓三屿人语而无功返还。元元贞三年（1297年），“福建省平章政事高兴言，今立省泉州，距瑠求为近，可伺其消息，或宜招宜伐，不必它调兵力，兴请就近试之。九月，高兴遣省都镇抚张浩、福州新军万户张进赴瑠求国，禽生口一百三十余人”[①]。元元贞三年即元大德元年，清顾祖禹引元人著作《三山续志》所载：“大德元年立福建平海行中书省，徙治泉州，图琉球也，三年罢。”[②] 可见对于在东方海上的琉求，或招抚，或征伐，一直是元廷要经营的对象，但元廷对琉求的具体位置并不明确。

元汪大渊从泉州港出发，两次亲历海外，长达八年。元至正十年（1350年）刊印的《岛夷志略》，书中记载了彭湖、流求国、毗舍耶。在“彭湖”条记载：“岛分三十有穴，巨细相间，坡陇相望，乃有七澳居其间，各得其名。自泉州顺风二昼夜可至，有草无木，土瘠不宜禾稻。泉人结茅为屋居之。气候常暖，风俗朴野，人多眉寿。男女穿长布衫，系以土布。……地隶泉州晋江县。至元间，立巡检司，以周岁额办盐课中统钱钞一十锭二十五两，别无科差。”[③] 这是具体记录彭湖风土的文献资料。又“琉球”条对于琉球与台湾的状况均有重要描述。《岛夷志略》中有琉球之称，亦记毗舍耶，毗舍耶国似乎即指今台湾。元至正二十年，天台僧清浚所绘的《释清浚广舆疆里图》，将琉球与台湾绘

---

① 《元史·瑠求传》，北京：中华书局1976年版，第4667—4668页。

② 顾祖禹：《读史方舆纪要·福建一》，北京：中华书局2005年版，第4367页。

③ 苏继顷校释：《岛夷志略校释》，北京：中华书局2000年版，第13页。

成两个相邻但不同的岛。这说明至少当时的人们已经认识到琉球群岛与台湾岛是两个不同的岛屿。

从宋代对流求国、毗舍耶的描写，到元代对流求国、毗舍耶的具体记录，两者相比较，观察的地理位置越来越近，文字描写也越来越详细。在澎湖出土的宋元陶瓷标本则是大量而具体的，这也说明当时的人们对这些东方海岛的认识在不断深化。陈信雄认为："元代船只经过台湾附近，知道台湾，但元人不曾到过台湾。"① 进入明代后，关于琉球、台湾的认知发生了根本性的变化。

第三节 明代对台湾的认识与称呼

一、洪武至正德年间

《元史》于明洪武三年（1370年）八月成书。《成宗本纪》及卷二一〇《瑠求传》等出现瑠求，即隋朝以来所称的流求。《瑠求传》载："瑠求，在南海之东，漳、泉、兴、福四州界内。彭湖诸岛与瑠求相对，亦素不通。天气清明时，望之隐约若烟若雾，其远不知几千里也。……瑠求，在外夷最小而险者也，汉、唐以来，史所不载。"② 可见，此时的记载对瑠求还是不太明了，称其"在外夷最小而险者也"。如以此指今台湾，则可为洪武初年称其为小琉球作注。近代史学家柯劭忞于1920年所撰的《新元史》认为："流求，今之台湾；今之琉球，至明始与中国通。"③

① 陈信雄：《东西方历史学界对台、澎、琉历史的理解与误解》，台湾成功大学历史系"东亚历史变迁研究计划研究成果发表会"，2003年，第14页。

② 《元史·列传第九七》，北京：中华书局1976年版，第4667页。

③ 吴幅员：《流求与鸡笼山》弁言，南投：台湾省文献委员会1996年版，第1—4页。

可见，在明初时才有大琉球、小琉球之分。而明代中后期出现的“岛夷”则泛指中国东方海岛的居民，有时则指骚扰大陆沿海包括倭寇的外族海寇。洪武四年九月，明太祖朱元璋在奉天门召集群臣，谕省府台臣曰：“海外蛮夷之国，有为患于中国者不可不讨，不为中国患者不可辄自兴兵。……朕以诸蛮夷小国阻山越海僻在一隅，彼不为中国患者，朕决不伐之。”① 朱元璋所指的是隋大业六年（610年）陈稜、张镇州率兵浮海出击琉球之事。朱元璋决不伐之的诸蛮夷小国指哪些地方呢？编纂于洪武二年、成书于洪武六年的《祖训录》指出：“凡海外夷国如安南、占城、高丽、暹罗、琉求、西洋、东洋及南蛮诸小国，限山隔海僻在一隅。”朱元璋即位后，从洪武二年起，陆续遣使各国诏告，包括安南、占城、高丽、暹罗、日本等。如洪武二年二月，“遣吴用、颜宗鲁、杨载等使占城、爪哇、日本等国，赐占城国王阿答阿者玺书”。洪武五年正月，朱元璋命杨载以即位建元诏告琉球国，“惟尔琉球在中国东南远处海外，未及报知，兹特遣使往谕尔其知之”。② 这里说明了琉球国的海上方位，琉球国即今琉球群岛。从即年起，琉球国入贡明廷，此类记载在《明太祖实录》中有很多。洪武七年十二月，朱元璋命刑部侍郎李浩及通事梁子名使琉球国。洪武十六年正月，琉球王向中国皇帝请求册封，正式确定君臣关系。明太祖“诏赐琉球国中山王察度镀金银印并织金文绮帛纱罗凡七十二匹，山南王承察度亦如之”③。洪武二十五年五月，“遣琉球国民才孤那等二十八人还国，人赐钞五锭。初才孤

① 《明太祖实录》卷六八，《明实录》第二册，上海：上海书店1984年版，第1278页。

② 《明太祖实录》卷七一，《明实录》第二册，上海：上海书店1984年版，第1317页。

③ 《明太祖实录》卷一五一，《明实录》第四册，上海：上海书店1984年版，第2375页。

那等驾舟河兰埠采硫黄，于海洋遇大风，漂至小琉球界，取水，被杀者八人，余得脱。又遇风飘至惠州海丰，为逻卒所获，言语不通，以为倭人，转送至京。值其国遣使入贡，为白其事，遂皆遣还”①。文中同时出现了“琉球国民”、“小琉球界”，以区分两者的不同地域，这是最早出现小琉球地名的明廷文献，这里的小琉球当指今台湾。洪武三十年八月，“上曰：洪武初海外诸番与中国往来，使臣不绝，商贾便之。近者安南、占城、真腊、暹罗、大琉球、三佛齐……凡三十国……惟安南、占城、真腊、暹罗、大琉球自入贡以来，至今来庭”②。这里大琉球指原琉球，即今琉球群岛，因小琉球的出现而进行区别。从洪武初年仅出现的约七八个诸番国名，到洪武三十年“凡三十国”。可见，明洪武年间，由于海外诸番与中国往来，使臣不绝，商贾便之，所以明初对于大琉球、大琉球域、琉球国、小琉球国、小琉球界已分得清楚，小琉球国、小琉球界即指称今台湾岛北部，琉球国、琉球则通常用以称呼今琉球群岛。

自明宣德三年（1428 年）起，明朝皇帝先后 12 次派遣使臣浮海敕封琉球国王，从而对福建经台湾北部至琉球的航海线路上经过的岛屿有了进一步了解。明使柴山先后于洪熙元年（1425 年）、宣德二年、宣德五年、宣德八年四次出使琉球，宣德五年在琉球海南岸建佛寺，以答神贶，并立有大安禅寺碑。碑上记曰：“宣德五年，正使柴山奉命远造东夷。东夷之地离闽南数万里，舟行累日，山岸无分。茫茫之际，蛟龙涌万丈之波，巨鳞涨冯夷之水。”③ 这里明确地提到了柴山从闽南出使琉球。明代，由

---

① 《明太祖实录》卷二一七，《明实录》第五册，上海：上海书店 1984 年版，第 3197 页。

② 李国祥、杨昶主编，姚伟军等编：《明实录类纂·经济史料卷·对外经济往来》，武汉：武汉出版社 1993 年版，第 1020 页。

③ 严从简辑：《殊域周咨录》，台北：华文书局 1968 年版，第 184 页。

于朝贡贸易的规制和施行海禁政策，于是有了以琉球的转口贸易为媒介的交易，中国与东亚、东南亚之间的国际商品得到流通。于是中国福建—琉球，琉球—东南亚诸国，琉球—朝鲜等几条交易路线逐渐兴旺，琉球便成为15世纪环中国海域间交流的主角，也因此出现空前的繁荣。

二、嘉靖至隆庆年间

由于明朝政府对内厉行海禁，对外实行以勘合符以及贡期等规制的朝贡贸易，至16世纪时，随着贸易需求的日渐高涨，民间开始违犯禁令，尝试逃避国家的限制，于是走私贸易、私人贸易开始活跃起来。因厉行海禁而死灰复燃的倭寇活动，在16世纪达到高潮。倭寇有真假倭之分，真倭即日本人，也有葡萄牙人加入。假倭主体大多是中国人。他们凭借着集团组织和武装，对抗明朝官府，进行走私贸易。由于私人贸易的盛行，环中国海的海上交通也逐渐多样化，至此，一直与世隔绝的台湾也出现在交通路线上，成为一个重要地点。由于鸡笼、淡水是中琉船只来往的必经之地，所以其重要性逐步凸显，也被泛称为小琉球。

嘉靖十三年（1534年），正使吏科左给事中陈侃、副使行人司行人高澄赍诏封琉球国中山王尚清。据陈侃《使琉球录》记载，陈侃于五月从福州出发，“九日，隐隐见一小山，乃小琉球也。十日，南风甚迅，舟行如飞，然顺流而下，亦不甚动。过平嘉山，过钓鱼屿，过黄毛屿，过赤屿，目不暇接，一昼夜兼三日之程。夷舟帆小不能及，相失在后。十一日夕，见古米山，乃属琉球者。”① 这里出现的小琉球即指台湾，也出现了钓鱼屿地名。经过明廷使臣的实践，此行的收获至少是知道了琉球与小琉球是

① 陈侃：《使琉球录·使事纪略》，“台湾文献丛刊”第287种，台北：台湾银行1970年版，第7页。

两个不同的岛屿。

嘉靖三十五年（1556年），郑舜功奉命赴日考察。次年归国后撰写《日本一鉴》一书。该书在《万里长歌》中描述从广州北上，经漳州沿海诏安、镇海、六鳌，再经厦门、金门转向台湾北端，再北上至日本的海上航线，“钦奉宣谕日本国……取小东岛之鸡笼山……取钓鱼屿。……自梅花渡彭湖，之小东，至琉球……而彭湖岛在泉海中，相去回头（即围头屿）百六十里。钓鱼屿，小东小屿也”。郑舜功并在注文中补充具体的线路：“或自回头径取小东岛，岛即小琉球，彼云大惠国。按此海岛，自闽泉永宁卫间，抽一脉渡海，乃结彭湖等岛，再渡诸海，乃结小东之岛。自岛一脉之渡，西南乃结门雷等岛；一脉之渡，东北乃结大琉球、日本等岛。夫小东之域，有鸡笼之山。山乃石峰，特高于众，中有淡水出焉。而我取道鸡笼等山之上，径取七岛。”① 郑舜功的《日本一鉴》并绘有鸡笼山之图，旁边的硫黄山画有硫黄喷气而出的图样，称：“自闽泉永宁卫间抽一脉去深沪，东渡诸海，结彭湖等岛，再渡，结小东岛，一名琉球，彼云大惠岛。”并在图中鸡笼山旁注云：“小东岛即小琉球，彼云大惠国。”② 这里的小东岛即小琉球，指今台湾岛，这里的“彼”即指日本人，日本人称之为大惠岛、大惠国。除彭湖、钓鱼屿外，《日本一鉴》一书最早出现了台湾鸡笼山等地名。

成书于明代的《顺风相送》中有松浦往吕宋的航路记载：“柯子门开船，丙、丁午及丁未十更见五岛山。过去远用坤申放洋五十四更，若不见山，用丁未二更见小琉球鸡笼头山。巡山使上用丙午六更见北港沙马头大湾山。……抛佛郎船，取铳城，妙

① 郑舜功撰：《日本一鉴·桴海图经》卷一，第3页，转引自盛清沂：《台湾省开辟资料汇编》，台中：台湾省文献委员会1972年版，第121页。

② 郑舜功撰：《日本一鉴·穷河话海》卷六，第18页。郑舜功所绘鸡笼山图，见《桴海图经》卷二。

矣。”福建往琉球的航路记载：“太武放洋……用乙辰取小琉球头。又用乙辰取木山。北风东涌开洋，用甲卯取彭家山。用甲卯及单卯取钓鱼屿。南风东涌放洋，用乙辰针取小琉球头，至彭家花瓶屿在内。正南风梅花开洋，用乙辰取小琉球。用单乙取钓鱼屿南边。用卯针取赤坎屿。……用甲卯针取琉球国为妙。”太武往吕宋航路记载：“太武开船，辰巽七更取彭湖山。巳丙五更见虎仔山。单丙及巳丙六更取沙马岐头。”[①] 由上可知，在松浦往吕宋的航路记载中出现了小琉球、鸡笼头山，并出现北港、沙马头等地名。在福建往琉球的航路记载中出现了小琉球头、小琉球、钓鱼屿、赤坎屿、琉球国等地名。在太武往吕宋的航路记载中出现了彭湖山、虎仔山、沙马岐头等地名。鸡笼头山或鸡笼头、鸡笼山即指台湾岛北部的鸡笼头，即今基隆；北港即指今台湾西南海岸安平以北一带；虎仔山或虎头山即指高雄，至陈第《东番记》中才称打狗屿。沙马头或沙马岐头即今台湾岛最南端的屏东县恒春半岛猫鼻头；赤坎屿即赤尾屿，是台湾岛东北海上钓鱼台列屿最东端的岛屿。

从上述文献资料来看，历史上对东方海外诸岛包括台湾的认识在不断加深，称呼也在逐渐演变。从三国吴国黄龙二年（230年）泛称为夷洲，到隋大业三年（607年）开始概称为流求国，前后相隔约380年。从隋代经唐、宋、元至明初，其间虽有流求、流虬、瑠求、琉球写法的不同，也有岛夷、毗舍耶的变化，但琉球的概称延续了近800年。至宋代出现了彭湖的文字记载。明初时开始有了大琉球国、小琉球国之分。直到明洪武二十五年（1392年）出现专指今台湾的小琉球地名，以区分大、小琉球两者的不同地域。所以，小琉球地名也是中国传统文献地名的延

① 向达校注：《两种海道针经》，北京：中华书局1961年版，第91、96、88页。

续。从洪武至嘉靖隆庆年间，人们主要称台湾岛为小琉球。嘉靖三十六年（1557 年），郑舜功从日本归国后所撰《日本一鉴》中出现鸡笼地名，还有平嘉山（或称彭佳山、平佳山，即今彭佳屿）及花瓶屿、钓鱼屿等。台湾鸡笼山等诸岛最早应是作为东南沿海特别是漳州人在航行时的重要航标而被命名，而后演变为对台湾东部的称呼，最后还泛指台湾岛。《顺风相送》中也出现属小琉球的鸡笼、属北港的沙马头等地名。这些岛名的称呼也出自闽南沿海居民及渔船水手，是他们根据闽南人的思维方式用闽南话命名的。从文字资料来看，人们对台湾岛的认识越来越具体。

三、万历年间

万历年间，台湾各地名称开始细化，除出现鸡笼、淡水、淡水洋、北港等地名外，从台湾的中部到南部开始出现魍港、蟒巷（港）、大员、大湾、台员、台员港、鹿耳门、双溪口、伽老湾、家哩林、打狗屿、小淡水等以及大帮坑、沙巴里等地名，由此可见对台湾岛的了解更加深入。

据曹学佺在万历末年《倭患始末》中的记载，万历元年（1573 年），“潮贼林道乾勾倭突犯漳泉海洋，窜据彭湖，寻投东番”[①]。这里出现的东番，即指今台湾岛。《明神宗实录》万历二年六月戊申条载：“福建巡抚刘尧诲揭报广贼诸（朱）良宝，总兵张元勋督兵诛剿；其逋贼林凤鸣拥其党万人东走。福建总兵胡守仁追逐之，因招渔民刘以道谕东番合剿，远逐。”[②] 这里是《明实录》中首次出现东番地名，这里的东番应是指台湾的西南

① 曹学佺：《倭患始末》，见《湘西纪行》下卷，收入《曹能使先生石仓全集》二一，日本内阁文库藏本，第 43a。

② 《明神宗实录》卷二六，《明实录》第五十一册，上海：上海书店 1984 年版，第 646 页。

海岸一带。

由于台湾岛的位置正处在葡萄牙船航向日本、中国船航向菲律宾、日本船航向南方，以及利用黑潮往来于墨西哥与菲律宾之间的西班牙船等诸条航路之上，于是，16 世纪末叶到 17 世纪初期之间，台湾便成为亚欧诸国关注的焦点，成为东亚海域的贸易与战略要点。鸡笼、淡水更是其中的重点。翁佳音认为："1575 年西班牙 Martin de Rada 神父的游记中，提到 Tangarruan 岛，此字很明显是'东番（Tang-hoan）'的对音。此名依然是明末漳泉讨海人所提供的讯息。"[①]

台湾历史上的北港指称何处，明清以来有不同看法。一是指鸡笼、淡水洋。如张燮在万历四十五年（1617 年）的著作中认为："鸡笼山、淡水洋，在彭湖屿之东北，故名北港，又名东番云。"[②] 他认为北港即鸡笼山、淡水洋，位于澎湖之北，因而有北港之称。二是指蚊港、魍港。陈宗仁认为这种说法较为正确，他认为北港的命名应与方位无关，赞同北港之称很可能系由魍港地名转变而成的看法。[③] 三是指大员。[④] 徐晓望认为北港又名大员、台员、安平，它是明代台湾最有名的港口。清顾祖禹在《读史方舆纪要》中认为，"北港盖在彭湖之东南，亦谓之台湾"[⑤]。清代文献也多认为北港与台湾（大员）同义。曹永和也认为："安平为渔场北方的港口，故称为北港。"

---

① 翁佳音：《福尔摩沙名称来源——并论 1582 年葡萄牙人在台船难》，见《翰林社会天地》，台北：翰林出版社 2006 年版，第 4—13 页。

② 张燮：《东西洋考》卷五，北京：中华书局 2000 年版，第 104 页。

③ 陈宗仁：《东亚海域多元势力竞争下鸡笼、淡水地位的转变》，台湾大学历史学研究所博士论文，2002 年，第 145 页。

④ 曹永和：《十七世纪时期安平史料介绍》，收于《安平文化学术研讨会论文集》，第 13 页。

⑤ 顾祖禹：《读史方舆纪要·彭湖》，北京：中华书局 2005 年版，第 4099 页。

明万历四十一年（1613 年）纂修的《漳州府志》中有关鸡笼、淡水、大小琉球、东番、彭湖的记载很多，如“况今琉球告急，属国为俘，而沿海奸民扬帆无忌。万一倭寇窃据，窥及鸡笼、淡水，此辈或从而勾引之。门庭之寇，可不为大忧乎”①。《漳州府志》出现了鸡笼、淡水、大小琉球、东番等台湾的不同名称。据《明神宗实录》万历四十四年六月乙卯条：“琉球国中王山尚宁遣通事蔡廛来言：迩闻倭寇各岛造战船五百余只，欲协取鸡笼山，恐其流突中国，为害闽海。故特移咨奏报巡抚福建右副都御史黄承玄以闻。谓鸡笼逼我东鄙，距迅地仅更数水程。倭若得此，益旁收东番诸山，以固其巢穴，然后蹈瑕伺间，惟所欲为。……但乞早为之备耳。疏下兵部。”② 这里指出了鸡笼山、东番诸山两个地点。万历四十四年六月，福建巡抚黄承玄上《题琉球咨报倭情疏》作了答复，称：“今奉前因，看得倭号桀黠，而其洲屿地脉，阴相联亘于鲸波鲛宫之中：北则借径对马岛，可窥朝鲜，是向来平酋所经营也；南则历萨摩博多，度大琉球国，是国乃天朝素所亲厚宠礼，欲以断日本右一臂者，而近年已折入于倭，疆理其亩，使吏治之矣。稍南，则鸡笼淡水，俗呼小琉球焉，去我台、礵、东涌等地，不过数更水程；又南为东番诸山，益与我彭湖相望。此其人皆盛聚落而无君长，习镖弩而少舟楫。”③ 这里将大琉球国、小琉球、东番诸山的方位、所属说得十分清楚，即认为大琉球国之南为小琉球，小琉球为鸡笼、淡水的俗称，东番诸山在鸡笼、淡水的南方。只是，对台湾岛整岛的概念仍不清晰。

---

① 万历《漳州府志》卷九《赋役志·洋税考》，第 23 页。

② 《明神宗实录》卷五四六，《明实录》第六十三册，上海：上海书店 1984 年版，第 10352 页。

③ 黄承玄：《题琉球咨报倭情疏》，见陈子龙等辑：《明经世文编选录》附录，“台湾文献丛刊”第 289 种，台北：台湾银行 1971 年版，第 225 页。

从上述资料来看，万历年间，各种对台湾岛的称呼令人眼花缭乱，这正说明人们越来越多地深入台湾，有了各自的认识。但总体上，万历年间，通常用鸡笼、淡水指称台湾北海岸，有时用东番或北港指代台湾西南海岸，约从中部到南部，有时也用东番指台湾海域诸岛，包括鸡笼、淡水。

从明万历中晚期，北港逐渐从单一地点变成台湾西南海岸的代称。北港不仅是漳州一带渔民商人常年往来的热闹港口，也成为与日本等地贸易的重点，包括大陆闽粤一带的海盗集团也在这里称雄。不仅日本人早就图谋侵占，英国人、西班牙人、荷兰人也开始盯住了这个重要港口，要作为与中国人交易的转运港口。随着荷兰人图谋台湾，陈第笔下大员这个地名逐渐取代北港。

四、天启至崇祯年间

至天启年间前后，小琉球、东番等传统的提法渐渐少见。北港成为台南一带的代称，并成为台湾全岛的名称。同时，大员作为台南一带的代称也交叉出现，并逐渐有取代北港之势。

据《东印度公司事务报告（1624—1662）》所载，1622 年 3 月 26 日，荷兰驻东印度总督库恩（J. P. Coen）在巴达维亚发出的报告称："若攻占澳门的计划不可行或不能成功，则按我们的建议在澳门或漳州附近寻找地方筑堡驻守。依我们之见，澎湖或 Lequeo Pequeno 将适合于这一目的。我们获悉澎湖有一特别优良的港澳。……Lequeo Pequeno 则美丽而多鹿，但我们未能获悉那里有适合泊船的港湾。在中国人与日本人暗地里交易的地方前面（我们的海船 Engel 上的人在此之前曾去过此地）有一沙床，那里水深只有 10～12 荷尺。" 1622 年 9 月 6 日，库恩的第二份报告中引用了截获的西班牙信件。库恩的这两次报告中先后出现了澎湖、小琉球、福岛、大员等地名。福岛即 Formosa，葡萄牙、荷兰人音译为福尔摩沙或福摩萨，西班牙人称为艾尔摩沙，即台湾岛，我国台湾学者则翻译成福岛；小琉球即 Lequeo Pequeno，这说明小琉球作为明初以来文献中称呼台湾的传统仍在使用；大员即 Lamang，指台南安平一带。1622 年 4 月 10 日，驻巴达维亚城的荷兰联合东印度公司派 8 艘船组成的舰队到中国沿岸寻找驻扎地。7 月 27 日，荷兰人在大员港周围考察。7 月 29 日到大员勘察、测量，次日进入大员港。这是荷兰人第一次进入台湾，这时他们引用的是出自中国人之口的大员地名，这个中国人应是闽南沿海的渔民，用闽南话音译。

约于明天启初年，诏安县士绅沈铁在《上南抚台移檄暹罗宣谕红裔书》称："夫大湾去彭湖数十里，虽称裔（夷）区，实泉、漳咽喉也。沿海商民捕钓贸易往来必经。即吕宋一岛西长，亦恨红裔绝他利市，必怨其久驻大湾，为他国梗也。……严令红裔速归本土，不许久驻大湾，引诱日本奸倭互市。"① 约在天启四年（1624 年），沈铁又在《为处置彭湖启基善后永固闽疆事》（也称《上南抚台经营彭湖六策书》）再次提到："红裔湾泊，即日本、东西洋吕宋诸夷所必经焉"。"夫彭湖大湾上下，官兵船只把港，则番船不许出入，红裔不许互市，无待言者。然泉、漳二郡商民，贩东西二洋，代农贾之利，比比然也。"② 沈铁两书所提到的大湾，应是大员的闽南话谐音别写，所指也是今台南一带。

1625 年 1 月 27 日，据德·卡尔本杰在巴达维亚的报告称："不久前，一艘小型帆船从马尼拉至大员以北 7 荷里处的魍港。"文中的魍港在南明永历三十六年（1682 年）的明郑

① 康熙《诏安县志》卷一二《艺文》，上海：上海书店出版社 2000 年版，第 586—587 页。

② 康熙《诏安县志》卷一二《艺文》，上海：上海书店出版社 2000 年版，第 589 页。

台湾图标记为莽港。同时还称："大员附近福尔摩沙岛上各居民区很快有人来到城堡，要求与我们建立友好关系。中国人一向与这些人经商……"[①] 德·卡尔本杰称："为勘察北港或福尔摩沙岛，我们于3月5日派出高级舵工诺尔德劳斯统率的新港和北港两条帆船，测出岛北端至北纬二十五点一，南端至二十点五度。两船只有北港一船于3月25日返回大员，另一条在岛北被风浪卷走（这正是我们所担心的）……兹有上述岛屿地图一张，由诺尔德劳斯亲自勘察而设计绘出。"德·卡尔本杰的报告还称，日本人传出谣言，西班牙人计划出兵福岛，"这一消息由耐耶劳德先生委派……北港一船送至大员"。[②] 这二则荷兰人文献资料显示了福岛、大员、魍港、北港等多处不同的地名。但需要指出的是，此报告不仅将北港作为台湾岛南部一个大区域性的名称，同时说明北港与福岛均为台湾岛的名称。

明天启七年（1627年）八月十二日，据福建巡抚朱一冯上奏明廷《为倭警屡闻宜预申饬防御事》所载，"红夷退据东番彭地，烽火相望。本官（指澎湖管游击事守备王梦熊）贩牛羊钉铁段匹等货，拨郑奇、王振等船托名哨探潜往发卖"。"用哨官王士俊捕盗，刘钦等阴载火药、军器及果酒前往大湾接济红夷，代买湖丝绸段及刀枪坏铁等货，陆续装汛船交还，或夷船自来彭湖载回，循环不绝，致富不赀"。[③] 这说明澎湖明军与台湾南部的荷兰人私下有贸易往来。而在荷兰人的文献资料中，也证实了这件事。据德·韦特于1625年10月29日从大员商馆寄巴达维亚总督卡本

① 程绍刚译注：《荷兰人在福尔摩萨》，台北：联经出版社2000年版，第48—49页。

② 程绍刚译注：《荷兰人在福尔摩萨》，台北：联经出版社2000年版，第55—58页。

③ 《明清台湾档案汇编》第一辑第一册，台北：远流出版事业股份有限公司2004年版，第275—276页。

提尔的函称，他们贷款给澎湖守备叶大经和翻译员 Thienenpan。这两笔贷款以生丝偿还。3 月 4 日的函称："至于澎湖的守备叶大经（Japteyking），我们将于回大员时，路经澎湖去访问他，跟他商谈偿债之事。"3 月 13 日的函称："澎湖武官已经被调离那里。他也没有偿还债款。"① 这个武官就是王梦熊。台湾在荷兰人的笔下称为大员，而在朱一冯奏文中，出现了东番、大湾地名。东番与彭湖相对，为台湾南部的总称。大湾即大员，大湾地名是自诏安县士绅沈铁所上两书之后，在明代官方文献资料中再次出现，说明大湾一词的出现并不是个例，而为人们日常使用。

从以上几则中荷文献资料可看出，天启年间，北港和大员交替出现，但此时期荷兰人的文献资料对台湾岛的称呼以大员为主，而明廷的文献资料以北港为主。荷兰人资料中先是分不清台湾岛是称福尔摩沙还是称小琉球，后以北港取代小琉球，也分不清是称北港还是称小琉球，所以时有福岛或小琉球，北港或福尔摩沙岛这种不太确定的合称提法作为台湾岛的称呼出现，但以福尔摩沙单称为多。称台湾为福尔摩沙是沿用葡萄牙人的称呼，称小琉球、北港是沿用明代官员的提法，称大员则是沿用闽南渔民的习惯称呼。在明廷的文献中，很少出现大员地名，而在荷兰人的文献中则频繁地使用大员地名，并很明确大员在福岛即台湾岛的南部，即今台南安平一带。然而，大员作为北港所属的港口或等同于北港则并不太明确。荷兰人还明确指出魍港在大员以北 7 荷里处。在明廷的文献中，还出现大湾地名，这也是闽南话大员的谐音，即台湾。明代官员也仍在使用东番、东番诸岛的地名，并将鸡笼、东番、小琉球作为不同的地理实体。

"台湾"一词首次出现于中国的文献中，是在明万历十二年

① 江树生主译注、翁佳音协译：《荷兰联合东印度公司台湾长官致巴达维亚总督书信集 I（1622—1626）》，台北：台湾文献馆、台湾历史博物馆 2010 年版，第 265、305 页。

（1584 年）。据《明神宗实录》该年十月壬戌条所载，“以修筑山海关外逻城及台湾楼橹工程，赏总督张佳胤等各银币有差”①。

葡萄牙人委黎多于崇祯元年（1628 年）九月十五日具本、崇祯三年元月上奏明廷的《报效始末疏》中出现北港、大湾，这与沈铁所指的大湾一样，指台湾。

如上所述，从万历间陈第《东番记》的大员，到周婴《东番记》的台员港，再到天启初年诏安县人沈铁所称的大湾，荷兰人所称的大员港，崇祯初年葡萄牙人委黎多所称的大湾，均是用闽南话所指的同一地点，只不过写成文字略有不同而已。但在荷兰殖民统治时期，大员是最经常使用的地名。荷兰人所称的 Tayowan 是闽南话大员的音译。这里的台员、大员主要指台湾南部，并不是指全岛，明廷对台湾全岛的代称是以东番为多。

约在明崇祯五年（1632 年）九月，福建巡抚邹维琏上奏《奉剿红夷报捷疏》曰：“该臣维琏会同巡按福建监察御史路振飞看得，红毛一番远去中国四万里，晨昏昼夜皆相反，后乃侵据咬𠺕吧，营窟台湾。……天启初年筑城彭湖，人曰彼时用兵两载，费饷十八万，仅能焚夷夹版一只，虽堕彭城徙台湾，而其出没闽地尚如故，则其强横可知。”② 邹维琏奏文中的台湾还是指台湾南部大员。由此也可看出，虽然荷兰人还是使用大员，但明廷官员已用台湾代替大员了。

明崇祯十二年（1639 年）三月，工部给事中傅元初在《论开洋禁疏》的奏文中，四次提到台湾地名：“然臣，闽人也；谨查先臣何乔远曾有疏议，谨详其概，则又有未始不可采行者，臣请

---

① 《明神宗实录》卷一五四，《明实录》第五十四册，上海：上海书店 1984 年版，第 2854 页。

② 邹维琏：《达观楼集》卷一八，台南：庄严文化事业公司 1997 年版。另见《明清台湾档案汇编》第一辑第一册，台北：远流出版事业股份有限公司 2004 年版，第 355—356 页。

得按论之。……海滨之民，惟利是视，走死地如鹜；往往至岛外区脱之地曰台湾者，与红毛番为市。红毛业据之以为窟穴。自台湾两日夜可至漳、泉内港。而吕宋佛郎机之夷见我禁海，亦时时私至鸡笼、淡水之地，与奸民阑出者市货。其地一日可至台湾。官府即知之而不能禁，禁之而不能绝，徒使沿海将领、奸民坐享洋利；有禁洋之名，未能尽禁洋之实；此皆臣乡之大可忧者。……至若红毛番一种，其夷名加留巴，与佛郎机争利不相得，曩虽经抚臣大创，初未尝我怨，一心通市，据在台湾。”① 此处所言台湾应是作为全岛的称呼。从台员演绎至台湾，还有其他说法，这些说法有的为推测之词，大都出自入清之后。一是认为明天启年间，颜思齐始称台湾。据康熙二十五年（1686 年）季麒光著《蓉州文稿》卷一云：“自海盗颜思齐窃踞其地，乃有台湾之名，而中国民实居之”②。“自海寇颜思齐窃踞有其地，始称台湾”③。二是认为起自崇台下之湾。“赤嵌城亦名台湾城……明万历末，荷兰设市于此。筑砖城，制若崇台；海滨沙环水曲曰湾，又泊舟处概谓之湾，此台湾所由名也”④。三是认为万历末，荷兰人筑城以居，因称台湾。王必昌在乾隆时所修《重修台湾县志》中则以为当时“其所耕凿处，未尝称台湾也”。四是埋冤的谐音字。乾隆《重修台湾县志》载：“国朝康熙元年，伪郑就内城改建内府，塞北门；欲辟南门，斧凿不能入，乃止。又恶台湾之名

---

① 孙承泽著，王剑英点校：《春明梦余录》卷四二《兵部一·闽省海贼》，北京：北京古籍出版社 1992 年版，第 825 页。

② 季麟光：《台湾志序》，蒋毓英撰，陈碧笙校注：《台湾府志校注》附录一，厦门：厦门大学出版社 1985 年版，第 119 页。

③ 季麟光：《台湾志序》，蒋毓英撰，陈碧笙校注：《台湾府志校注》附录二，厦门：厦门大学出版社 1985 年版，第 122 页。

④ 乾隆《重修台湾县志》卷一五《杂记》，“台湾文献丛刊”第 113 种，台北：台湾银行 1961 年版，第 529 页。

(闽音呼似埋冤)，改称安平。”[1] 五是认为，台窝湾、Tayowan、梯窝湾这一系列相近之名，可能来自台湾少数民族自称。如平埔人西拉雅之一支大武垄，其族群名发音 Tayovan。日本学者安倍明义称，“台湾这个称呼好似起源于山地语”。

第四节　清代前期对台湾的称呼[2]

一、顺治年间对台湾的认识与称呼

清顺治年间，台湾尚为荷兰殖民者所占据。当时郑成功以金、厦两岛为基地，与清廷抗衡于东南沿海。郑成功纵与南都、福京相继，横与浙海、两粤相应。在清《世祖章皇帝实录》所辑录的清将与清廷的大量文书往来中，澎湖、台湾等东南诸岛往往以“海隅”一词泛称，“台湾”一词在清廷文献中反而不见踪影。查厦门大学台湾研究所等编辑的《郑成功满文文档史料选译》、《郑成功档案史料选辑》，福建师范大学编辑的《郑成功史料选编》以及《清实录》等历史文献史料，均未发现清廷在顺治年间使用台湾地名或东番、小琉球等其他代称。

顺治年间，台湾一词可能在民间通用。乾隆十三年（1748年）刊印的《重修台湾府志》卷十九的记载有“《台湾舆图考》，一卷，鄞县沈光文（文开）著”。沈光文为明末遗臣，他于顺治十一年（1653年）作成《台湾舆图考》一卷，现图文均不见，但由此可判断此时有台湾之称。台湾一词也可能在以闽南人为主的

[1] 乾隆《重修台湾县志》卷一五《杂记》，“台湾文献丛刊”第113种，台北：台湾银行1961年版，第29页。

[2] 本节主要参考引述涂志伟《台湾涉漳旧地名与聚落开发》第一章（厦门大学出版社2012年版）。

郑成功军队中通用。这在《先王实录》、《台湾外记》等当时记录郑成功收复台湾始末的书籍中均有记载，成为对台湾的通称。顺治十四年，何斌先后两次被荷兰人派往大陆与郑成功商谈开放大陆与大员的贸易一事。第一次是 3 月 19 日到，6 月 13 日返回；第二次是 7 月 14 日，何斌再次到达厦门与郑成功谈判，8 月 23 日，何斌返回大员。[①] 据跟随郑成功征台的延平王户官杨英的《先王实录》所载，顺治十四年六月，郑成功驻军厦门，“藩驾驻思明州。台湾红夷酋长揆一遣通事何廷斌至思明启藩，年愿纳贡和港通商，并陈外国宝物。许之。因先年我洋船到后，红夷每多留难，本藩遂刻示传令各港澳并东西夷国州府，不准到台湾通商，繇（由）是禁绝例年，船只不通，货物涌贵，夷多病疫”。同时郑成功还处置部将尝（常）六，“怜其年老。逐令幽置台湾，令何廷斌供给衣食开销”。[②] 何廷斌即前文所指的何斌，此时台湾一词在闽南人中通用，故身为闽南南安人的何斌与同是闽南晋江石井人郑成功会谈，也应是使用台湾一词。1660 年 10 月 31 日，荷兰驻大员长官揆一“派了一个特使携带一封措辞和婉的信往见国姓爷，要求其对以前总督和总评议会的去信作出答复”。使者到达厦门后受到郑成功接待，荷兰使者认为“国姓爷不但是勇敢的战士，同时也是高明的政治家”。郑成功给使者一封复信，这封信开头称：“中国沿海诸军统帅国姓致书台湾长官：……多年以前，荷兰人前来大员附近居住，我父一官当时统治此地，曾与开放、指导，并维持该地与中国之贸易，颇为顺利。”[③] 这封信所

---

① 程绍刚译注：《荷兰人在福尔摩萨》，台北：联经出版社 2000 年版，第 492 页。

② 杨英撰，陈碧笙校注：《先王实录校注》，福州：福建人民出版社 1981 年版，第 153 页。

③ 厦门大学台湾研究所、中国第一历史档案馆编辑部编：《郑成功档案史料选辑》，福州：福建人民出版社 1985 年版，第 139 页。

署时间是永历十四年（1660年）十月十九日，为农历时间。在郑成功的复信中出现了台湾、大员两个不同地名，显然，台湾指全岛，大员指今台湾安平的一鲲身沙洲一带。

江日昇撰于康熙四十三年（1704年）的《台湾外志》载，顺治十八年（1661年）正月，担任荷兰人通事的何斌游说郑成功攻打台湾时，也说："台湾沃野数千里，实霸王之区。若得此地，可以雄其国；使人耕种，可以足其食。上至鸡笼、淡水，硝磺有焉。"① 何斌"遂出袖中地图以献，历历如指诸掌。并陈土番受红毛之苦，水路变易情形"。该书中涉及台湾地名也均以"台湾"称之。

郑成功军队普遍使用台湾地名的情形，可在《热兰遮城日志》中看到这类记载，如1661年5月31日记载荷兰人抓到了6个郑成功军队的士兵，并进行审问。其中一个招认说："中国妇女还不肯过来（台湾）。因为担心国姓爷不能夺取这城堡。"清顺治年间，在荷兰文献资料中，荷兰人对台湾的称谓也是多种多样：程绍刚译注的《荷兰人在福尔摩萨》中，荷兰人将台湾称为福尔摩沙、福岛或北港、大员。江树生译注的《梅氏日记——荷兰土地测量师看郑成功》中，称呼是福尔摩沙或福岛、大员，但在中国人的称呼中出现了台湾一词。在《巴达维亚城日记》中，则福尔摩沙、大员、台湾均有出现。在荷兰最后一任台湾长官揆一及其同僚所著的《被忽视的福摩萨》中，也是福摩萨、大员、台湾并用。荷兰人笔下的福摩萨有时专指大员对岸的台湾本岛，有时则指包括大员在内的台湾全岛。文中出现"Taiwan"应为中国人所称的台湾地名音译。英国人甘为霖《荷兰人侵占下的台湾》、《台湾岛基督教会史》大多将大员译成台湾，有时也以台湾

① 江日昇撰，刘文泰等点校：《台湾外志》，济南：齐鲁书社2004年版，第161页。

指称全岛，但福摩萨、大员也同时存在。

二、康熙年间对台湾的认识与称呼

康熙元年（1662年）二月，郑成功完全收复台湾，设东都明京，东都成为台湾的代称。郑成功收复台湾后，建立了明郑政权。夏琳《海纪辑要》记载：招讨大将军“世子至东都，以咨议参军陈永华理国政。改东都为东宁，置天兴、万年二州。分诸将土地，课耕种、征租赋、税丁庸、兴学校、通鱼盐，安抚土民，贸易外国，俨然别一乾坤”[①]。故明郑经略台湾，名曰东都、东宁。这时期，有许多闽南泉州、漳州一带移民随明军迁往台湾，我们在漳州民间谱牒资料中，常可发现东都作为台湾的代称。即使清统一台湾后，由于地名在民间流传的惯性，东都的称呼在从清康熙年间直至道光年间，仍在民间手钞本、族谱中出现。进入康熙年间后，清军与郑成功的军事斗争主要转到台湾与福建沿海，同时一批闽南籍原郑成功部将相继降清，所以清廷的文书中开始频繁地出现明末普遍使用的“台湾”一词。从清将的奏书中来看，康熙元年五月二十日，福建总督李率泰上奏清廷《李率泰题为密报郑氏内乱事本》载：凡周全斌所带来伪国姓锦囊未开拆者，皆被锦舍搜出开看。内有：“一、命周全斌计请伪宫傅及伪兵官往台湾。又探得伪国姓令伪兵官、户官星刻往台湾。其在台湾的仁武、义武及后劲等伪镇，有被伪国姓杀死者。又探得伪国姓在台湾遣牌各处番王，令其进贡，闻有吕宋番王致怨，因将福建人凡在吕宋往者俱行剿灭。等情。”[②] 康熙元年六月十三日康熙皇帝朱批《郎廷佐为审拟马信等所派奸细事本》，记载了顺治十

① 夏琳撰：《海纪辑要》卷二，“台湾文献丛刊”第22种，台北：台湾银行1958年版。

② 厦门大学台湾研究所、中国第一历史档案馆编辑部编：《康熙统一台湾档案史料选辑》，福州：福建人民出版社1983年版，第1页。

八年（1661 年）十二月初二日审讯郑成功部将马信所派奸细陈阿五等人的供状记录："问：尔为何前来？供：（顺治十八年）三月间郑成功去台湾前，马信与小的主人说：你家陈阿五曾在李抚院家，颇为熟悉。……供：船上连小的共有七人。……来时听那六人中之杨启明说：……倘若大兵前来，则将家眷带往台湾，再派红毛，以海贼抢劫红毛，请派援兵等谎言，引诱清兵出海。"① 从这则资料来看，顺治十八年时，台湾地名在郑军及民间普遍使用。由此也可反证从明末至清顺治年间，"台湾"一词并没有消亡，而是仍在民间大量使用。

据清《圣祖仁皇帝实录》卷十二载，康熙三年（1664 年）七月十八日，康熙皇帝"敕福建提督水师总兵官施琅等曰：海寇虽已荡平，逆贼郑锦（即郑经）尚窜台湾。兹以尔施琅素谙海务、矢志立功，特命尔为靖海将军，以承恩伯周全斌、太子少师左都督杨富为副，以左都督林顺、何义等为佐，统领水师，前往征剿"。这是康熙皇帝的谕旨中首次出现"台湾"一词，也是清廷对台湾的正式称呼。②

康熙四年（1665 年）五月初六日福建水师提督施琅《题为舟师进攻台湾途次被风飘散拟克期复征事本》，五月初七日靖南王耿继茂《题为密报进攻台湾舟师被风事本》，康熙六年闰四月二十五日两广总督卢兴祖《题为台湾船艘突现督师追击事本》，约于康熙六年福建总督祖泽溥《为覆查修葺征剿台湾损坏战船工料船数事》及十一月十一日《为报明出洋已回伪逆就抚有确据之诚移请查骏回船事》，这些奏本中均多处出现"台湾"一词。而康熙七年正月初十日下令："渡海进剿台湾逆贼，关系重大不便遥

① 厦门大学台湾研究所、中国第一历史档案馆编辑部编：《郑成功档案史料选辑》，福州：福建人民出版社 1985 年版，第 415 页。

② 《清圣祖实录选辑》，"台湾文献丛刊"第 165 种，台北：台湾银行 1963 年版，第 18 页。

定。着提督施琅作速来京，面行奏明所见，以便定夺。”康熙八年九月，《敕明珠等谕》载：“皇帝敕谕明珠、蔡毓荣等。据尔等奏称，遴选地方文武官前往招抚，郑经亦遣使前来，称愿投诚。但以台湾之地，系其父郑成功所辟，不忍轻弃。言我等一经归顺，台湾即是朝廷地土……”[①] 从清廷文献来看，这一时期“台湾”一词已成为清廷中央及地方称谓明郑政权的通称。

康熙二十二年（1683 年）十二月二十二日，福建水师提督施琅上奏《太子少保靖海将军靖海侯兼管福建水师提督事务臣施琅谨题为恭陈台湾弃留之利害祈睿裁事》：“窃照台湾地方，北连吴会，南接粤峤，延袤数千里，山川峻峭，港道迂回，乃江、浙、闽、粤四省之左护；隔离澎湖一大洋，水道三更余遥。查明季设水澎标于金门所，出汛至澎湖而止，水道亦有七更余遥。”[②] 这里的台湾是指台湾全岛。

而现代的台湾是台湾本岛及琉球屿、兰屿、绿岛、龟山岛、彭佳屿、黄尾屿、钓鱼岛等 20 余个附属岛屿以及澎湖列岛 60 余个岛屿等的总称。

综上所述，台湾在古代有许多不同名称，不同时期有不同的记载，这反映了人们在各个历史阶段对台湾的不同认识。在中国古代文献里，台湾曾先后被人们称作岛夷、雕题、瀛洲、东鳀、夷洲、流求等。《临海水土志》较详细地对夷洲进行描述，其中的记载被认为就是当时台湾的情况，也是世界上最早记述台湾的文字。隋朝始称之为流求国，自此以来的千百年间，尽管当时的指代对象还不是很清晰，所指的地点屡经变化，谐音写法各有不同，然而，“流求”这一地名却代代相袭，一脉相承，从朦胧到清晰。唐代称为流求、留仇、流虬、岛夷等；至宋代称流求、幽

① 《明清档案存真选辑初集》，台北：“中央研究院”历史语言研究所 1959 年版。

② 施琅：《靖海纪事》，上海：上海古籍出版社 1997 年版。

求国、琉球、毗舍耶，出现了彭湖地名，并对东方海岛的认知有重大突破。元代称瑠求、琉求，至元末，人们已经认识到琉球群岛与台湾岛是两个不同的岛屿，有了具体记载。明代是对台湾岛的认识有所深入的关键时期，观察的地理位置越来越近，文字描述也越来越详细，台湾岛的面貌逐渐清晰起来，地名的出现也是逐渐增多。洪武年间至正德年间对台湾的认识与称呼开始有了大小琉球的区分，出现了小琉球国、小琉球的称呼。从嘉靖年间至隆庆年间，小琉球成为台湾岛的专称，出现了鸡笼山、鸡笼、鸡笼诸山等地名，嘉靖年间有时将小东岛指代台湾。至万历年间，则从鸡笼、淡水演变到东番、北港，出现了大员、魍港等 12 个台湾地名。天启崇祯年间，则从东番、北港演变到大员、大湾，台湾成为通称。总体上，从洪武至嘉靖年间，人们称台湾岛为小琉球，万历直至崇祯间，主要称台湾为东番。但是这些称呼往往是并存的，其指代的地域范围也是有时扩大、有时缩小。清顺治年间在民间、郑成功军队中通用台湾，明郑称之为东都。清康熙三年（1664 年）的《明郑台湾军备图》（或称《台湾略图》），共记载了百来个台湾地名。清康熙年间，台湾成为通用称呼。至康熙二十三年四月，清廷设立福建省台湾府，台湾正式成为定称。

第四章

大航海时代中的台湾

第一节　中国地中海——中国的海洋活动与台湾

从地图上来看，东海和南海是处于一道岛弧之中。这道岛弧北起阿留申群岛，经过日本群岛、琉球群岛、中国台湾岛、菲律宾群岛，到达印度尼西亚的爪哇和苏门答腊，再到马来半岛和中南半岛。先辈学者凌纯声教授称这个范围内的水域，包括整个东海和南海在内，为“中国地中海”。这个中国地中海的主角应该是中国人和周遭南海各地的民族，不应该是西洋人。

迟至1511年，葡萄牙人方才在马六甲建立永久性的据点，继之在1557年侵占中国澳门；而西班牙人更晚至1571年占领马尼拉，建立商业据点；荷兰人要到1605年才进占巴达维亚。一般史家受西方殖民主义者所发展出来的殖民史学之影响，不知不觉地跟随西方史学的脚步，把西洋人当成这个区域的主角，原来的主角反而变成了配角。这是完全不符合历史事实的。我们很有必要从亚洲人的角度出发，来讲述世界大航海时代中，我国的台湾、福建、广东等沿海地区的种种事迹。

自古以来，中国一直是一个陆权的帝国，向来注重来自北方游牧民族所造成的边患及与之贸易，较少注意南方和东南方的海洋活动，有关的记录也就少了很多。本章利用冯承钧、方豪、曹永和、全汉升等史家在中西交通史方面的成就，来叙述中国人自古以来的海上活动。

从 20 世纪以来台湾的考古新发现来审视这一历程，可知从上古以迄唐宋，台湾与中国大陆的关系及其与东亚海洋活动的关系，至为重要。[①]

到了宋元时期，台湾海峡西岸的泉州港，成为闻名世界的通商大港，福建以及中国南方的许多商品，成为海上丝绸之路的畅销物品。宋瓷远销日本、占城、真腊、三佛齐、阇婆、天竺、大食，以至于远达东非海岸的层拔（今坦桑尼亚）等广大亚非地区。除瓷器外，传统的丝织品及五金原料等也占重要地位。之后通过广州与海外交往的地区比以前益加广泛，尤以东洋地区（即婆罗洲以东，主要为今菲律宾群岛）和印度洋地区的东非海岸为主要。[②] 那时候，宋代的铜钱成为东南亚、日本和印度洋周边国家通用的货币。在台湾的西部沿海考古中，经常能发现宋瓷和宋代的铜钱，可见在宋代，台湾与泉州、广州等港口有密切的往来，只是不见著录于文献记载中。

宋代的海外发展，除了商人活跃于南海各地之外，也有一些福建沿海的居民移居澎湖，从事农作。宋朝官方正式把澎湖纳入

① 参见本书第一章。

② 李东华：《梯山航海——海外贸易的发展》，见刘石吉主编：《民生的开拓》，台北：联合报文化基金会 1982 年版，第 463 页。

中国的版图。宋代对台湾的认识虽然比前代要进步一些，可是由于台湾没有出产任何国际性的商品，各地的商贾也就不会注意这个地方。

这时期，东南亚的香料逐渐成为重要的商品。无论阿拉伯商人或东方的商人，都在追求东南亚的香料。法蒂玛王朝兴起后，阿拉伯商人改以红海为活动中心，较少到东南亚。于是，南海就成了中国商人的活动舞台。元代到过台湾海峡的外国人，对于中国的繁荣赞不绝口。意大利人马可·波罗在元世祖时来华，住了十七年。在至元二十八年（1291年）由泉州出航，返回欧洲。在他的《马可·波罗游记》对当时的泉州港有如下的记述：

> 印度一切船舶运载香料及其他一切贵重货物咸莅此港。是亦为一切蛮子商人常至之港。由是商货宝石珍珠，输入之多，竟至不可思议。然后由此港转贩蛮子境内。我敢言，亚历山大或其他各港运载胡椒一船赴诸基督教国，乃至此刺桐城（按：泉州别名刺桐）者，则有船舶百余，所以大汗在此征收课税，为数极巨。[①]

元世祖在至元二十八年（1291年）十月命杨祥为宣抚使，次年三月二十九日自汀路尾澳前往瑠求（即台湾）招抚。此行没有任何成就。成宗元贞三年（1297年）又再度兴兵讨伐瑠求。这一次只擒得生口一百三十余人。曹永和认为，元代两度企图经略台湾，由于当时的台湾尚处于原始社会的阶段，又没有国际贸易市场所需的贵重物品，因而终无收获。[②]

---

① ［意］马可·波罗著，沙畹译，冯承钧转译：《马可·波罗游记》，上海：商务印书馆1936年版。

② 曹永和：《中国海洋史论集》，台北：联经出版社2000年版，第68页。

同一时代的汪大渊在他的《岛夷志略》“琉求条”记载，他曾亲自到琉求（即台湾），知道台湾的土产有沙金、硫黄、鹿皮等物，已有商贩运来土珠、粗碗、处州瓷器等类货物，与土人从事交易。

在该条的文末有一句话，说是“海外诸国，盖由此始”。台湾是从大陆出洋之后，第一块可以望到的土地，因此被认为是起始点。特别是到今天的琉球和日本，自福州出海后，往东行，看到陆地，就往北转，到宫古岛。

《岛夷志略》也记载有关当时的澎湖，说其岛分为三十六，岛上已有相当多的泉州人定居，风俗朴野，人多眉寿，煮海为盐，采鱼虾以佐食。地产胡麻、绿豆。山羊数万为群，烙毛刻角为记，昼夜不收。且已有工商兴贩，以乐其行。地隶晋江，设有巡检司。[①]

台湾虽然在海上丝绸之路上的地位十分重要，但是由于当时没有任何值钱的物产，往往被人们所忽略。到了晚明，情势有所转变。当时中国依旧实行闭关的政策。在朝贡体制下，外国人只能有限度地到广州，与中国做生意，且不可以直接跟中国民间商人做生意。中国人也不可以自由出海，只有官方特许的船只才可以出海。但是鉴于明朝不断重申海禁政策，可见这个政策并不成功，民间出海贸易是很普遍的行为。到了16世纪末，明朝政府想象中的“稳定海疆”，更受到内外两方面的冲击。一方面，中国大陆沿海特别是福建沿海的商民率先来到台湾，或垦殖，或作为东西洋贸易的隐藏据点。而在稍后的日子里，西洋人出现在中国地中海中。

葡萄牙人先于1511年在马六甲建立永久性的据点，继之在1557年侵占中国澳门，可以就近跟中国做生意。西班牙人在

① 汪大渊：《岛夷志略》“琉求条”。

1571 年占领马尼拉，成为他们的商业据点。每年都有高桅大帆船从新大陆载运巨额的白银到菲律宾，跟中国商人交换黄金、生丝、丝织品和陶瓷，前后长达二百多年。荷兰原本是西班牙的属地，独立后，一直与西班牙人、葡萄牙人争胜，在世界各地互相对抗，争夺贸易权。荷兰人到东亚之后，追求香料、丝绸、砂糖、瓷器、茶等珍贵的货物。同时，他们也一直想要得到一处靠近中国的互市基地。

时空环境发生了巨大的改变，但明朝的海禁政策和对外国人的基本态度没有变。这种不变，使葡萄牙、西班牙、中国的官方和私人海上武装势力，共同在中国地中海这个海域中冲撞激荡，谱写出这一时代的海洋史。台湾在这种国际势力的冲撞下，开始崭露头角。

先看中国方面的记录。明万历三十年（1602 年）陈第随福建浯屿把总沈有容突击以“东番”为根据地的倭人，事后又接见当地土著大头目，在当地停留了二十多天。他把所见所闻，写成《东番记》，收录在沈有容的《闽海赠言》一书中，被后人称为最早记载台湾少数民族风俗的调查报告。

大约在崇祯年间，又有周婴所作的《东番记》，大抵根据陈第的《东番记》而来，以赋体为之。

从这两本书，我们知道，台湾西部曾文溪以南西拉雅人分布的地方，在明末，是称作“东番”。

就西洋人的行径而言，四百多年前葡萄牙人把台湾岛称为“福尔摩沙”（Formosa）。葡萄牙人只是经过，并未登陆，真正登陆且称呼“福尔摩沙”的是西班牙人。西班牙语和葡萄牙语的差异不大，在东亚，就有七八处叫 Formosa，或 Hermosa 的地方。这个名称不是专门指台湾。

葡萄牙人是第一个到东方来的西欧国家。明武宗正德六年（1511 年）占领马六甲，建立起永久的据点，从事南亚、东南亚之间的商业活动。正德十二年企图侵占澳门，随后被中国人逐走。明世宗嘉靖三十二年（1553年）葡萄牙人以借地晾晒水渍贡物为理由，请求在澳门上岸，获准。此后葡萄牙人将澳门据为己有，从事中国和日本之间的转口贸易。① 当时中国明朝严禁与日本通商，日本人只能把他们出产的白银运到澳门，通过葡萄牙商人，交易中国的生丝。葡萄牙商人从中赚取利润。于是葡萄牙人成为中、日贸易的中介者。②

当时的葡萄牙人就经常往返于澳门与日本之间。他们是搭乘由中国水手操控的帆船。船在澳门装载货物后，驶出广州，沿着广东向东北航行，经福建漳州，转向澎湖和台湾（当时所谓的小琉球），再经宫古岛、琉球国，前往日本。这条路线的后半段是明末出使琉球国时所走的路线，中国水手当然不会陌生。走这条航线会沿着台湾西部海岸线航行。葡萄牙人可能是最先看到过台湾的欧洲人。当时的台湾是被认为是三个连续的小岛。在传说中，这些葡萄牙人看到台湾陆地，随口就说 Formosa。后人更把这种传说以讹传讹，传久了，大家都信以为真。再由林斯豪顿《东印度水陆志》的刊行，西欧读者的世界认知中有了台湾岛的存在，并留下很大的想象空间。③ 那时候西洋人所绘制的地图称台湾为小琉球（Lequeo Pequeno）或者 Formasa 和 Lequeo Pe-

① 《福尔摩沙——十七世纪的台湾、荷兰与东亚》，台北：台北故宫博物院2003年版，第16页。另有两种说法，一说是澳门海盗很多，广东官员让葡萄牙人居住，但要他们剿灭海盗；二说是明朝本身也须对外贸易，因澳门只是偏僻小岛，让葡萄牙人在此进行贸易，无关大局。

② 《福尔摩沙——十七世纪的台湾、荷兰与东亚》，台北：台北故宫博物院2003年版，第16页；［日］中村孝志著，许贤瑶译：《围绕台湾的日荷关系——滨田弥兵卫的荷兰人攻击》，《荷兰时代台湾史论文集》，宜兰：台湾佛光人文社会学院2001年版，第205页。

③ 郑维中：《制作福尔摩沙——追寻西洋古书中的台湾身影》，台北：如果出版社2006年版，第53、57、59页。

queno 两者并用。

继葡萄牙人之后，看见台湾的欧洲人是西班牙人，西班牙人称台湾为 Hermosa（Formosa 的西班牙拼法）。1656 年出版《中华帝国新图》的耶稣会士卫匡国指出，这是西班牙人对台湾的称呼。[①] 翁佳音认为，16 世纪 80 年代的西班牙人才比较确定以福尔摩沙来指称台湾。[②] 西班牙在征服墨西哥之后，于 1570 年占领马尼拉。从南美洲墨西哥运白银到马尼拉，换回中国的丝绸、瓷器。之后西班牙人又开发日本市场，从马尼拉出发，经巴士海峡，沿台湾东岸北上日本，再横渡太平洋回到墨西哥。在这条贸易路线中，他们认识了台湾东部、东北部。[③]

西班牙人曾经为了军事和传教目的，于 1586 年的将领会议中，将一份争论是否征服菲律宾周遭海域（包括台湾）的备忘录送到西班牙，并于三年后得到西班牙国王的允许。1592 年日本的丰臣秀吉侵略朝鲜，且计划来年征服台湾。明朝派出一支舰队，定期巡逻澎湖群岛加强海岸防卫。1598 年马尼拉的西班牙人里欧斯（Hernando De Los Rios）上书并附上《吕宋岛、福尔摩沙及中国的部分沿岸图》[④]（当时只有少数西班牙官员知道有这一张图），要求西班牙国王侵占台湾，以阻止丰臣秀吉往南扩张的企图及威胁。但是在一次侵占台湾的行动中，西班牙舰队遇上风

① 郑维中：《制作福尔摩沙——追寻西洋古书中的台湾身影》，台北：如果出版社 2006 年版。

② 翁佳音：《葡萄牙人与福尔摩沙——并论 1582 年的船难》，载《历史月刊》220 期，2006 年 5 月号。

③ 郭弘斌：《荷据时期台湾史记》，台北：台原出版社 2001 年版，第 91—92 页；《地图台湾导览手册》，台北：台湾博物馆 2005 年版，第 10 页。

④ 冉福立著，郑维中译：《经纬：地图与荷郑时代的台湾》，《福尔摩沙——十七世纪的台湾、荷兰与东亚》，台北：台北故宫博物院 2003 年版，第 38 页。

暴，被吹回了菲律宾群岛。可见，西班牙曾想过为了军事的理由来侵占台湾，但是没有成功。

第二节　明末官方对经营台湾的构想

明万历末期，福建官方鉴于日本丰臣秀吉想染指台湾，而有经营台湾的构想。

万历二十三年（1595 年）四月，福建巡抚许孚远即考虑在澎湖设防："至澎湖遥峙海中，为诸夷必经之地，若于此处筑城置营，且耕且守，断诸夷之往来，据海洋之要害，尤为胜算。但此地去内地稍远，未易轻议。"可是，万历二十五年，福建巡按金学曾再次提出："惟彭湖去泉州程仅一日，绵亘延袤，恐为倭据。议以南路游击汛期往守。"经过一番争论后，在澎湖驻兵成为事实。

《明史》的《琉求传》记载，在万历四十四年（1616 年），日本有取鸡笼山之谋，琉球世子尚宁通报明廷，皇帝下诏加强海上警备。万历四十五年，福建海道副使韩仲雍曾明确警告前来交涉的明石道友不能涉足台湾。①

万历后期，由于日本人不断窥伺淡水、北港等地，福建巡抚黄承铉打算派几百人到淡水、北港、鸡笼等地屯田，以备守御。②这个计划的建议和执行的人是总右翼军赵秉鉴（若思）。这个人犯过法，后来成了水师军官。他很有远见地建议巡抚黄承铉以屯垦的方式，先开发台湾。倘若当时福建官府乘此机会切实经营台

① 张燮：《东西洋考》卷十二。

② 姚旅：《露书》卷九。

湾，以后也就不会有荷兰人入侵台湾一事了。[①] 可惜他因“连兵作贼”[②] 被诛，这个计划也就停了。

明人周婴在他写的《东番记》一书中提到，有人提出在台湾建立郡县的计划。他说当时闽人在台湾经商，颇有欺骗行为，引起了双方的矛盾，因此，最好的方式是在当地设立郡县，以加强管理。

同时代人姚旅记载：“北港……其人散居无君长，惟甲长之类为头目，中国十人以下至其地，则被杀之。五十人以上则彼闭户而避。我捕鱼逐鹿者入其境，必分赠甲长土宜。闽抚院以其地为东洋（按：此处应指菲律宾）、日本门户，常欲遣数万人屯田其间，以备守御。”[③]

周婴与姚旅的著作，约发表于崇祯初年，其时荷兰人已侵占台湾多年，而福建官方仍有在台湾设郡县的设想。这说明在当时的福建官府看来，台湾当然是中国的领土，荷兰人不过是租借台湾一块地方为贸易之地而已，因此，明朝若是在台湾设置郡县，无论荷兰人在不在台湾，都不能妨碍这一行动。只是明朝晚期，政府多事，财政困难，已无心顾及台湾了。

第三节　海上贸易圈

大航海时代的历史书籍，多半是由西方人以他们的观点编撰。事实上如前文所述，早在宋朝时，中国就是海洋贸易发达国家，当时由日本到非洲沿岸都使用中国的铜币和铁钱做为交易的

---

① 徐晓望：《曹学佺〈石仓全集〉与晚明台湾澎湖的开发》〉，海峡两岸台湾史学术研讨会论文，2008 年。

② 曹学佺：《湘西纪行》卷下。

③ 姚旅：《露书》卷九。

货币。在明朝初年，郑和率领由60多艘船组成的庞大船队，载近3万名甲士，七次下西洋，规模之大，是当时西方所不能及。

另一方面，明朝不断重复下达禁海令，显示政府一直无法禁绝海上贸易。再由现今东南亚诸国都有繁衍四五百年的华裔人民而言，更足以证明中国人在当时的亚洲东部的海洋贸易是有举足轻重的态势。这种局势在16世纪发生重大的变化，主要是日本人、葡萄牙人、荷兰人、西班牙人都涉足于东亚的贸易圈内。

日本是一个产银国。16世纪时，日本银矿开采达到高峰。日本商人经由朝鲜半岛到中国购买各种物品，销售日本国内，获利丰厚。朝鲜国王担心他的国家突然增加银两的流通，会有不良的效应，于是在1539年下令禁止。由于日本国内对于中国产品的需求量非常大，迫使日本商人直接到中国去采购。这些日本商人或者与海盗合作，或者本身就是海盗。相对的，中国沿海地区的贸易商在明廷实施海禁时，就做走私生意，甚至成为海盗。

长久以来，福建漳州的月港（海澄）一直成为中国走私客的集中地。名将谭纶上书嘉靖皇帝，请求允许这些走私客，在不准去日本的情况下，可以在沿海各地贩卖渔获、载运米粮，到南洋买胡椒、苏木等货物。在穆宗隆庆元年（1567年），福建巡抚涂泽民把这些商船都登记在案，收编成为可以调动的军用船只。

这时候来到东方的葡萄牙人也加入平定海盗的行列。嘉靖四十三年（1564年），300名葡萄牙士兵协助在广东的俞大猷平定海寇。隆庆二年（1568年），福建巡抚涂泽民聚集庞大的海军力量，包括葡萄牙军在内，从月港出发去平定海寇曾一本。在此之前，曾一本袭击了广州，为俞大猷领导的闽粤水师所击败。[①]

---

① 林仁川：《明末清初私人海上贸易》，上海：华东师范大学出版社1987年版，第108页。

如此一来，明初的海禁政策开始松动。水师所驻扎的港口，很快就发展成通往日本和东南亚各地从事远程贸易的基地。依据张燮《东西洋考》的记载，当时的贸易对象国分成东洋和西洋两群。西洋部分，涵盖了现在越南、泰国、马来西亚和印度尼西亚各地。东洋部分包括吕宋、文来、苏禄和鸡笼、淡水。在该书《外记》中，提到日本和琉球。可见在17世纪初，闽南人的足迹已经遍及东亚各地。

这时候正值西洋人来到东亚，建立据点。西班牙人发现，在马尼拉有为数众多的闽南商人，他们所提供的丝绸，正好符合墨西哥等中美洲各地印第安人的需要。因为西班牙人基于天主教的教义，不许印第安人赤身露体，要求他们穿衣服。而西班牙所生产的呢绒衣料，既厚且重，完全不符合热带的生活需求。中国所产的丝绸，由于质地轻薄透气，适合做成热带居民的服饰，于是西班牙商人大量进口中国的丝绸，运到中南美洲贩卖，以满足当地印第安人日常生活之所需。[①] 当时的墨西哥与秘鲁出产丰富的白银，正是中国最需要的货币原料。于是西班牙商人用白银来购买丝绸。

因此，从嘉靖年间开始，中国江南的丝绸，先运到福建的月港，再转运到马尼拉，交换从墨西哥和秘鲁运来的白银。这条海上丝路为时长达两百年以上。白银的流入，数量巨大，为后来的康乾盛世奠定了重要基础。[②]

在16～17世纪，流入中国的白银还有一条路径，即日本的白银先运到中国澳门，再由在澳门的葡萄牙人运到广州。日本的丰臣秀吉看准了这种海外贸易的潜力，大举投资。在1591年，他派使者到印度果阿去见葡萄牙的总督；到马尼拉去见西班牙的

① 全汉升：《中国经济史论丛》，香港：新亚书院1971年版。

② 全汉升：《中国经济史论丛》，香港：新亚书院1971年版。

总督；到琉球去见琉球国王，得到许多特权，因而成为掌控日本海外贸易船只的最大力量，企图建立起以日本为中心的朝贡制度。

由于荷兰人和英国人最晚来到东亚，为了抢夺商机，他们以海盗的姿态出现，不断攻击、劫掠任何前往马尼拉的各国船只，然后加以变卖，获利丰厚。

荷兰人攻击、劫掠所有进出马尼拉港的船只，当然包括中国人的船只。张燮的《东西洋考》中就记载万历四十五年（1617年），荷兰人胡乱攻击马尼拉外海的中国船只，中国人叫苦连天，心痛不已。

居住在日本平户的中国商人李旦写信给英国驻日本平户商馆的馆长 Richard Cocks，请他签发类似现在护照的信件。依据英荷同盟的关系，让前来盘查与劫掠的荷兰人承认他所签的信件，船只得以放行，免遭劫夺。有了这层保护，李旦旗下的船只得以安全航行于古晋—中国的海域。在荷兰人的记录中，1618 年春，Cocks 签发了这种许可令给九艘李旦的船只和六艘挂英国旗的船只。李旦因而成为在日本的中国海商的领袖。

这时候，明朝北方的边患日益紧急，对南方的海禁就不那么在意。于是有更多的中国人和船只深入海洋，在东南亚各地方从事贸易。赵秉鉴眼看英荷为患甚烈，提出一个新航路的建议，放弃到马尼拉做生意，另外建立一条从厦门，经过澎湖和台湾，到达日本的新航线。这时候，台湾逐渐成为中日航运上的重要转运站。由于是新辟的航路转运站，很自然会引来荷兰人、西班牙人和日本人，乃至英国人的觊觎。而众多中国海商也需要有一位强者出来领导，组成一个有系统的团体，方才有力量跟西班牙、葡萄牙、荷兰、英国乃至日本的官方进行谈判。李旦、颜思齐、郑芝龙等海商团体相继出现，就是在因应这种时代的需要。

第四节　生丝与黄金的贸易

荷兰联合东印度公司在台湾的工作，主要是把中国大陆江南出产的生丝运到台湾，再转卖到日本、欧洲；从中国大陆把黄金以金锭的形式运来台湾，再把金锭转运到印度的苏拉特等地，去买印度棉布，又用印度棉布去买马鲁古群岛所产的香料，转销欧洲和中国；把台湾的砂糖运到中国大陆沿海和日本；把日本的白银运到台湾，再转运到中国大陆。从 1635 年起，这种转运模式在中国海商的协助下，发展得相当顺利。

生丝贸易是最受学者注目的项目。它的繁盛跟欧洲和日本对中国丝绸的喜好有密切的关系。也许是受《马可·波罗游记》的影响，17 世纪的欧洲人对中国货有一种特殊的喜好。如 1603 年 2 月 25 日，荷兰的 Jacob van Heemskerck 号拦截了葡萄牙人的船 S. Catharina 号，船内有有 1200 捆中国生丝，在荷兰贩卖之后，价钱超过 225 万荷兰盾。1621 年 7 月，有人在荷兰卖了从宋卡买来的 1556 斤中国生丝，获利率为 320%。1622 年 3 月，有人卖了 1009 斤中国白生丝，获利率是 325%。[①] 在重利的引诱下，荷兰人开始订购中国生丝，阿姆斯特丹也成为欧洲丝绸的主要市场。

日本在这时候，由于战国时代结束，进入一个相对繁荣的社会经济状态。人们在日常生活的服饰方面，也偏好用中国丝绸来做衣服。因此，对于中国丝绸的需要量很大。另一方面，由于日本在这时候，积极开采银矿，成为白银主要输出国。每年可以输

---

① K. Glamann，*Dutch-Asiatic Trade*，*1620 — 1740* . Den Haag：Uitgeverij Martinus Nijhoff，1981，p. 112.

出 100 吨到 200 吨左右的白银。数量超过西班牙人从中南美洲运来的白银。[①]

荷兰联合东印度公司看到日本对生丝的需要和大量白银输出，因此要以中国的生丝换取日本的白银，以采购其他的物品，营销欧洲。由于荷兰人不能直接到中国大陆去采办货物，必须以台湾做为转运站，在台湾的荷兰人只能依靠中国海商的供应，是一种依赖性很强的运作模式。当双方关系良好时，荷兰人可以源源不断地得到所需要的货物。一旦双方关系破坏，荷兰人就得不到货物的供应。从 1640 年起，中国海商开始参与竞争，特别是郑芝龙家族势力的兴起，垄断生丝、白银、黄金、香料等贵重物品，使得荷兰人以台湾为中心的贸易不再顺利。荷兰人必须重新调整贸易路线，台湾做为东亚贸易转口中心的重要性逐渐丧失。

下表显示中国大陆生丝输入台湾最多的时候是 1635 年到 1640 年。此后生丝输入的数量一直下滑，1655 年以后几乎没有生丝输入台湾。

表 5-1　中国大陆输入台湾的生丝数量表

时间	数　　量	时间	数　　量
1635 年	1839 担、值 90000 里耳的生丝	1649 年	—
1636 年	1187 担	1650 年	65 担、30 篓
1637 年	1737 担、10 篓	1651 年	8 篓、2 捆
1638 年	2511 担	1652 年	—
1639 年	800 担、少量生丝	1653 年	—
1640 年	1407 担、值 150000 荷兰盾的生丝	1654 年	6.5 担、14453 匹生丝

① 林伟盛：《荷据时期台湾的国际贸易（1622—1662）》，载《“国史馆”学术集刊》第 5 期，2005 年。

续表

时间	数　　量	时间	数　　量
1641年	—	1655年	0
1642年	—	1656年	0.42担
1643年	49担、24篓、值36000里耳的生丝	1657年	10斤38两、3篓、1卷
1644年	50担、6篓	1658年1～2月	0
1645年	157担	1659年	—
1646年	3担、18篓	1660年	—
1647年	4.4担、65篓、10捆东京生丝	1661年	0
1648年	0	1662年	0

—表示该年缺资料。数据来源：*Dagregisters Taiwan*，Vol. 1－4，转引自林伟盛：《荷据时期台湾的国际贸易（1622－1662）》。

有关黄金的部分，据《热兰遮城日志》的记载，自1634年到1660年从中国大陆运来黄金的记录如下：

表5-2　从中国沿海运来的黄金数量统计表

时　　间	数　　量
1635年5月8日	有很多黄金
1637年	67箱金丝
1638年	374锭黄金
1641年	些微黄金
1642年	94锭黄金、130两黄金
1644年	599锭黄金
1645年	87锭黄金
1646年	54锭黄金

续表

时　　间	数　　量
1647 年	199 锭黄金
1648 年	542 锭黄金、4 篮金线、48 箱金线
1650 年	343 锭黄金、7 箱金线
1651 年	100 锭黄金、5000 捆金线
1654 年	230 锭黄金
1655 年	19 锭黄金
1656 年	101 锭黄金、13000 两日本白银
1657 年	151 锭黄金
1658 年	14 锭黄金

数据来源：《热兰遮城日志》第四册。

《热兰遮城日志》只记录从中国大陆载来的黄金和生丝的数量，没有记载货主和船主是谁。我们只能推论，像黄金、白银和生丝等市场价格昂贵的货物，不是升斗小民所可以负担，一定是一个财力雄厚的金主。荷兰联合东印度公司当然是财力雄厚，跟他做对手生意的中国海商必然也是一位财力雄厚的商人，或是商业团体的负责人，方才可以跟荷兰人、葡萄牙人、日本的幕府将军等谈判。李旦、郑芝龙等就是那个时代财力雄厚，又可以号召闽南海商团结一致，为自己的生存和家业而努力奋斗的大金主。

全汉升在《明中叶后中国黄金的输出贸易》一文中指出："十六、十七世纪世界其他国家的银产量激增，银价下跌，以银表示的金价上涨的时候，约略同时的中国，却因普遍用银作货币，银求过于供，价值特别增大，金价就比较低廉。适在这时候，由于新航路发现，欧洲商人东来，中外贸易不断扩张。眼见中外金银比价的悬殊，从事国际贸易的商人，除自中国输出丝绸等货物外，自然在中国搜购廉价的黄金，向国外输出，同时把中国人视为至宝的白银，输入中国，以赚取巨额的利益。”[1]

在《热兰遮城日志》中，凡是提到黄金流出的记载，几乎都是运往印度。显然是到印度去买当地的特定物资。印度自古以来，棉布是特产。荷兰商人用中国黄金去买印度棉布，再用印度棉布去买南洋的香料，应是可信的事实。

---

① 全汉升：《明中叶后中国黄金的输出贸易》，载《“中央研究院”历史语言研究所集刊》第53本第2分，1982年。

第五章

荷兰的殖民统治与汉人移民

第一节　侵占台湾与势力扩张

嘉靖二十六年（1547年），明世宗下诏禁止与日本贸易，因为部分日本人勾结中国东南沿海海盗到处抢劫。尽管如此，中国仍然需要日本的白银，尤其是万历初年，张居正推动一条鞭税制改革，规定人民完粮纳税都要使用白银，于是银价日贵，而日本也不能没有中国的出产品，特别是丝绸为日本上层贵族的日常衣着，象征身份和地位。在这种情形下，葡萄牙人渔翁得利，在中国澳门和日本长崎设立商馆，专门从事中国和日本之间的贸易。隆庆五年（1571年），西班牙人也在马尼拉建立据点，从墨西哥运来中南美洲所产的白银，跟在马尼拉的华商交易生丝、瓷器以及其他产品，运回中南美洲和欧洲，获利甚厚。由于当时中国和日本不可以直接贸易，才给予葡西两国绝好的机会。

荷兰人早就知道西班牙人和葡萄牙人在东方赚取很大的利润，因此也计划去中国寻求同样有利的贸易条件。1601 年，由涅克（Jacob van Neck）首先尝试，率领两艘船到中国澳门，试图接触广东的官员，但是没有成功。1602 年 3 月，荷兰联合东印度公司成立，公司具备半官方半民间的性质。6 月 17 日，韦麻郎（Wijbrand Van Waerwijk）率领船队从荷兰出发，于 1603 年 4 月末抵达万丹。6 月派遣两艘船舰前去攻打澳门，但是在明朝政府和葡萄牙联合出兵的情况下惨遭失败。韦麻郎又率领船队改往大泥（即北大年）。当时有很多中国商人到大泥作生意，荷兰人一面从大泥转贩中国商品，一方在当地打探消息，并且结识了该地华商李锦等人。为了打通中荷直接贸易通道，李锦等向韦麻郎建议可以行贿福建税监高宷，同时占领澎湖以为两国通商的贸易据点。于是，荷兰人尾随潘秀、郭震等人的船只，趁着明军汛兵回撤时在 8 月 7 日抵达澎湖。荷兰人登岛后，便在岛上伐木筑舍，打算长久居住，开始贸易。

韦麻郎入侵澎湖后，立即派遣李锦回到漳州与潘秀等人联系，而此时福建当局已经逮捕潘秀，并且得知荷兰人入犯的消息。李锦在抵达漳州后，面对地方官员的质疑，虽然宣称自己是被荷兰人俘虏后逃还的，但是当局对于他的底细早就一清二楚，所以仍旧将他拘捕入狱。不久后，当局又将李锦等人释放，指派他们前去劝告荷兰人撤离。不过，李锦等人并没有依照指示，而是告诉荷兰人福建地方官员到目前为止，还没有决定是否准许通商，于是，韦麻郎依旧滞留澎湖不肯离去。

荷兰人虽然在福建当局方面遭受挫折，不过在高宷方面却有所进展，接受贿赂的高宷开始寻找机会同大将军朱文达商议，并请朱氏向朝廷奏议准许荷兰人通商。另一方面，高宷又派遣心腹周之范前往澎湖，与荷兰人私下讨论通商的条件。周氏抵达澎湖后，提出甚为苛刻的条件，除了要求荷兰人给予高寀好处外，还要向皇帝进贡4.5万～5万里耳的巨款，同时需要向军门及其他大员赠送礼物，才有可能被允许进行通商交涉。韦麻郎虽然对于这样的要求感到极为骇异，但是后来还是同意了，并且与周之范一起商定派员前往大陆作进一步的交涉。[①] 高寀的中途介入使局势更加复杂化，一方面，福建地方官员内部对于处置荷兰人的意见本来就不一致，朱文达的活动使得一些人更有理由主张让荷兰人在沿海留居与贸易；另一方面，沿海私商为利所驱，也偷偷运载物品到澎湖进行交易，因此，不管中方是否同意，事实上荷兰人已经开始在澎湖进行贸易活动了。

在当时，福建地方大多数人都很清楚荷兰人占据澎湖的危害性，福建巡抚徐学聚更是力持反对意见，他认为澎湖原本就是日本经常觊觎的地方，因此，政府才会设兵加以戍守，现在如果被荷兰人占领，日本人一定会很不甘心，要是荷日联合起来，就会有很大的贻害。更何况早先被葡萄牙人占领的澳门已经成为广东的一大隐忧，如果被驱逐到他处的荷兰人又来占据澎湖，那么，该地就会步澳门后尘，成为另一个逋逃渊薮。此外，澎湖距离台湾、大陆都不远，一旦被荷兰人占据，政府不仅无法管理外出的商船，也会失去关税收入，商业贸易更是会被荷兰人所制。况且澎湖地处要害，荷兰人可以随时入犯大陆沿海，其他地方的外国人也会如法炮制，如此一来，福建不仅得不到海利，反而需要增加人力、物力守海，对于国家、人民、地方都大为不利。[②]

徐学聚还命令福建的将官督领兵卒严加防守。当时主要由总兵施德政与浯屿把总沈有容担负驱逐荷兰人的任务。施沈二人一面调集水师，整顿军旅，由施德政亲自指挥在金门料罗湾的屯

---

① 廖汉臣：《韦麻郎入据澎湖考》，载《文献专刊》1949年第1卷第1期。

② 徐学聚：《徐中丞奏疏·初报红毛疏》。

兵，另一方面又重申海禁。与此同时，沈有容还释放荷兰人通事林玉，由自己带往澎湖谕令荷兰人撤离。11 月 18 日，由于刮起很大的狂风，周之范与几名荷兰头目在海口等待风停后渡海回大陆。沈有容抵达澎湖，立即阻止周氏等人开船，并且直奔韦麻郎的坐船，向他剖析利害，力言无法通商。他表示明朝政府绝对不会允许荷兰人在澎湖互市，而且通商大事必须经由抚按通盘讨论后才能上奏，不是任何人可以擅自做主的，因此，荷兰人想要通过高寀来达到目的无疑是异想天开。同时，沈有容还故意向韦麻郎透露福建当局正在准备派兵进剿的信息。① 不仅如此，通事林玉也在一旁敲边鼓，他告诉韦麻郎中国因为荷兰人东来引起很大的骚动，澳门的葡萄牙人也趁机派人带着巨款在中国活动，到处散布不利于荷兰人的谣言，以破坏中荷的通商，不仅荷兰人蒙受其害，还有中国商人因此被捕入狱。对于当前的情势，韦麻郎深觉大为不利于己方，他向周之范要回准备赠送的金钱，仅将要求互市的文书交给周氏转请高寀代奏。② 不过，韦麻郎并没有因此就从澎湖撤离，在等候高寀代奏以期获得转圜余地的同时，他向沈有容表示想在澎湖附近另外寻找能与中国互市的合适地点。荷兰人的久拖不走让沈有容深感不耐，于是，为了迫使荷兰人撤离，他进一步采取严厉的措施，最终，韦麻郎在 12 月 15 日撤离澎湖。到今天，澎湖马公还留有沈有容谕退红毛番碑。

1607 年，荷兰人马特里夫（Cornelis Matelif）率领舰队抵达南澳，表达想要和中国互市的意愿，但是中国政府予以拒绝，荷兰舰队最后因为得不到补给返回原地。由于当时欧洲人非常喜欢中国的生丝，有很大的获利空间，而生丝在日本市场也是大宗贸易商品，基于此，第二年，荷兰联合东印度公司董事会指示必须

---

① 李光缙：《闽海赠言》卷二《却西番记》。

② 张燮：《东西洋考》卷六《红毛番》。

竭尽所能解决对华贸易问题，以获取中国的生丝。1613 年，公司驻日本平户商馆长鲍尔（Hendrick Bouwer）甚至建议攻取台湾，以为荷兰对中日贸易的中转站。[①] 1620 年，公司董事会写信要求巴达维亚总督柯恩（Jan Pieterzoon Coen）必须夺取一处有利于对华贸易的据点，并且明确指出台湾符合这个需求。[②]

当时，打击、破坏西班牙和葡萄牙与东方的贸易是荷兰的主要目标之一。在这项政策下，荷兰人在中国海域内，打劫所有跟中国和日本做生意的葡萄牙、西班牙两国船只，甚至连中国船只也一并攻击，并且极力封锁从中国去马尼拉的航路，这种行为使荷兰人声名狼藉。后来由于葡萄牙人的强烈抗议，日本幕府将军出面干涉，荷兰人才停止这种劫掠行为，不过，却采取另一种更具攻击性的策略，即直接攻击竞争对手。1622 年 4 月，柯恩决定攻击澳门，如果失败，则转向澎湖或是台湾。10 日，雷尔生（Cornelis Reyersen）率领一支拥有 12 艘船和 1424 名水手、士兵的舰队自巴达维亚出发，在 6 月 22 日抵达澳门港外。24 日，荷兰舰队进攻澳门，由雷尔生亲自率领 600 名士兵登陆，然而在葡萄牙人的抵抗下，荷兰人损失惨重，只好放弃进攻澳门的计划转往澎湖。7 月 11 日，荷兰舰队进入妈宫港，由红木埕登陆占领澎湖。

雷尔生登陆后，立即到岛上各处巡视，寻找适合筑城的地点。21 日，他雇用了一名领航员。26 日他率领领航员及两艘船只在澎湖主岛周围视察后，隔日起程前往台湾，中午抵达大员港外。由于当时正处最低潮，荷兰人改用小船进入港内进行勘测，发现这里是船舶停靠的好地方。随后，雷尔生又率船航向

① Oskar Nachod：《十七世纪荷兰与日本在台湾商业交涉史》，见《台湾经济史五集》，台北：台湾银行 1957 年版，第 71 页。

② ［德］里斯：《台湾岛史》，见《台湾经济史三集》，台北：台湾银行 1956 年版，第 13 页。

Mackam 和琉球屿等地，不过都没有发现优良的港口。30 日，众人返回大员继续调查当地的物产、环境及商业贸易等情况。雷尔生在考察完台澎两地以后，于 31 日召开会议，讨论何处筑城较为适当，最终经过反复比较，决定在澎湖建造。他们认为大员虽然是个优良的港湾，但是如果考虑到该地在受到围攻时，很容易发生水源供应困难的局面，而且薪木与材料也不多，相较之下，澎湖则是处于漳州与台湾之间最为有利的位置。8 月 2 日，荷兰人开始在澎湖的西南端风柜尾建造城堡。[①]

为了在澎湖建筑城堡，荷兰人常常掠夺福建沿海的居民以为苦力，特别是 1622 年 10 月至 12 月的大骚扰，将劫掠而来的 1000 余名沿海居民成对绑在一起，运往澎湖强制劳动。11 月，荷兰人已经建造三座棱堡及两面城墙，并在城上安置大炮，但是由于用黏土建造的城墙一遇风雨就会倒塌，以致难以完工。1623 年 6 月，城墙又因为暴风雨的侵袭而倒塌。同时，被强迫劳动者每人每天只有半磅大米的配给，以致许多人因饥饿、疾病而死。即使所幸不死，也会被荷兰人卖到巴达维亚，途中又导致许多人葬身海底。

关于荷兰人入侵澎湖的消息，明朝政府很快就得知，因而加强沿海地区的戒备，并且下令任何中国渔民、商人不得跟荷兰人有所往来，违者处死，绝不宽贷。1622 年 7 月下旬，雷尔生一面选址筑城，一面派遣船只到中国沿海，以寻找中国沿海有利于通商的港口，同时截捕自马尼拉返航的中国商船。8 月 7 日，他又派遣梅尔德（Johan van Meldert）率领三艘船只到中国沿海，正式向福建当局递交要求通商的公文。9 月 29 日，福建巡抚商周祚派遣守备王梦熊前往澎湖，向荷兰人转交了福建方面的回文，同

① 李汝和主编，郭辉译，王诗琅、王世庆校订：《巴达维亚城日记》第一册，台中：台湾省文献委员会 1970 年版。

时要求他们立即从澎湖撤走，否则绝对不会与他们贸易。[①]

对于中国的屡次拒绝通商，雷尔生决定采取武力强迫对方就范。10月17日，他派遣尼乌罗得（Cornelis van Nieuweroode）率领由八艘兵船、422人组成的船队在漳浦海面活动，并于11月27日入犯厦门港虎头山附近，烧毁六七十艘中国船只。28日，荷舰进犯中左港，在教场边停泊，其后与中国军队交战，并于夜晚移泊鼓浪屿。荷兰人在鼓浪屿烧杀抢劫，焚毁洋商的房屋船只，直至12月1日才撤离。荷兰人返回澎湖后，雷尔生又认为依然有必要与福建当局重启谈判，于是在1623年1月，他前往厦门试图与当地官员直接交涉，但是却被要求亲自到福州与商周祚展开对话。14日，雷尔生经陆路前往福州，于2月6日抵达。11日上午，他与商周祚在官邸进行谈判。双方的谈判内容，大致有如下几条：

一、荷兰人必须从澎湖撤走，到明朝汛地以外的地方去。

二、如果荷兰人从澎湖撤离，福建方面将允许与之通商。

三、福建方面将派石井通事洪玉宇到澎湖，帮助荷兰人在附近寻找适当的港口。

四、福建方面将派人前往巴达维亚，与荷兰总督直接交涉。[②]

为了表达善意，隔日，商周祚派遣千总陈士瑛偕同洋商黄合兴乘船前往巴达维亚向荷兰总督说明中国的立场，但是因为他们启航时已经错过风期，船只无法直航到巴达维亚，只好在大泥候风。陈士瑛在大泥听到荷兰人又向澎湖增兵，准备在中国政府不允许互市后大动干戈的消息，[③] 立即派遣一艘船返回中国通报。

① ［英］甘为霖：《荷兰人侵占下的台湾》，见《郑成功收复台湾史料选编》，福州：福建人民出版社1982年版，第91—92页。

② 杨彦杰：《荷据时代台湾史》，南昌：江西人民出版社1992年版，第22页。

③ 《明熹宗实录》卷三十七，天启三年八月丁亥。

1624年1月1日，陈士瑛等人终于抵达巴达维亚与荷兰总督会面。由于荷兰总督要求中方准许荷兰人在中国沿岸互市，并割让澎湖给荷兰，且停止与西班牙、葡萄牙两国的贸易，同时还扬言不准互市就抛起战事，这种态度让明朝政府开始准备应付荷兰人的挑衅，并且实施海禁。

另一方面，雷尔生眼见商周祚已经派遣使者前往巴达维亚，也于2月13日启程返回澎湖。3月25日，他派遣斐瓦德（Adam Verhult）率领两艘船到台湾大员进行尝试性的贸易，但是因为该地习惯于中日两国之间的互市，荷兰人的贸易无法顺利展开，斐瓦德在调查完情况后，于4月底返回澎湖。6月，雷尔生又派遣康斯坦（Jacob Constant）前往大员再度尝试贸易，并于10月调派16名荷兰兵和34名班达（Banda）岛土人到该地建造城墙以图长久占领。福建方面则于4月初派遣通事洪玉宇到澎湖，答应只要荷兰人撤走，就会帮助他们在附近寻找一处合适的地点，但是洪玉宇抵达后并没有依计而行，他得知荷兰人已经开始在大员进行贸易，于是敷衍一番后返回大陆，并且谎称荷兰人已经撤离澎湖。

由于荷兰人不愿意放弃澎湖，让明朝政府感到十分焦虑，于是，朝廷以态度强硬的南居益取代商周祚担任福建巡抚，并且命令他尽快赶到福建筹划战守事宜。南居益抵达福州时，荷兰人正在增兵，弗朗斯（Christiaan Francx）率领五艘荷舰于7月23日抵达澎湖。南居益到任后立即了解情况，寻求驱逐荷兰人的方法，并于8月赶往厦门布置防守事宜。雷尔生得知新任巡抚抵达福建的消息后，也于8月间前往厦门与南居益展开谈判。南居益态度强硬，严厉表示荷兰人必须撤离澎湖，对此，雷尔生说因为没有得到巴达维亚总督的命令，自己无法擅自行动，坚决不愿撤走。9月28日，南居益发布告示，广为宣谕沿海居民实施戒严。10月5日，雷尔生再次派遣舰队前往中国沿海，准备用武力强迫通商。他给舰队的任务有三：其一，占领漳州河，防止任何中国船只开往为荷兰敌人掌握的地方，特别是马尼拉群岛；其二，要求福建当局准许荷兰人在台湾自由贸易；其三，一旦要求被拒，就由海陆两方面攻击中国，使局势有利于己方。

28 日，由弗朗斯率领的四艘荷船抵达浯屿，荷船的突至使得岛上的居民全都逃离。11 月 1 日，有一名叫池贵的商人前往荷船，表示自己愿意帮助荷兰人向当局疏通，于是，荷兰人就指派他到福建游说，不过没多久池贵就被当局拘捕处死了。同月，雷尔生又派遣两名荷兰商务员到大员附近萧垄村社查探情形，为迁至台湾作准备。另一方面，南居益与总兵谢弘仪密议，决定利用荷兰人急于通商的要求，将他们骗至厦门一举歼灭。14 日，弗朗斯被允许前往福建谈判，他将两艘荷船碇泊于鼓浪屿后，谢弘仪派人到船上商议，并且尽量满足荷兰人的要求。17 日，中方假意邀请荷兰人上岸签订协议，宣称已经在衙府内设宴，实际上则是准备将弗朗斯等人擒获，同时，谢弘仪也派人携带有毒酒菜到船上让荷兵饮用。等到荷兰人中计后，守备王梦熊在午夜时率领数十艘火船进攻，荷船着火爆炸沉没，荷兵或溺海而亡或是被俘。此次的重创使雷尔生极为愤怒，决定进行报复。但是因为荷兰人船只不多，而且病员不少，无法有效封锁几个重要港口，加上福建水师火力大为增强，可以有效对付来犯者，以致荷兰在中国沿海的骚扰和攻击行动的效果越来越差，没有什么效果，最终，荷兰舰队于 12 月返回澎湖。反观中方此次的胜利，对福建官民来说起到鼓舞人心的作用，福建巡抚在厦门论功赏赉，而熹宗皇帝闻讯后也下旨嘉奖，此后，闽南地区加紧操练水师，整顿营伍，为渡海驱逐荷兰人作准备。

1624 年 2 月 8 日，王梦熊带领第一批军队抵达澎湖，从北部的吉贝屿登陆，再南下进入白沙岛，于镇海港建造营寨。3 月间，由加衔都司顾恩忠等人率领的第二批军队也前往澎湖，在镇海港与第一批人员会合。5 月，南居益又移檄副将俞咨皋、游击刘应龙克期出海，并且命令巡海道孙国祯驰赴厦门，会同漳泉二道督发粮饷，调抽精锐，让俞咨皋、刘应龙两人可以如期成行。6 月 22 日，俞咨皋率领第三批军卒抵达龙文港，两日后到暗澳勘察地理形势，侦探荷兰人的一举一动，然后在娘妈宫前的山冈上设置火炮，对荷兰人形成南北包围之势。

厦门之役失败后，雷尔生向巴达维亚总督报告中国方面的动态，并要求增兵。1624 年 2 月 20 日，他又发信请求增援，同时提出撤离澎湖到台湾贸易的建议。巴达维亚总督卡彭铁尔（Piete de Carpentier）在 4 月 2 日接到报告后，于 5 月决定以宋克（Martinus Sonck）取代雷尔生。6 月 22 日，宋克自巴达维亚率领两艘军舰出发，于 8 月 3 日抵达澎湖。他发现中国已经在白沙岛上拥有一支约 4000 人和 150 艘船的军队，至 8 月中旬，更增加到 1 万人和 200 艘各式船只，荷兰人在澎湖的城堡都被中国军队所困住。面对如此的强敌，宋克不敢以武力对抗，15 日，他派人向明军主帅提议双方进行谈判，但是明方依然表示想要谈判，荷兰人就必须永远撤离澎湖。不久后，中国军队开始兵分三路进逼荷军，荷兰人甚为恐慌。在这种紧张的局势下，李旦来到澎湖告诉荷兰人自己愿意充当斡旋人，在城内与荷兰人商定谈判条件后，他前往明军驻地与俞咨皋谈判。李旦提出的解决方案是双方各退一步，亦即荷兰人从澎湖撤走，福建当局则允许他们到台湾进行贸易。不过俞咨皋并没有明确答复，只是声称自己会把这些意见转达给福建巡抚。明朝官员这种模棱两可的态度，让荷兰人以为已经可以到台湾去了。18 日，荷兰人评议会决定撤离澎湖，并于 22 日与俞咨皋签订协议，同意在 20 天内从澎湖撤到台湾。26 日，荷兰人开始拆城，并将拆下来的材料以及大米、武器、弹药和所有财物装载上船，尽数运往台湾。最后，荷兰人从台湾西南的鹿耳门进入台江，占领台湾南部地方，开启了侵占台湾本岛的时期。

荷兰人侵占台湾本岛的主要目的，含有经济和军事双重意义，即以台湾为东亚贸易的转运地，并保护海上交通，以便能够安全贸易。在占领初期的十余年间，荷兰人的势力范围仅仅及于大员一带，无力向外扩张，以后才逐渐扩展到其他地方。荷兰人刚到台湾时，大员附近有几个台湾少数民族村社，例如新港（Sinckan）、麻豆（Mattau）、萧垄（Sou Langh）、目加溜湾（Baccaluwangh）、大目降（Tavocan）等，这些社属于西拉雅族群，虽然与汉人已经有较多的接触，但是仍然处于原始社会的阶段。在这些村社中有武装的男子：麻豆 2000 人，萧垄 1000 人，目加溜湾 1000 人，新港 400 人，此外，其他几个村社各有男子 150～200 人，对于初来的荷兰人来说，不要说控制，反而还有被围攻的可能，基于此，他们力图与这些村社的住民搞好关系。

1635 年以后，由于福建沿海逐渐恢复平静，荷日间的矛盾也已经解决，加上在台湾北部的西班牙人势力中衰，对荷兰人构不成什么威胁，因此，从该年底起，荷兰人以集中兵力攻打大员附近村社为始，加紧向外扩张。从军事行动言，他们的扩张可以分为三个时期：第一时期为 1635～1636 年，主要攻打麻豆等社并且向南部扩张；第二时期为 1641～1642 年，以攻打中部法沃兰人、东部大巴六九人以及出兵攻占鸡笼为主；第三时期则是 1644～1645 年，荷兰人在北、中、东部来回“扫荡”，终于奠定了在台湾的势力范围。[①] 以下分别叙述之。

荷兰人侵占台湾后，首次展开的大规模军事行动是攻打麻豆等社并且向南部扩张，包括征伐麻豆、萧垄、阿猴、大武垄四社，以及出征小琉球（即金狮岛）。麻豆是大员附近最大的一个

① 杨彦杰：《荷据时代台湾史》，南昌：江西人民出版社 1992 年版，第 73 页。

村社，也是反抗荷兰人最为激烈的地方。1635 年 11 月 23 日，普特曼斯（Hans Putmans）利用麻豆与萧垄发生冲突，新港人与萧垄人联盟对抗麻豆人的机会，率领 500 名荷兰兵从大员出发攻打麻豆社，并于傍晚占领该社。麻豆人逃入山中，荷兰人则趁机大肆搜捕，将未及逃离的 26 名男女及孩童交给新港人杀死。隔日，荷兰人将所有的房屋烧毁，砍倒了许多槟榔树和椰子树，并于 26 日逼迫麻豆头人议和。12 月 3 日，麻豆头人携带槟榔和椰子树苗到热兰遮城，普特曼斯命令他们签署如下的条约：

一、将以前被杀荷兰人的头骨、武器和衣物交还给新港传教士尤纽斯（Robertus Junius）。

二、将麻豆社及附近平地完全让渡给荷兰。

三、今后不许对荷兰人及其同盟者作战，并且服从公司统治，轮流在四所主要的教堂张挂公爵旗三个月。

四、如果荷兰与他村或本岛住民等作战，应该协助荷兰参加战斗。

五、对在蚊港烧制石灰以及为了进行鹿皮和其他交易必须使用平地的汉人，不得有任何妨碍。同时，必须帮助荷兰人捉拿海贼和逃犯，捕获后立即交给荷兰人。

六、在接到通知时应当迅速响应，到新港或热兰遮城内集合待命。

七、承认以前杀害荷兰人有罪，并于每年事件发生日，带上几只家猪到长官公所谢罪，以示友好。①

在攻打麻豆之后，普特曼斯于 12 月 25 日继续率领 500 名荷兰兵及四五百名新港各社民众进攻位于大员东南方的阿猴社。不过，在荷军抵达前村民早就已经逃走，荷兰人于是大肆破坏，将

---

① 李汝和主编，郭辉译，王诗琅、王世庆校订：《巴达维亚城日记》第一册，台中：台湾省文献委员会 1970 年版。

所有的住房全都推倒，放火烧掉。1636年1月8日，荷军前往曾经杀死荷兰人的萧垄社，该社住民闻风逃逸，只有少数首领留下来与荷兰人对话。荷兰人迫使他们交出杀害荷兰人的七名罪犯，让新港人当场杀死，并且签署与麻豆人一样的归服条约。随后，荷军进攻大武垄，以优势的武力为后盾，命令当地住民服从统治，严禁肇事反叛，并且在接受他们的款待后撤离，于13日返抵大员。

由于位处下淡水溪口东南方的小琉球住民杀死了经过的荷兰船员，1636年5月至7月，普特曼斯率领大军前往该处。早在1633年时他就曾经率军前去讨伐，但是因为岛上住民逃到山洞里躲匿，无功而返。此次普特曼斯再度率领荷兰兵会同新港、放縤人前往该岛。荷兰人上岛后立即包围小琉球人藏身的山洞及其他住所，让他们因为粮食缺乏及火攻不得不出来投降。荷兰人当场杀死300多人，并且将捕获的554人带回大员，强制男人劳动，女人和小孩则配置于新港社，导致大部分人死亡。随后，荷兰人又将191人运到巴达维亚充当奴隶。

荷兰人经过上述的镇压后，利用余威向南部及周围各社施加压力，命令他们归服公司。1636年初，诸罗山、哆啰嘓等社表示服从。2月4日，阿猴、淡水、大木连和Sataliouw诸村头人，也来到大员签署条约。12月14日，台湾最南端辖有17个村社的琅㤭领主，率领一批人员到大员与荷兰人议和。20日，又有大路关、Hounavaheij、Hovongorongoroi等七社头人，带着小椰子树苗来到大员议和。至此，已经有57个村社与荷兰人缔约，包含台湾南部的大部分地区。[①]

由于大员及附近的统治逐渐稳固，自1641年起，荷兰人将

---

① ［日］中村孝志著，赖永祥、王瑞征译：《荷兰人对台湾“原住民”的教化》，载《南瀛文献》1956年第3辑。

重点放在攻打法沃兰人、Davolo人和大巴六九人，并且出兵攻占鸡笼，其军事、政治势力向台湾中部、东部和北部扩展。法沃兰是诸罗山以北最大的一个村社，位于北港溪北岸猫儿干附近。荷兰人侵台初期，法沃兰人及附近的Davolo人经常起来反抗，驱赶或杀害公司船员以及领有执照到当地捕鱼、狩猎的汉人。1636年11月28日，法沃兰人袭击在石灰岛北端捕鱼的渔民，杀伤十数人，并于来年1月11日，又杀伤数名汉民猎人，并且夺走荷兰人发给的狩猎证。1637年初，范德柏（Johan van der Burch）原本计划率领170名荷兰兵前去讨伐，但是惧于法沃兰人势力的强大，不敢贸然采取行动。

1641年，特罗登纽斯（Paulus Traudenius）率领400名荷兰兵及300艘舢板船前去讨伐法沃兰人及Davolo人。荷军于11月20日从大员出发，25日抵达Davolo社，该社居民虽然奋力抵抗，依然不敌，逃入山中躲藏。荷兰人进村后，除了放火烧毁村内150间住房和贮藏谷物的400间小屋外，还砍倒所有的果树。26日，荷兰人在前往猫儿干的途中遭到法沃兰人的攻击。隔日，荷兰人同样烧毁法沃兰村中的400间大住房和储藏谷物的1600间小屋，并且命令前来议和的法沃兰长老必须在20天内，联同Davolo、二林和猫儿干等地区的代表一起到大员缔结条约，同时还需要交出以前被杀荷兰人的头骨以及杀人囚犯，否则会被全部剿灭。12月2日，荷军返抵大员。1642年2月14日，法沃兰与附近诸社的五名代表来到大员，首席商务员哈特森（Carel Hartsingh）迫使他们签署如下的条约：

一、必须承认以前所犯的罪行。

二、今后无论任何理由，都不能杀害荷兰人及其同盟者。

三、必须严加追捕杀人者，并于抓获后交给荷兰人。

四、与相邻各村发生纠纷时，必须通知荷兰人处理，在没有获得许可下，不得擅自开战。

五、在接获荷兰人命令时，应该以人员、食品和其他必需品援助。

六、在荷兰人出示公爵杖及其他标志时，应当立即响应。

2月23日，特罗登纽斯自台东返抵大员，又在上述条款之后增加三条：

一、每户应该向公司缴纳十把稻谷、五张鹿皮以作为惩罚。

二、应该为派驻该地的三四名荷兰人建造一间房屋。

三、不得准许汉人和其他人在他们的原野内狩猎，他们也不能到划定的界线外狩猎。①

荷兰人将势力扩张到台东始于17世纪30年代后半期。1636年底，荷兰人在琅𤩝领主告知下，得知台东卑南觅人有黄金。1637年2月，范德柏派遣中尉尤利安生（Jan Jeuriaensen）率船前往卑南觅修好。次年1月，他又派遣上尉林迦（Johan van Linga）率领三艘总共搭载130名士兵的船只进入该地，在听说哆啰满河附近的里漏等村有黄金后，遂委任候补商务员威瑟灵（Marten Wesselingh）到台东探险。威瑟灵先后多次进入台东，并于1641年初将在傀儡山得到的3.1钱黄金带回大员。二三月间，他又奉命重返，沿路往北查探到鸡笼附近，但是依然没有发现金矿的踪影，遂在花莲港附近与七个村的住民缔结盟约。五月末，威瑟灵再次进入台东，但是因为调戏妇女，被愤怒的大巴六九人和吕家望人（Rikavon）杀死。特罗登纽斯于1642年1月11日率领353名士兵进军该地。

荷军首先乘船于1月12日抵达琅𤩝，随后上岸陆行，24日，荷兰人对位于卑南觅北部高山的大巴六九社发动进攻，该社人顽强抵抗，造成荷兰人一人死亡，五人受伤。荷军最后占领村子，

① 李汝和主编，郭辉译，王诗琅、王世庆校订：《巴达维亚城日记》第二册，台中：台湾省文献委员会1988年版。

大巴六九人则逃入山中。荷兰人推倒烧毁所有住房，还下令不得重建，否则将施以严厉的惩罚。26日，特罗登纽斯继续率军北进，意在金矿，但是到水连尾以北地区时，由于山高水急，部队无法穿越，加上附近住民怀有敌意，恐有意外发生，便决定原路折返。2月8日，荷军自水连尾启程，经过卑沙南、马太鞍、Surassa、大港口等社，于12日抵达卑南觅休整两天后，又经放�、加藤、大木连等社，于23日抵达大员。荷兰人经过各社时，都运用武力迫使当地住民服从统治，强制他们种植水稻。荷兰人为了加强对这些地区的统治，在大港口社留下四名荷兰兵，此外，还在卑南觅派驻四名荷兰人、大港口社二名、马太鞍社二名，让他们学习当地的语言。

荷兰人在对台中、台东用兵同时，也没忘了台湾北部，其主要目标是将西班牙人从台湾驱逐出去。荷西两国在台湾的对立，自1635年以后发生很大的变化。相较于荷兰人在南部统治的逐渐稳固，西班牙人在北部则是日益衰落。1640年，荷兰人开始派人到北部向汉人询问当地的贸易与军事设防等情况，以备攻打鸡笼，得知当时鸡笼只有400名守军，其中包含50个西班牙人。1641年初，荷兰派遣弗里斯（Marten Gerritsen Vries）随同硫黄商人Peco，前往北部探查淡水到鸡笼一带的情况。8月24日，荷兰人命令林迦率领一支由四艘荷舰、数艘领航船组成的远征军前往北台湾，以封锁鸡笼港南方的堡垒，切断西班牙人的交通补给线。不过，林迦并没有切实执行命令，基于所带兵员过少，大炮及其他攻城设备亦显不足，他在鸡笼港外稍作侦察后，放火烧毁了kimpalij村，并且向西班牙城守递交特罗登纽斯的劝降信。西班牙人拒绝投降，无可奈何下，林迦于9月22日返抵大员。10月，特罗登纽斯与大员评议会决定再派遣林迦率领一支更为庞大的军队和数门大炮再去进攻，但是因为此时已经刮起北风，舰队难以向北航行，只好放弃计划。

1642年8月17日，荷兰派遣上尉哈洛西（Henrick Harrousee）等人率领由五艘战舰和两艘戎克船组成的舰队前往鸡笼。荷兰舰队抵达鸡笼港后，立即对港边的堡垒发动袭击并且加以占领，接着围攻鸡笼城外堡。西班牙人因为守兵不多，只好于25日缔约投降。26日中午，荷军进入鸡笼城，结束了西班牙人16年的短暂统治，并将势力扩展到台湾北部。

荷兰人攻占鸡笼后，在鸡笼驻兵80人、淡水50人，并且修筑城堡，建立军事据点。不过，由于刚刚占领台湾北部，当地住民时常反抗，拒绝服从，加上西岸从大员到鸡笼沿海有些地方依然在海贼的控制之下，航路不甚畅通，而且台湾东部也经常有荷兰人被当地住民杀死，因此，荷兰人虽然表面上将台湾全岛都纳入掌控之中，但是对台湾各地的统治还不是很稳固。从1644年起，荷兰人再次集中兵力，反复对台湾北部、中部和东部进行讨伐。

1644年9月，上尉布恩率领七艘船前往鸡笼、淡水，途中烧毁扫笏、奇立板、水里、半线等社，并且迫令鸡笼地区的44个村社归服，让他们每年必须缴交鹿皮或谷物给荷兰人，三貂角住民则是要交纳三倍的贡物。在淡水，荷兰人同样强迫各村社归服纳贡。布恩最后于10月29日返回大员。年底，荷兰人又计划派遣布恩率领210人出征东部，讨伐Sipien、Tellaroma、马太鞍等社并且寻找金矿，以便于日后在卑南召开东部地方会议，不过因为风浪过大，补给运送困难，计划被迫中止。

1645年1月22日，布恩再次率领军队从大员出发，到淡水攻打并且占领多密尔及附近各社，随后一路南下，毁坏13个村落，杀死126人，将16名10岁以下的幼童带回，于2月16日抵达大员。三四月间，由于台湾中部有假装捕鱼的汉人支持少数民族反抗荷兰人，传教士范布炼在当地抓获了四名汉人，其中一人被带至大员车裂处死，其余三人被流放。同年3月，荷兰人还将目标转向台东，由布恩率领舰队运送粮食到卑南觅，准备在第二年年初出征。11 月，首席商务员西泽（Conelis Caesar）率领 443 人从大员出发，在花莲港附近得到少许砾金，最后于 1646 年 1 月 15 日返回大员。

综上所述，从 1635 年底起，荷兰人便开始在台湾大肆用兵，扩张势力范围，荷兰人的军事行动首先从攻打大员附近的住民入手，接着扩展到台湾南部。而真正大规模的扩张是从 1641 年以后开始的，经过前后五年的攻打，至 1645 年底止，已经基本上控制了台湾西部平原的大部分村社，并且将势力渗透到东部，从而奠定了荷兰人在台湾的势力范围。荷兰人的军事行动除了攻占鸡笼一役外，大部分是在镇压各村社的反抗，这些行动有三点值得注意：

第一，荷兰人的镇压是非常残酷的，荷军每到一地，都大肆放火杀人，破坏财物，把他们重点进攻的村社夷为平地，而且对有些村社的镇压，其惨烈程度达到令人发指的地步。例如出征小琉球，1636 年一役就从岛上杀死几百人，以后对那些残存者仍然不放过。1640 年 10 月，威瑟灵从大员前往台东，范德柏命令他要在途经小琉球时，到岛上了解何时去抓人较为合适。1640 年 12 月至 1641 年 1 月，荷兰人又派遣上尉林迦率领两艘船前去捉人，共捕获 38 人返回大员，此外还有 20 人逃入森林，荷兰人开枪打死 3 人，又留下 16 名荷兰兵在那里守候。1644 年，荷兰人再派兵到岛上抓获 9 人，其中男子 4 人，妇女 2 人，小孩 3 人，并且报告说仍然有男子 7 人、妇女 4 人、小孩 4 人未获。1645 年初，复抓到男子 5 人、妇女 4 人、小孩 4 人。经过几次抓捕，几乎把岛上的住民全部杀捕干净。

第二，荷兰人在镇压过程中，常利用一部分住民去攻打另一部分住民，让他们互相残杀。例如讨伐麻豆社时，就有新港人参加，并且将抓获的麻豆人让新港人杀死。麻豆人被镇压后，荷兰人又命令他们签署归服条约，迫使他们参加对其他村社的战斗。在讨伐萧垄社时，亦有新港各村的四五百人参与，而 1642 年讨伐法沃兰人和 Davolo 人，更有从十个村社召集而来的 1400 人参加。镇压结束后，荷兰人同样命令法沃兰人签署条约，规定如果荷兰人作战，要以人员、食品和其他必需品协助荷兰人。这种做法，对荷兰人来说，第一可以减少驻军，以节省军费开支，第二可以从中制造矛盾，以便于居间控制。

另一方面，在镇压的时候，荷兰人也强令汉人参与。例如 1642 年出征大巴六九社时，就有汉人 110 人参加。1644 年 9 月，布恩率军征伐鸡笼、淡水，也有 60 名汉人参与。1645 年底，卡萨率军征伐东部，在 443 人中更有汉人 220 人。大体而言，在 17 世纪 40 年代中期以前，荷兰人的主要精力在于应付台湾少数民族的反抗，这时更多的是利用汉人去攻打不服从的少数民族。相反，以后随着汉人移民越来越多，荷兰人与汉人的矛盾日益尖锐，便反过来利用少数民族去对付汉人。例如 1652 年郭怀一起事，荷兰人就用新港等社的少数民族去参加镇压。因而所谓分而治之，实际上包含两方面的内容：一是少数民族各族群之间，一是少数民族与汉人，其影响所及，不仅是汉族和台湾少数民族关系的恶化，同时也包括少数民族各族群之间的不和，这是荷兰人以少数驻军，在台湾维持对多数人统治的基本策略。而这种策略执行的结果，在台湾各族人民之间人为地扩大矛盾，对台湾历史的发展起着阻滞作用。

第三，荷兰人对台湾少数民族的攻打，除了政治上为了扩大势力范围、稳固殖民统治外，还有经济上的因素，主要是取得土地和鹿皮。荷兰人在大员附近，每征服一社，都要命令住民签署愿意让渡土地的条约，而且还要令村社首领携带种在土里的椰子和槟榔树来到热兰遮城，表示已经将土地让渡给荷兰议会。除此之外，荷兰人还想要得到台湾的其他自然资源，例如向东部扩张，就与探查金矿直接关联；向北方扩张而攻打鸡笼，部分原因也是想得到那里的硫黄、煤炭，并且取得一条前往东北部探金的通道。①

第二节　政治制度与殖民统治

荷兰人在台湾的殖民统治，首先是从大员开始的，大员是台湾南部的一个小岛，清代时称“鲲身”，今属台南。该岛原是一条斜长的河洲，由东南向西北延伸，全长约 13.9 公里，宽约 1.4 公里，北端距台湾本岛约 4.2 公里，南端与台湾本岛只有一箭之隔，低潮时可以涉水而过。②

1624 年 9 月，宋克率领舰队撤往台湾，用澎湖拆下的旧材料在大员岛北端高地建筑城堡，取名“奥伦治城”，1627 年 9 月改称“热兰遮城”，后来又经过数次的扩建，至 1634 年才大体竣工。该城堡分为上下两层，上层有四个半月堡，下层则为四个棱堡，可以从两处进行防御。城内设置一个可以贮存各种物品的地下室，并且建有长官公所、教堂、监狱、军械库和供给库。城外北边沿海一侧设有税关、市场和刑场；在东边广场的东侧辟有许多大商人居住的街市。

1625 年 1 月，宋克在赤嵌区用 15 匹坎甘布从当地住民手中换取大片土地，建立普罗民遮市。9 至 10 月，荷兰人强制将所有居住在北线尾的汉人迁往该地居住，此外，该市还建有荷兰人的

---

① 杨彦杰：《荷据时代台湾史》，南昌：江西人民出版社 1992 年版，第 82—85 页。

② 杨彦杰：《荷据时代台湾史》，南昌：江西人民出版社 1992 年版，第 66 页。

宿舍、仓库、医院、马厩、羊圈等等，居民逐渐增多。[1] 不过，1626 年夏秋之际的一场瘟疫，使赤嵌地区许多人病殁或逃离，普罗民遮市也因而几乎成为废墟，后来经过荷兰人的重新整顿，才又逐渐繁荣起来。1653 年，为了防止再发生类似郭怀一事件的反抗，荷兰人增建了一座名为“普罗民遮城”的城堡，该城同热兰遮城一样，也是用糖水调灰叠砖砌筑而成，虽然没有雉堞，但是南北两隅有挺出的瞭亭，视野极佳。

除此之外，1627 年，为了防卫鹿耳门水道，荷兰人还在北线尾建造了一座热堡，不过 1656 年毁于风灾。1634 年，荷兰人又于热兰遮城附近高地上建造乌特列支圆堡，与热兰遮城形成犄角之势，用以加强热兰遮城的防御能力。同年，为了避免地理位置重要的蚊港被葡萄牙人或日本人捷足先登，荷兰人决定建造弗利辛恩堡，并于 1636 年大体完工。至此，荷兰人以热兰遮城为中心，建立起殖民统治。

其后，随着热兰遮城的市况繁荣起来，市镇的房屋土地必须重新规划，而赤嵌与大员之间往来日益频繁，需要设立渡轮以利交通，荷兰人在大员南边建造一个人工码头。来往货物的增多，也迫使荷兰人新建大仓库，以及其他建设工程。[2]

台湾行政长官是荷兰联合东印度公司派驻台湾的最高官员，总揽全岛的行政事务。大员评议会或热兰遮城评议会则是最高决策机构，设有评议长一人、评议员若干人。评议长在行政上为长官副手，在台湾行政长官外出或空缺时代理行政事务，而评议员则是由公司派驻台湾的首席商务员、商务员及军队首领或舰队司令组成。台湾行政长官虽然在评议会中举足轻重，但是所有的决

---

① ［日］村上直次郎著，石万寿译：《热兰遮筑城始末》，载《台湾文献》1975 年第 26 卷第 3 期。

② 江树生：《译者序》，见《热兰遮城日志》第二册，台南：台南市政府 2002 年版。

策都必须经过评议会讨论取得结果后才能执行。台湾行政长官之下设有政务员、税务员、会计长、检察官、法院院长、孤儿管理所所长、医院院长、工场监督等职务，由首席商务员、商务员或准备升级的助理商务员担任。行政人员以外，作为行政机构的补充，公司还聘用相当于公司雇员的荷兰改革教派神职人员到台湾传教，包括传教士、候补传教士、疾病慰问使、学校教员等。由德高望重的传教士主持教会事务，并且设有隶属于巴达维亚宗务院的教会评议会。不过，因为传教附属于行政，教会评议会所决议的事项，必须经过大员评议会或台湾行政长官的认可才能实施。

不管是行政还是宗教人员，都由公司支付薪金，其标准依照每人职位的高低有所不同，例如台湾行政长官每月薪金 200 盾，评议长 150 盾，首席商务员至少 75 盾，商务员 60 盾。如果商务员兼任政务员，每月还有 13 里耳的补贴，首席商务员兼职亦按此类推。宗教人员以传教士的地位最高，一般在 100 盾左右，个别的在 130 盾以上，候补传教士的地位较低，约为60～80 盾，而疾病慰问使为 30～40 盾，学校教员则只有 20 盾左右。

荷兰人在台湾各个据点都派有驻军，早期总人数一般在三四百人之间，17 世纪 40 年代以后明显增加。由于时常传言郑成功即将攻打台湾，加上汉人越来越多，威胁愈来愈大，因此，总公司决定从 1650 年起，台湾驻军人数必须在 1200 人以上。不过，这个数字似乎只是种理想，1654 年的台湾驻军才 961 人，甚至在 1660 年被郑成功驱逐出台湾前夕，荷兰在台守军人数还不满 900 名。

17 世纪 50 年代以后荷兰在台势力的下降，与贸易的衰落有很大的关系。40 年代台湾地区贸易发达，船只往来频繁，货物流量大增，但是进入 50 年代以后，船货逐年减退，好景不再。[①] 随

① 江树生：《译者序》，见《热兰遮城日志》第二册，台南：台南市政府 2002 年版。

着郑成功势力的兴起，荷兰人要跟对岸的福建维持原来的贸易关系变得很困难。因此，巴达维亚的荷兰联合东印度公司和在台湾大员的分公司，都试图结好清政府，但是清廷下诏，只特准荷兰每八年进贡一次，让荷兰人的期待完全落空。[①] 财力的减落，随之而来的是对殖民地控制力的衰退，统治日见危机。

荷兰人对台湾人民的统治，可以分为对少数民族和对汉族两个部分，而就统治措施言，他们把重点放在前者，对后者则相对较弱。荷兰人从 1644 年春季起，开始计划对受其控制的少数民族进行人口登记，编制户口表。不过，起初并不顺利，第一个表格直至 1646 年才编成，而且没有报送巴达维亚总督。就荷兰人所知，当年台湾全岛有 217 个村落，其中有 12 个村因为迁移而消失，实存 205 个，再加上 Piman 的 28 个村落，共计 233 个。1647 年，荷兰人终于编制出第一份报送巴达维亚总督的户口表，该年他们统治下的住民共有 246 个村落、13619 户、62849 人。1650 年时，达到 315 个村落、15249 户、68657 人，占全台人口总数的 40%～50%，其主要分布于西部平原以及东部的一些地区。不过，17 世纪 50 年代以后，由于荷兰人控制力逐渐减弱，受控制的少数民族人数渐趋减少。

荷兰人在初期并无法完全掌控当地住民，为了缓和彼此之间的矛盾，他们主要使用的方法是通过传教士在新港社学习当地语言，再向附近诸村传教。1635 年，荷兰人开始对麻豆等社实行武力镇压，次年逐渐将势力扩展到南部及诸罗山以北各社，并于各地核心区设置守备部队或建立殖民地以强化统治。1641 年以后，荷兰人通过持续大规模向中部、东部和北部用兵，建立政治制度，来强化对台湾少数民族的控制与在台湾的统治。

---

① 包乐史：《历史概述》，见《热兰遮城日志》第三册，台南：台南市政府 2004 年版。

荷兰人占领台湾初期的统治，主要是让各村社自治，亦即由每个村落的住民自行选出长老来管理村内事务，通常大村三四人，小村一二人，并且通过传教士以恩惠笼络和控制长老，让他们服从于公司的领导。1636 年 2 月，荷兰人召开了第一次的各村社长老会议，由传教士尤纽斯召集大员以北 28 个村落的长老到赤嵌开会，除了发给每人衣服、藤杖、荷兰旗等物外，还要求他们向台湾行政长官普特曼斯表示效忠。1641 年 4 月 10 日，新任的台湾行政长官特罗登纽斯再次召集大员南北 42 名村落长老到赤嵌集会，同样命令他们宣示服从领导，送予他们上衣、藤杖等物，并且宣布将该会议定名为“地方会议”。1644 年 3 月，继任台湾行政长官的卡隆（Francois Caron）在赤嵌举行南北东部地方会议，并于会议中宣布往后地方会议每年都必须召开一次，由各村长老报告辖内村落事务，荷兰人再依照治绩的优劣予以奖惩，情节严重者则免职以为处分。从此之后，地方会议的举行成为一种固定的制度被保留下来。

荷兰人将台湾划分为北部（大员以北）、南部（大员以南）、卑南（台东）、淡水（淡水、鸡笼）四个地方会议区，每区同时也是一个行政区域，各自辖有数十个村落，村中设有长老，由公司发给象征权力、上面刻有公司徽章的银饰藤杖一把。此外，每区还设有由该区所有长老共同组成的咨议机构长老会。同时，为了加强监控，实施有效统治，公司在每区都有派驻政务员和传教士，政务员负责区内行政事务，听取长老关于村内事务的报告并且做出决策，而传教士除了兼任政务员者外，原则上与民政无关，主要负责的是宗教事务。到 1650 年为止，四个地方会议区总共辖有 315 个少数民族村落：北部 69 个、南部 92 个、淡水 93 个、卑南 61 个。

如前所述，荷兰人规定每个会议区每年都要在赤嵌举行一次地方会议，通常时间定在三四月间。例如 1645 年 3 月 8 日，北部举行地方会议，共有 58 个村落长老参加。紧接着是 4 月 7 日的南部地方会议，除山区以外各村村社长老都出席会议。不过，当年东部由于发生天花，加上荷兰人控制力较为薄弱，卑南地方会议被迫取消。但是，为了让次年东部地方会议也能如期召开，当年底荷兰人曾经出征镇压东部住民的反抗。总体而言，由于当时荷兰人的统治中心在大员，因此大员附近的南北两区都能正常举行地方会议，而卑南、淡水两区则是因为距离较为遥远，荷兰人统治力量不足，无法依规定如期召开地方会议。

荷兰人实施殖民统治初期，没有向台湾少数民族征收贡赋，而是在征服一个村社后，命令居民交纳一定的物品作为惩罚，例如 1629 年，命令新港人建一座传教士住房、交纳 30 头猪和每户交一把稻谷；1635 年，命令麻豆人在每年杀害荷兰人之日，带上几只家猪到长官公所谢罪；1642 年，在逼迫法沃兰人签订的条约上规定每年每户必须向公司缴纳五张鹿皮、十把稻谷，并且为荷兰人建造一栋住房。1644 年，荷兰人在召开地方会议期间，首次明确要求所有归服的台湾少数民族都必须纳贡。荷兰人征收贡赋的意义，如同向汉人征收人头税一样，除了增加收入外，也象征着政治上的实质统治，而对于那些反抗的民众，则加倍征收以为惩罚。在征收的物品内容方面，除了建有基督教学校的村社规定必须缴纳大米，以供伙食之用外，其他村社缴纳大米或是鹿皮皆可。当然，为了笼络和奖励一些特殊人物替公司办事，荷兰人免除了他们缴纳的义务。荷兰人征收贡物以村为单位，由各村长老统一征收，再交给驻地传教士或是政务员、公司留驻人员，有时也由军队直接征收贡物。

除了建立统治制度外，荷兰人还采取其他措施来加强控制，其中之一便是削弱领主势力。虽然台湾的村社大多是自治的，不过也有一些地方由一个领主统辖、支配十数个村社，例如领有 17 个村社的琅琊领主，以及在八芝兰与淡水之间、领有 18 个村社的大肚王领主。这些领主因为实力强大，时常对荷兰人的命令置之不理，使荷兰人的政令总是窒碍难行。1636 年，瑯琊领主与荷兰人缔结和约，起初关系尚可，但是随着荷兰人控制力的强化，关系日趋紧张。1642 年，荷军出征台东，瑯琊领主不但不愿意出兵援助，甚至试图袭击荷军的补给部队。于是，特罗登纽斯在率军返抵大员后，立即传唤瑯琊领主及其儿子、兄弟到热兰遮城训话，指责他们对荷兰人、瑯琊住民的行为。不过领主不为所动，态度依旧强硬，[①] 甚至在 1644 年的地方会议时干脆称病不出，直接缺席，只派儿子参加，以示抗议和不满。1645 年 2 月，卡隆向瑯琊领主表示，如果不与公司重新签订条约，就得准备接受武力制裁。在这样的情况下，瑯琊领主只好前往大员，与荷兰人签订了新条约：

一、荷兰承认瑯琊领主领有龟仔角、猪朥束、阿塱卫、四林格和满洲社五个村社，可以向这些地区的住民征收延续至今的所有租税和收入。

二、上述租税在领主死亡后，儿子、兄弟及族亲没有当然继承的权利，必须向公司报告，遵从命令。

三、领主没有斩首权，遇到事情应当先行通知政务员，再交由荷兰台湾行政长官处治。

四、其他非重要事件应该与驻留大木连的政务员商议，并且一起向长老会提出咨询后再行处理。

五、领内各村应当选出两名长老，由公司给予同公司管辖内其他地方长老一样的权限。

六、领主应该善待领内各村住民，使其不致逃避原有的隶属关系。

① 李汝和主编，郭辉译，王诗琅、王世庆校订：《巴达维亚城日记》第二册，台中：台湾省文献委员会 1988 年版。

七、如果领内住民起诉领主，而荷兰人也认为有必要加以保护时，应当诉诸法律解决，不得擅自处分他们。

八、从前由领主领有而现在属于公司的各社仍然归公司治理，领主绝对不可加害他们，应该互相亲善。

九、上述五村住民如同其他台湾人，每年必须向公司纳贡，领主则永远免贡，长老等在任职期间亦予以免除。

十、领主和长老一起出席每年在赤嵌召开的南部地方会议。

十一、没有荷兰人的特别许可，不得将汉人安置于村内，如果发现有违背者，应当交给荷兰人加以惩罚。

十二、领主应当履行上述条件，如有违反，将失去第一款所赋予的权力。①

如此一来，琅琊领主只被允许保留极小部分的权利，已非原本意义上的领主，相反，荷兰人则可以直接通过长老将政令贯彻到每个村社，一改以往通过领主实行间接统治的局面。可以看出，荷兰人对于台湾少数民族的统治，实际上有两个模式：一种是普遍实行的长老制，另一种是领主与长老并行制，领主的地位虽然比长老高，但是在实际运作上，领主的角色被架空，荷兰人仍然以长老为主。

1644 年以后，荷兰人反复“扫荡”，致使原本尚未臣服的大肚王领主也不得不归顺。1645 年 4 月 7 日，他出席了在赤嵌召开的南部地方会议，并且答应接受和琅琊领主一样的条件。荷兰人以武力征服和强行压制等手段削弱领主势力，取得了对领主管辖区的直接统治权。

荷兰人在削弱领主势力的同时，还严格限制少数民族的活动，禁止他们越界狩猎，并且不允许任意迁徙。例如 1642 年，

① 李汝和主编，郭辉译，王诗琅、王世庆校订：《巴达维亚城日记》第二册，台中：台湾省文献委员会 1988 年版。

特罗登纽斯即规定法沃兰人不得在所设定的界限之外捕鹿，同时，也不允许汉人到少数民族领地内捕鹿，以免发生纠纷。1644年，新大目降人不顾禁令任意迁移，荷兰人对此加以处罚。实际上，禁止少数民族任意迁徙，是长老制、地方会议制、纳贡制度等一连串相关制度的配套措施，其目的都是为了使治理制度化，以巩固统治。

另一方面，荷兰人也禁止少数民族与汉族移民任意交往，如1644年的地方会议即宣布不许汉人在少数民族的村内居住，已经在村内居住的应该被驱逐。[①] 汉人居住在少数民族村内的原因，是由于汉商常常到村社进行贸易，用物物交换的方式，以食盐、布匹等日常用品换得鹿皮、鹿脯等物，久而久之，自然会有汉人跟村民建立婚姻关系并在当地居住，这种现象一直持续到荷兰侵台以后。荷兰人认为这会使两者关系紧密结合，不利于荷兰人的统治。1641年，荷兰人发现有汉人在卑南支持少数民族民众反抗时立即发布告示，命令在台东从事贸易的汉人一律离开当地，回到大员居住。此后，荷兰人还与法沃兰人、琅琊人签订条约，明文规定禁止汉人在村内居住或捕鹿。然而如此一来，势必会使村社民生必需品的供应出现问题，为了进行补救，荷兰从1644年11月起开始实行赎社制度，把以往自由的村社贸易纳入行政管理的轨道。该制度规定凡是要进入村社进行贸易的商人，必须事先提出申请，经过投标中选后，加上殷实商人的担保，才能进入村社。

相对于少数民族，荷兰人对汉人的统治较为简单，主要是利用被指派为长老的汉人有力人士，以他们的地位与影响来对汉人社会进行约束。荷兰人把汉人集中在某些特定的区域居住，由长

① 李汝和主编，郭辉译，王诗琅、王世庆校订：《巴达维亚城日记》第二册，台中：台湾省文献委员会1988年版。

老实行管理。长老可参加荷兰人的市参事会，向荷兰人报告一切重要事件。另一方面，荷兰人还在1644年成立一个由四名荷兰人、三名汉人组成，类似长老会的“七人委员会”，负责处理日常的民事纠纷。

早在1629年，目加溜湾就有汉人长老的存在，以后随着移民人数的增加，荷兰人对长老人数进行相应的调整。1646～1647年，大员附近有八名汉人长老，何斌的父亲Kimtingh就是其中之一，此外还有Sitsick、Lakko、Jocktaij、Boicko等人。1650年间，汉人长老增加到十人，如Samsiack、Saqua等人都是。到了郑成功收复台湾的前夕，大员附近仍然有10～12名汉人长老，其中的著名人物有Samsiack、Lakko、Tohip、Sacko、Zekoy等。能够被指派担任汉人长老者，大都是一些在很早以前就已经来到台湾从事商业贸易或垦殖活动，因而致富，并且与荷兰人有深交的人。例如Samsiack在17世纪30年代末期，以每年60～70里耳的税金向荷兰人承包琉球屿；在1641年从事淡水的硫黄贸易；1645年帮助过荷兰人在琉球屿抓人；1650年，他与Saqua一起接受荷兰人的资助种植甘蔗。[①] 曾经充当荷兰人通译的Lakko，在1634年携带荷兰人信件前往澎湖与刘香联系；1639年，在台湾捕鹿，后来从事商业活动。[②] Sacko曾经充当村社贸易税、渔税、宰猪税的承包人或担保人，并且在大目降附近拥有田庄。[③] 这些长老不但是台湾垦殖活动的重要组织者，同时也是移民社会的管理者和领导人物。

---

① 李汝和主编，郭辉译，王诗琅、王世庆校订：《巴达维亚城日记》第二册，台中：台湾省文献委员会1988年版。

② 李汝和主编，郭辉译，王诗琅、王世庆校订：《巴达维亚城日记》第一册，台中：台湾省文献委员会1970年版。

③ 《郑成功收复台湾史料选编》，福州：福建人民出版社1982年版，第191—192页。

汉人长老虽然不支薪，但是荷兰人会给他们一定的经济利益，像是免税种植水稻，从事对外贸易，向荷兰人承包各种税收等。例如苏鸣岗在巴达维亚担任第一任甲必丹，管理华侨事务，荷兰人把从汉人那里收到的赌博税分给他一份，并且给他以征收称量税的权利，这种方式也在台湾实行。何斌在他父亲死后担任长老，他不仅从事范围广泛的对外贸易，而且替荷兰人征收人头税、稻作税和称量税，并且免税种植水稻。Bienco、Sinco、Lakko 等人也向荷兰人承包过各种税收。与此同时，长老还可以利用手中的权力，向汉族同胞敲诈勒索。例如 1651 年 10 月 10 日大员评议会记录就记载汉人抱怨他们必须向每一个长老缴纳贡物，因此，荷兰人决定将长老人数削减下来，直至最低的限度为止。①

荷兰殖民者对台湾人民的统治，除了军事镇压和行政控制之外，传布基督教也是其中之一。他们把传教与行政结合起来，以行政为主，教化为辅，传教是行政组织中的一环，传教人员也是公司的职员。事实上，荷兰人对台湾的控制是军事镇压和传布基督教结合，两者并行。因此，随着荷兰人侵占台湾，基督教的传布也立即展开。1627 年 5 月 4 日，第一位传教士甘治士（Georgius Candidius）抵达台湾后，在新港一面学习当地土语，一面着手布教。但由于 1628 年发生新港社事件，传教被迫中断。1629 年，第二位传教士尤纽斯也来到台湾，他们两人以新港为基地通力合作，使传教事业有所进展。1636 年，荷兰人镇压麻豆等社的反抗后，基督教的传播扩展到新港周围的几个村社以及南部。1637 年 4 月 10 日，尤纽斯率领 34 名士兵前往放续、Dalatok、麻里麻仑等社视察后，派遣三名疾病慰问使和学校教

---

① 杨彦杰：《荷据时代台湾史》，南昌：江西人民出版社 1992 年版，第 100 页。

师到当地传教。1638 年，尤纽斯再度前往南部，将疾病慰问使艾伯特（Willem Elberts）留在大木连。1644 年，荷兰人派遣传教士范布炼到法沃兰学习语言，兼理行政事务，范布炼除了积极向各村宣教，为该区的传教事业奠定重要基础外，还肃清海盗残余，使局势更加稳定。1650 年以后，传教士驻勤地重新调整，热兰遮、萧垄两地被分为热兰遮、新港、麻豆、萧垄四区，法沃兰则分为法沃兰与二林两区。不仅如此，公司甚至还考虑向北部派遣传教士。1655 年，巴达维亚又派遣五名传教士前来，使在台湾的传教士增为八人，是最多的年份。

必须说明的是，在台湾各个地区，荷兰殖民者传教的成效是有别的，也并非能遍及各区，大体而言，重点还是放在大员到诸罗山一带。大员及附近村庄由于靠近政治中心，加上是甘治士和尤纽斯长期经营的地方，因此，传教事业最为可观。据 1638 年的教会视察报告，在大员附近村庄已经有近 5300 人信教，其中新港 1000 人、目加溜湾约 1000 人、萧垄 1300 人、麻豆 2000 人，这些人不分男女老幼，实指能到教堂听教的人数。[①] 至于接受基督教洗礼的人数，1639 年底，新港、大目降、目加溜湾、萧垄和麻豆五社的人口共计 8647 人，而受洗礼人数为 2014 人，占总数的 23.3%。[②] 1650 年以后，尽管台湾的传教事业逐渐衰落，大员附近的传教仍然有相当的进展，1659 年，新港有谙悉教理的信教徒 1056 人、麻豆 701 人、萧垄 697 人、目加溜湾 412 人，分别约占各村人口的 83%、51%、48%和 76%。[③]

---

① 曹永和：《明郑时期以前之台湾》，见黄富三、曹永和主编：《台湾史论丛》第一辑，台北：众文图书公司 1980 年版，第 73—74 页。

② 杨彦杰：《荷据时代台湾史》，南昌：江西人民出版社 1992 年版，第 104 页。

③ ［日］中村孝志著，赖永祥、王瑞征译：《荷兰人对台湾“原住民”的教化》，载《南瀛文献》1956 年第 3 辑。

其次是中部的法沃兰，南部由于气候条件恶劣，传教士大多不愿意前往，所以虽然传教甚早，但是除了候补传教士欧罗浮（Hans Oloff）驻勤期间较有成就外，荷兰殖民者通常只派人定期巡视，其效果可想而知。北部因为荷兰人经常遭受住民的反抗，有很长一段时间无法派遣传教士前往，一直到 1655 年，才有传教士玛修士（Marcus Masius）驻辖淡水、鸡笼，但是依然没有什么进展。至于东部的情况更为糟糕，荷兰人始终未曾派人进入传教过。

荷兰殖民者在传教的每个村落都建有教堂和学校。为了让住民能够普遍信教，规定星期天禁止外出劳动，必须到教堂听教，并且学会早晚及饭前、饭后祈祷等各种仪式，如果有热衷于信教者，则可以受洗成为基督教徒。学校则是进行基督教文化教育的地方。由于少数民族没有文字，有碍于传教事业的发展和教义理解的深入，因此，开办学校讲授文化知识成为急切且必需的项目。1636 年，新港建立第一所学校，起初仅招收 20 名学童，以后迅速增加，紧接着附近各社也兴设学校。到了 1638 年 2 月，新港已经有 45 名男学生、50～60 名女学生，目加溜湾有 84 名，萧垄有 145 名。1639 年，大目降、麻豆同样开办学校，五社学生数多达 400 余人。

不过，这些学生并非都是自愿的，为此，荷兰殖民者强迫他们每日都需要到校学习，否则会被罚款。另一方面，为了使他们安心入学就读，荷兰人以稻谷、衣服和坎甘布等实物及每月八分之一里耳的津贴，来奖励学生入学就读，以期他们能够从小开始接受基督教教义，长大后成为虔诚的基督徒，服从荷兰人统治。同时，荷兰人还希望通过以此来发现一些人才，让他们以后能在村中传教，不但可以解决传教人员不足的问题，还可以避免语言、心理障碍，达到深入传教的效果。这些费用，主要来自传教士收取的狩猎税。

其后，荷兰殖民者还将范围扩大到成年男女，命令他们也要到学校学习。1647 年，精通当地语言的新任传教士倪但理（Daniel Gravius）在学校内开设成年男子班和成年女子班，此时，新港、目加溜湾、萧垄、麻豆、大目降五社总共有 557 名少年班学生和 500 多名成年男女班学生，两者人数相近，可知成年班发展速度之快。不过，成年人与少年儿童的上课时间和时数有所不同，前者男子、妇女分别在天亮前、傍晚上课一小时，而后者则是天亮一小时后开始上课两小时。① 如此安排的原因，是传教士可以把白天的时间用于其他事务。至于学校授课内容，成年男女只要学习各种祈祷和教理问答即可，儿童则是要加学用拉丁文拼写当地语言、朗读课文、写字、习作等等。传教士还用拉丁文拼写出当地土语，编纂各种方言辞典，编译教义书、祈祷文、讲道稿等，甚至编译《圣经》。② 在传教士的努力下，新港少年学校学生中，年龄最大的已经学到《问答书》第十八问，大目降少年学校学生进度最快的已经学会第十五至十六问，目加溜湾少年学校更是成绩斐然，最好的已经学完第五十乃至六十问，其中有一人已经学到第七十五问，而成年男子学校成绩最好的已经学到第三十乃至四十问，成年女子学校最好学员已学到第二十至二十五问。③

荷兰殖民者派驻各村进行传教和教育的通常是疾病慰问使和由士兵中选拔出来的学校教师。这些人素质不佳，难以胜任，为了改善这种困境，荷兰人的解决之道是直接从住民中培养教员。

① ［德］里斯：《台湾岛史》，见《台湾经济史三集》，台北：台湾银行 1956 年版，第 18 页。

② 赖永祥：《明末荷兰宣教师编纂之蕃语文献》，载《台湾风物》1965 年 15 卷第 3 期。

③ 林仁川：《十七世纪初基督文化在台湾的传播》，载《台湾研究集刊》1994 年第 1 期。

例如1639年11月4日，范德柏曾经写信给巴达维亚总督及荷兰联合东印度公司参事会：目加溜湾有12人作为学校教员在练习写字，而萧垄出生的学校教员有4人从事教育。[①] 1643年，为了解决各地学校教员不足的问题，荷兰人决定选拔出50名学有所成的青年，[②] 每人每月给予1里耳的伙食补贴，派到各个学校。1644年，因为所领津贴不够生活，有些教师不得不去耕作或狩猎而忽略了学校的授课，荷兰人进行整顿，把50人裁减为17人，每人每月发给的津贴增加到价值4里耳的大米，让他们能够专心于"教化"事务，至于大米的来源，全由他们任教的各村社负担。

1657年，荷兰殖民者更进一步决定在麻豆兴办少数民族教师学校，培养既熟悉当地语言和风俗习惯，又懂得宗教教理的教员，以进一步提高布教的效果。其学生选自各村少年班中能熟记祈祷及宗教原理，初步学会荷兰语读法和书法的10～14岁少年，采取集中住宿，统一供给膳食、被服的办法，进行强化训练。为了保证因为死亡、品行不良或逃亡引起减员时能及时补足人数，学员设在30人以上。学校设置校长、副校长各一人，负责管理学生并且担负上课任务。学生每天早晨日出前起床，作早祈祷和谢恩，六至八时上第一次课，接着是早餐，九至十一时上第二次课，十二时午餐，下午三至五时再次上课，六时晚餐。每天三餐前后及课前课后都要祈祷、谢恩，午餐和晚餐之前，每隔一天还要聆听朗读《圣经》第一章。学生的上课内容是上午学习基督教教义，下午学习荷兰语，每天上午上课时，也要先学荷兰语，再用方言讲授基督教教义，让学生能够更加深入理解。每星期四为

---

① 李汝和主编，郭辉译，王诗琅、王世庆校订：《巴达维亚城日记》第二册，台中：台湾省文献委员会1988年版。

② 萧垄12名，麻豆10名，新港7名，目加溜湾12名，大目降5名，大武垄4名。

休假日。学校对学生的管理非常严格，平时禁止随意外出，未经许可在外住宿者要受处罚，在校内干坏事者受到鞭笞，没有讲荷兰语的学生则罚以值班等等。

在荷兰殖民者积极推行基督教教育的影响下，很多民众学会用拉丁文拼写自己的语言，形成特有的文化现象。一直到清代，在荷兰人办过学校的一些村社中，仍然可以发现用拉丁文字书写的契约文书，这些文书被称为新港文书，成为后人研究的一项课题。

荷兰殖民者传教是采取强制政策的，凡是无故不到教堂礼拜或学校上课的人，都要被处以罚款，严重的受到鞭笞或流放。而对于各村社中原有的巫师，也采取强行流放的措施，例如 1631 年，尤纽斯接替甘治士在新港任职后，就将 250 名巫女流放到诸罗山，直到 1652 年，荷兰人才同意她们回到原村社。不过，荷兰人这种强制的宗教政策，效果不太理想，民众或是抗拒，或是不能真正理解教义，甚至有的地区连一个真正信教的也没有。等到郑成功收复台湾时，各地民众很快就抛弃基督教，破坏书本和教会用具，恢复了以往的信仰和习惯，并且打杀荷兰人。抗教行动使荷兰传教士闻风丧胆，纷纷从各地撤退。

荷兰殖民者虽然把传教重点放在少数民族身上，但是对汉人也不放过，例如汉人凡是与受洗成为基督教徒的少数民族女子同居，都应该在宗教会议上宣示信仰基督教，否则就必须别居。这是因为以基督教立国的荷兰，规定基督徒不得与异教徒通婚，并且鼓励基督徒的子女出生后要受洗成为基督徒。在这样的情况下，有一部分汉人信仰基督教，例如 1644 年，日本人就曾经查获前往该国贸易的中国商人中有人信教，并且将其中的 12 人送往江户拷问，有数人被拷打致死。① 中国海商信仰基督教的原因，

① 刘宁颜主编，程大学译：《巴达维亚城日记》第三册，台中：台湾省文献委员会 1990 年版。

一方面是为了便于同西方人往来，另一方面则是为了祈求平安，多一个保护神，因为对他们来说，上帝或是耶稣也是众神之一，多多益善。所以17世纪时汉人的信教是有自己特色的，往往既信奉基督教，又信奉中国原有的宗教，例如郑芝龙是个基督徒，不过，他也信仰妈祖，教堂与寺庙并存，是当时台湾的文化景观，同时也可以反窥荷兰人宗教政策的一个侧面。

第三节　汉人的入台开垦与土地制度

荷兰殖民统治时期，大陆向台湾的移民可分为商业移民和农业移民两部分，其中农业移民占有更大的比重，他们与台湾的开发以及糖、米生产的发展，有着十分密切的关系。台湾在荷兰殖民者入侵之前，在当地住民与大陆移民的努力下，已经有相当数量的糖、米生产，但是农耕方法依然很原始，没有挽兽和锄犁。荷兰殖民者入侵台湾后，发现台湾土地相当肥沃，很有开发潜力，为了发展台湾农业，以利于统治，联合东印度公司于是提倡牛犁的利用。不过，农具的改良固然可以促进农业生产，但是在农业技术尚未有较大进步的时代，想要增加农业生产，只能依靠增加耕地的方法，而要利用广大的面积，就必须要有很多的劳力。然而当时的台湾人口稀少，如果向荷兰本国召集，无法符合联合东印度公司的营利目的，同时距离遥远，缓不济急。当地住民则缺乏农业知识，如果给予指导，在监督上需要过多的时间、人手和经费，也不符合公司利益，加上文化不同，交流困难，很难教化。[①] 因此，荷兰人就计划从大陆吸引移民，以发展生产，

---

① 奥田彧、陈茂诗、三浦敦史：《荷领时代之台湾农业》，见《台湾经济史初集》，台北：台湾银行1954年版。

使这个地区的物资得以自给自足，不需要从外地输入，并节省公司职员的伙食费。为了鼓励汉人移民，荷兰人甚至镇压当地住民来保护移民开垦者，并提供公共设施，还以免税、提供牛犁等措施来吸引汉人移民。[①]

荷兰殖民者早期从大陆输入台湾的移民是靠着李旦和郑芝龙进行的，因为这时李旦与荷兰人的关系良好，而郑芝龙则是担任荷兰人的翻译，能够顺利通过他们招徕移民。1633 年 9 月，李旦之子写信给普特曼斯说，1624 年，其父曾经帮助荷兰人从 Pescadores（即澎湖）迁至台湾，又鼓励汉人从大陆移居该岛。当时翻译郑芝龙利用职权向移民勒索，并且进行海盗活动。[②] 李旦死后，郑芝龙继续担负从大陆招徕移民的工作。1628 年，郑芝龙接受明朝招抚，时值闽地大旱，他用船将大批沿海饥民运至台湾安顿。当然，荷兰人自己也会到大陆沿海运载移民，另外，还有一些在台湾投资农业生产的商人利用商船往返的便利条件，招揽大陆移民渡台以获得另一笔收入。除了有组织的移民外，更多的是分散、零星而持续不断的移民活动，这些移民往往是在兄弟、同宗、同族、同村人的介绍鼓动下，搭乘船只到台湾谋生。

1635 年以后，台湾海峡局势稳定，商渔船只往返频繁，是大陆移民迁徙台湾的好时机。这些船只运载人数有所差别，商船因为较大，一般运载人数大多在六七十人至二三百人之间，相对而言，较小的渔船每艘搭载的人数则是几十人。各船多以厦门、安海两个港口为出发点，大陆移民要东渡到台湾，多是先到这两个地方集中，然后再乘船东渡。同样地，他们返回大陆时也是先抵达这两个地方，再回到各自的住所。其中，厦门的地位又比安海

① 欧阳泰著，郑维中译：《福尔摩沙如何变成台湾府?》，台北：远流出版社 2007 年版，第283 页。

② C. R. 博克塞：《郑芝龙兴衰记》，载《中国史研究动态》1984 年第 3 期。

更为重要。可以看出，荷兰殖民统治时期台湾的移民活动，与闽台两地的商业贸易有着密切的关系。

相对而言，东渡台湾的人数多于返回大陆者。例如1637年6月至12月，有19艘船运载1953人到台湾，而同时期有15艘船运载1211人从台湾返回大陆，两项相减，这几个月中在台湾落居的实际人数是742人。1638年1月至11月，共有31艘船运载3263人到台湾，返回的是20艘船运载1948人，两项相减，落居台湾的实际人数是1315人。据以上统计，18个月内到台湾的人数为5216人，而实际在台湾居住的是2057人，占总数的39.4％。①

1646年，清兵入闽，郑芝龙为了个人利益接受招抚，郑成功则拒绝投降，号召义士联合抗清，福建政局动荡不安，百姓朝不保夕。随之而来的自然灾害、疾病流行等因素，也迫使大量沿海居民不得不放弃原居地，向外地迁移以逃避灾难或另谋生路。此时台湾成为一个远离战乱的理想世外桃源。在这种情况下，大陆向台湾的移民出现新的高潮，人数猛增，从1644年的几千人变成上万人，并且发展到数万人，可说是大陆向台湾移民增长速度最快、最重要的时期。

不过，1650年以后，台湾发生了几件大事使移民人数受到影响：1652年郭怀一起事，导致大约3000名在台汉人被杀害或是饿死；1654年发生的蝗灾，使得大批居民因为饥饿而死亡；1656年10月以后长达11个月的时间，郑成功实行海禁，断绝往返于台湾大陆之间的全部船只。尽管如此，总体来说，台湾的大陆移民人数依然呈增长的趋势，1652年，在台的汉民人数约在1.5万～2万人之间，1655年3月至1658年2月，又有488艘船

① 杨彦杰：《荷据时代台湾史》，南昌：江西人民出版社1992年版，第160—161页。

只运载 17808 人到达台湾，就算扣除返回大陆的部分，也还有几千人在台湾落居。到了 1661 年郑成功收复台湾的前夕，大员附近已经拥有约 2.5 万名壮丁，这个数字还不包括未被计入的妇孺。[①]

大致而言，17 世纪 40 年代初期，在台湾居留的汉民不到万人，1646 年以后迅速发展，1647 年约为 1.3 万人，50 年代初期将近 2 万人，中期 2 万余人，60 年代初期达到 3.5 万人。在清兵入闽以后的短短十几年间，台湾汉族人口数量比以前多了好几倍，虽然这些数字并非百分之百准确，但是依然能够反映出当时人口增长的趋势。汉人的迅速增长，一方面带动台湾土地的开发，增加荷兰殖民当局的收入，但是另一方面也使得荷兰人必须加强对台湾的经营和控制，以解决随之而来的统治危机。

从 1649 年缴纳人头税人数来看，汉族男性是 10501 人，女性是 838 人，男性与女性的比例是 12.5∶1，妇女仅占男子总数的 8%。而在 1655 年 3 月至 1658 年 2 月乘船前往台湾的 17808 个移民中，共有男性 16241 人，女性 1567 人，男女比例为 10.4∶1，妇女约占男子人数的 9.6%。大致而言，渡海到台湾的汉族女性占男性的比重在 8%～10%之间，可以说大部分男子都是单身来台的。这是由于当时台湾正处于初步开发的阶段，土地荒芜，条件恶劣，能否安身立命的变量很大，因此，很多移民都先把他们的家眷留在大陆，只身渡台打拼，等到取得一定的成绩后，再将家眷搬迁至台湾。

由于移民的单身渡台使他们必须经常返回大陆探望家庭或解决婚姻问题，因此，每年都有大量移民往返于海峡两岸，这种人口的双向流动是同时进行的。一般情况下，大部分是由大陆流向

① 《被遗误之台湾》，见《台湾经济史三集》，台北：台湾银行 1956 年版。

台湾，但是也曾经出现过相反的情况。例如在 1655 年时，大陆前往台湾的人口为 6937 人，从台湾返回的为 4625 人。然而 1656 年因为郑成功宣布海禁，很多移民怕回乡受阻，集中返回大陆，从当年 7 月起，大陆流向台湾的移民明显减少，返回大陆的人口猛增，仅 7 月至 9 月就高达 1700 余人，此一时期总计前往台湾和返回大陆的人数分别为 5079 人及 5360 人。不过，在 1657 年 8 月开放海禁后局势再度逆转，大陆向台湾的移民迅速增加，单是从 8 月到 12 月，东渡台湾的人数就有 5191 人，反之，返回大陆的才 2483 人。

在平常时期，人口的流动也有一定规律，以 1655 年为例，大陆前往台湾的移民人数达千人以上的月份有 4、5、9 三个月，而返回人数在 1658 年达千人以上的是 5 月和 1 月。由于四五月是春耕时期，所以有很多季节性移民前往台湾，而 9 月将要进入秋收，10 月开始捕鹿，接下去是制糖，因此，9 月渡台的人数也出现高峰，这说明了到台湾的汉民与捕鹿活动、农业生产有着密切的关联。1 月的返回人口主要是为了过年，而 5 月返回的人口几乎都是糖廍的雇工，由于当月糖廍解散，才会导致大批人口返回大陆。

在荷兰侵占台湾的近 40 年间，荷兰殖民者的汉人移民政策，按照需求的差异，可以分为两个阶段：第一阶段是 1624 年至 1630 年，荷兰人在台湾以商业为主，需要的是劳力；第二阶段是在 1630 年以后，荷兰人对移民的需求，由商业性移民转为农业性移民。改变的原因，是因为荷兰对日本的贸易被 1635 年德川幕府“废除朱印状”的命令所搁置，台湾作为转口港功能一时无法建立，所以荷兰企图发展出在台湾自己能生产的物品，供应本地或者出口到其他地方，既能省却公司的支出，而且能够增加获利。综观荷兰殖民统治时期来台的汉人所操持的生计活动，有以下几项：

一、劳工。大凡出外谋生的人，多半是青壮年男子，他们最大的资本就是劳力。在荷兰人刚到台湾时，每一名汉人劳工一天的工资，只需 5 便士，亦即一个人一个月的工资是 15 先令，如此的工资在欧洲人看来，是很便宜的，而且还愈来愈跌价，到了 1632 年，跌成每人每月工资仅需 6 先令。其主要原因是，移民不断涌入，无法找到适合的工作，遂有竞相降价出卖劳力的情形，也难怪荷兰人乐于使用汉人劳工了。

二、渔业。有很多季节性渔民自福建沿海到台湾捕鱼，他们停留在台湾期间，大多是在渔场附近建立渔寮暂时居住，后来这些渔寮就渐渐发展成渔村。有些渔民也变成定居者，并且兼营一些农业，以供生活所需，因此，汉人定居台湾和台湾的农业发展与这些早期的渔民是有密切关系的。荷兰殖民统治之后，在台湾沿岸捕鱼要获联合东印度公司的准许，缴付十一渔业税，这是联合东印度公司的重要税目，荷兰人会派出他们的船只在渔场巡逻。

三、商业。早期到台湾的汉人与当地住民，都停留在以物易物的阶段，荷兰殖民统治以后，荷兰人积极鼓励汉商到台湾交易，并且在赤嵌盖街市安顿。荷兰人重视经济作物如甘蔗等，而众多的甘蔗种植者依然有赖商贩交易，整个荷兰殖民统治时期，商业风气相当兴盛。

四、捕鹿业。荷兰人每年在台搜集大批鹿皮运销日本。荷兰人还制定了一套控制鹿皮贸易的制度，汉人必须缴款取得狩猎执照，并且在规定的区域内狩猎和搜集鹿皮。

五、农业。荷兰殖民者发现台湾土地肥沃，适合生产稻米和甘蔗以供外销，但是当地人只生产自己和家人日用所需，对耕种经济作物没有兴趣，于是，荷兰人鼓励汉人移民到台湾。

不过，由于早期移民人数不多，加上 1626 年赤嵌发生的瘟疫使很多移民纷纷逃离，导致土地开发的进展很慢，粮食与其他生活所需用品不足，荷兰人只能从岛外输入。1635 年以后，随着刘香势力的消减，海上秩序恢复，商渔船只在台湾、大陆间频繁往来，移民数量大量增加，台湾土地开发的成效愈益明显。《巴达维亚城日记》于 1636 年 11 月 26 日记载：公司从赤嵌的汉人手中收购到 12 万多斤白砂糖和黑砂糖，准备送往日本。由于甘蔗的种植越来越兴旺，预计明年可以得到 30 万～40 万斤白砂糖，而且产量还会年年增加。这一年，苏鸣岗到大员定居，荷兰人发布了奖励米、糖及其他农作物生产的命令，并且计划在台湾建置米仓，将往后四年内收获的大米以每拉斯特（1 拉斯特等于 20 担）40 里耳的价格收购，贮入仓内。次年一月，范德柏又报告说：赤嵌及附近各地的稻谷生产依然兴旺，三四年内可望收获 1000 拉斯特以上的大米。如果能够以每拉斯特 50 里耳的价格购入，对公司和印度领地来说都是一件相当好的事情，既不必向其他国王或领主购买大米，也不会陷入饥饿的困境。[①]

随着移民人数的激增，土地开垦速度进展飞快。根据荷兰殖民者的估计，1640 年 12 月，甘蔗种植面积大量增加，可以得到 40 万～50 万斤白砂糖和黑砂糖，相较之下，水稻的种植还不是很多。1641 年 3 月 17 日，特罗登纽斯预计在 5 月将可以得到 50 万斤白砂糖和黑砂糖。由于农作物的种植年年增长，大陆汉民热衷于耕作赤嵌附近的土地，使得荷兰人之前使用的道路成为农地，以致道路不够使用。1643 年，荷兰当局下令汉人负责修造一条从赤嵌直通新港河、长 1.25 英里、宽 60 荷尺的大马路，路的两旁各有一条宽 3 荷尺的排水沟。同年，为了应付日益增加的移民人数，荷兰人允许汉人申请执照前往北部经商或进行农业垦殖，以鼓励汉人迁移到北部，如此一来，不但可以增加公司的收

① 李汝和主编，郭辉译，王诗琅、王世庆校订：《巴达维亚城日记》第一册，台中：台湾省文献委员会 1970 年版。

入，还可以改善北部守兵食物等必需品的供应。

1646年以后，福建的频繁战乱和社会经济的破坏，使得移民台湾的人数大量增加，土地垦殖随之进入了新的发展阶段。1647年赤嵌附近的耕地面积比1645年增加了将近一倍，其中稻田由原来的1713摩根（morgen，即“甲”，1甲约等于96.99亩）增加到4056.5摩根，甘蔗园从原来的612摩根增加到1469.25摩根，加上甘薯、蓝靛等其他作物的耕地，总面积达到5607.75摩根。[①] 1648年，台湾砂糖的产量约为90万斤，其中有30万斤荷兰人计划运至波斯，剩余的作为压舱货运往荷兰本国。[②] 1650年，台湾砂糖产量达到历史最高峰，甘蔗园种植面积达到2928摩根，荷兰人从汉民手中购入的砂糖超过352万斤。然而，甘蔗种植面积飞速增长带来的负面效应，是收成时所需的资金和劳力严重不足，致使很多甘蔗无人收割，只能任其坏在田中，因此，1651年以后，甘蔗种植面积减少到仅剩下1300多摩根。随之1652年的郭怀一起事以及1653年11月至1655年先后出现的三次大蝗灾，使台湾农业生产损失惨重。1654年的总耕地面积下降至4200多摩根，比1650年减少了大约三分之一，而荷兰人在1653年收购砂糖的数量则降为93.8万斤，倒退到1650年以前的水平。

1657年郑成功开放海禁后，台湾的移民人数又再度攀升，土地开垦面积也随之猛增。1657年，荷兰公司收购了99万斤砂糖，其中的80万斤输往大陆。1658年，公司收购了173万斤的砂糖，其中60万斤输往日本，约80万斤输往波斯。1660年砂糖产量约为150万～160万斤，其中80万斤输往波斯，另总耕地面积有11484摩根。

总体而言，台湾的土地开发虽然是向前发展，但却不是呈现

---

① ［日］中村孝志著，王世庆译：《荷领时代之台湾农业及其奖励》，见《台湾经济史初集》，台北：台湾银行1954年版。

② ［日］岩生成一：《荷郑时代台湾与波斯间之糖茶贸易》，见《台湾经济史二集》，台北：台湾银行1955年版，第53页。

出上升的一条直线，当中也有倒退和停滞的现象，尤其以1651～1654年的反复最为明显。从稻田和甘蔗园的种植面积来看，稻田比甘蔗园多，不过两者的比例并不稳定，有着剧烈的变动。一般说来，甘蔗的种植面积大多在1300～1600摩根之间，1650年较为例外，达到2928摩根。相较之下，水稻种植面积波动性很大，原因在于由甘蔗制造出的砂糖属于国际贸易商品，受到荷兰人的十足关注，有确实的收购机制和扶植政策，因此种植面积较为稳定。水稻主要提供给移民当作食粮，所以会随着人口的增减以及土地开垦中各种因素的影响而发生变化，加上与统治者的商业利益较没关系，自然不受重视和保障。

荷兰殖民统治时期，台湾开垦的土地大都集中在台南附近，再向南北扩展到清代时的凤山、诸罗二县，而北部的鸡笼、淡水仍然很少。这些被开垦出来的土地主要是种植水稻和甘蔗，此外，还有蓝靛和麦子等其他农作物。蓝靛的种植大约要到17世纪40年代初期才开始，当时荷兰人将得到的一批蓝靛种子发给农民试种，但是由于种子过于陈旧，没有发芽，因而失败。对此，特罗登纽斯建议巴达维亚总督送来种子，并且派遣几名有经验者到大员指导如何种植。1644年，商务员庞塔挪斯（Bocatius Pontanus）与公司签订合同后开始种植蓝靛，但是因为遭受到暴风雨的侵袭，当年完全没有收成。尽管如此，他还是希望公司能够继续提供资助，并且估计已经种植的2000摩根蓝靛，如果收获正常，可以得到2345～5345里耳的利润。[①] 然而，1645年依然因为暴风雨的缘故，使蓝靛的收获甚少。除了庞塔挪斯的尝试外，1647年，赤嵌附近也种有51摩根的蓝靛。1650年以后，公司仍然还有130摩根的蓝靛田承包给中国农民耕种。麦子的种植

① 李汝和主编，郭辉译，王诗琅、王世庆校订：《巴达维亚城日记》第二册，台中：台湾省文献委员会1988年版。

方面，1645年在赤嵌附近开垦的土地中，有大麦和其他各种菜园161摩根，以后逐年减少，1654年，仅有约3.5摩根的麦田，1655年更减至1.5摩根，所占比例已经微乎其微。此外，当时台湾还有生姜、甘薯、大麻、芸台、豆类、蔬菜、果树等作物的种植，当中有些水果或作物是荷兰人从岛外引进的。

为了发展农业生产，荷兰殖民当局修筑了一些埤、陂、潭、井之类的水利设施，例如参若埤、鸳鸯潭、荷兰陂、马兵营井、红毛井、王田陂、龙目井等等。水利设施的分布约略与土地开垦区域相一致，多数集中在台南，也有分布在诸罗、凤山县境者。如1661年3月14日，揆一写信给巴达维亚总督说：从淡水河开渠至盐水河，将在二三十天以内完成。[①] 从荷兰人绘制的地图来看，淡水河与盐水河在赤嵌耕地以南，相当于今天的二层引溪至竹子口溪之间，[②] 处于清代的凤山县境内。

此外，荷兰殖民者还从澎湖输入牛只在台湾放养繁殖，然后提供给少数民族或汉族移民耕地。到了1640年12月时，这些农用牝牛和牡牛的数量大为增加，包括荷兰公司和个人饲养的牛只，已经有1200～1300头。[③] 不过，荷兰人并不是无偿提供耕牛，而是进行有偿的买卖。例如1649年4月30日，大员评议会提供给倪但理3542.5里耳的贷款，以购入121只耕牛出售给新港及附近的住民。[④] 倪但理先将其中的30头卖给萧垄人，后来又

---

① 刘宁颜主编，程大学译：《巴达维亚城日记》第三册，台中：台湾省文献委员会1990年版。

② 郭水潭：《两幅古图谈鹿耳门考证》，载《台南文化》，1962年7卷第3期。

③ 刘宁颜主编，程大学译：《巴达维亚城日记》第三册，台中：台湾省文献委员会1990年版。

④ ［日］平山勋：《台湾社会经济史全集》第十四卷，台北：台湾经济史学会1934年版，第35—36页。

以 340 里耳的售价将 7 头牛售予新港人，[①] 平均每头耕牛的购入价是 29.27 里耳，而出售价高达 48.57 里耳。另一方面，也有部分的耕牛由公司饲养，然后提供给农民使用，当然，这些牛的提供是有条件的。例如 1650 年，荷兰人提供 130 摩根的蓝靛田给农民耕种，同时还援以犁和 33 头耕牛、550 里耳的资金，并且规定这些耕牛如果在使用期间死亡，每头牛要赔偿 20 里耳，反之，如果生出小牛，每头则给予 6 里耳的奖励。1651 年，公司又将这些田承包出去，并且提供犁和 26 头耕牛、220 里耳的经费，每头耕牛死亡的赔偿费定为 15 里耳。[②]

为了奖励农作，荷兰殖民者还实行某些免税政策，归纳起来可以分为三大类：其一是对某些荷兰人急需、有意加以扶持的经济作物免税，例如砂糖、蓝靛的种植即是。17 世纪 40 年代中期，荷兰人还向中国人 Saqua 提供 200 摩根的土地，让他免税养蚕。其二是因为自然灾害而实行的免税，不过不是所有的自然灾害都能获得如此的待遇，通常是得到公司确认的重大灾害才会被完全免除。例如 1646 年，赤嵌附近发生严重的干旱，致使稻田颗粒无收，为了避免农民放弃耕种，荷兰人准许免除当年的稻作税。而 1656 年 10 月上旬台南地区的特大暴风雨，虽然导致很多房屋的倒塌以及居民的死亡，稻田、蔗园也受到严重的破坏，但是当年的稻作税仍然照常征收，不过税额有所降低。其三则为对新垦地的免税，用以鼓励农民积极开垦土地。例如 1657 年，荷兰殖民者就曾经准许新开垦的土地免除五年的十一税，期满后垦地归

---

① ［日］中村孝志著，王世庆译：《荷领时代之台湾农业及其奖励》，见《台湾经济史初集》，台北：台湾银行 1954 年版。

② ［日］中村孝志：《荷据台湾的地场诸税》，载《日本文化》1964 年第 42 号。

公司所有。[①]

荷兰殖民者奖励台湾农业发展的目的，是为了促进殖民经济，加强对殖民地的掠夺和统治。这些奖励措施虽然在客观上有利于台湾农业生产的发展，但是并没有给直接生产者带来任何的利益，他们依然一贫如洗，相反，荷兰公司的财富却是日益增长。因此，这些措施是殖民地政策的一环，是专门为荷兰人的利益量身定制的。

荷兰殖民者占领台湾后，将土地据为己有，然后提供给中国人耕种，而中国人领垦土地主要有两种类型：其一是由资本充足的实力派出面申领，进行大规模的种植。例如 1637 年，Hambuan、Cambing、Jaumo 以及苏鸣岗等人，各自选定了几个面积达 20 摩根的区域进行种植。[②] 苏鸣岗是巴达维亚的华人甲必丹，曾经承包过各种税收，还担任过公司裁判所法务委员，相当富有。[③] Hambuan 是 17 世纪 30 年代与荷兰人贸易的重要商人之一，为公司提供过大量商品。[④] 这些人几乎都是长老兼大商人，而且领垦的土地面积都很大，属于大垦主。很显然地，单靠垦主个人种植完这些土地是不可能的，他们的应对之法是召佃或是直接从大陆招揽人手来台耕种。如此一来，荷兰殖民者有了代理垦殖和管理土地者，而这些代理人也从中获得部分的土地收益。另外，还有由个体农民向荷兰人领垦小块土地，这些农民资本少，或是自耕自种，或是雇募少量人手耕种，例如郭怀一即是。

---

① 刘宁颜主编，程大学译：《巴达维亚城日记》第三册，台中：台湾省文献委员会 1990 年版。

② 李汝和主编，郭辉译，王诗琅、王世庆校订：《巴达维亚城日记》第一册，台中：台湾省文献委员会 1970 年版。

③ 李汝和主编，郭辉译，王诗琅、王世庆校订：《巴达维亚城日记》第一册，台中：台湾省文献委员会 1970 年版。

④ 李汝和主编，郭辉译，王诗琅、王世庆校订：《巴达维亚城日记》第二册，台中：台湾省文献委员会 1988 年版。

不管是大垦主还是小垦主，荷兰殖民者都是用协垦制度，即结合许多农业劳动者从事土地开拓，是一种强制性的合作组织，以利于农业发展。这种协垦制度，即是所谓的“结首制”，其内容为：

一、合数十佃人为一结，各佃皆自有耕地，在一结之内，劳力资本皆可流通。

二、在一结之中，以通晓事理而出资多者为首，是为小结首。

三、在小结首中，再推出公平、为众所信服而最有力者为首，是为大结首。

四、结首接受官署命令，负有约束众佃的任务。

五、有公事时，官署可以咨询或命令大结首，大结首传令于小结首，小结首则以之告知众佃。

六、凡以垦地分配于众佃时，按照众佃出资多少，以定甲数多少。先决定某佃在某处可获得一甲或数甲或数十甲应该出资若干预算，官方稽查其实在能力，给以垦照，所以每结之中，有种地一甲、二甲的佃人，而最大者至数十甲。至于结首分配的甲数，一般为最大佃人者之倍。

七、按照上项分配法，领有数甲以上的人，大抵无法独力耕种，而一定要雇用劳动者数人或十数人，但是纳税责任，则是由佃户自己负担，与小结首和大结首无关，以免拥地过多。①

在台湾的农业生产中，雇募工人进行土地开垦和作物种植的现象十分普遍，而雇工因为受剥削严重，过着极为贫困的生活，并且处于社会的最底层。1651 年 10 月 24 日，巴达维亚特使弗斯特根（Willem Verstegen）和大员评议会写信给巴达维亚总督及

---

① 奥田彧、陈茂诗、三浦敦史：《荷领时代之台湾农业》，见《台湾经济史初集》，台北：台湾银行 1954 年版。

联合东印度公司参事会说：大多数的中国人十分贫困，因此，已经导致一些人又返回他们原来的住所。因为这些贫苦的工人在甘蔗成长期间，无事可干，只是从他们雇主那里每月领取10%～12%的工资，至收成时无任何补偿。他们打着赤脚进入教堂，或是上山拾柴煮粥，或是被迫干一些杂活，使得他们失去兴趣，回到原来居住的地方。

在荷兰殖民统治时期，台湾存在着许多“牛奔廍”，这种糖廍与清代闽南由几个小农合作设立的牛奔廍是一样的，这说明台湾的制糖业不仅生产技术和工具都由大陆传入，而且生产组织形式也与大陆相同。除此之外，当时台湾可能也存在着像清代那样的“头象廍”，因为荷兰殖民统治时期有大商人投资于砂糖生产，他们拥有大片蔗园，雇募很多工人，也必定要自己设立糖廍来制糖。这些糖廍生产规模较大，工人自由地出卖劳力，而且从事的是商品性生产。

荷兰殖民者为了获取大量砂糖，对甘蔗种植、制糖采取扶植政策，甘蔗种植予以免税，同时通过提供贷款等方式，控制和影响砂糖生产。1650年甘蔗收成时，由于种植过多，资金紧张，荷兰人就决定向那些甘蔗种植主提供贷款。同年12月30日，费尔堡（Nicolaas Verburgh）和大员评议会致信巴达维亚总督及联合东印度公司参事会说：甘蔗产量将比去年多一半以上，以致各地农夫都感到资金严重不足，我们也担心他们将由此被迫把甘蔗留在园内。为了稍微避免这一有害的停滞，根据大员10名中国人长老的请求，大员评议会建议公司同意提供给每个长老200担胡椒，每担15里耳，以物物交换的方式，订定在今后的七个月内，他们必须将好的砂糖以平价卖给公司，作为抵偿。由此可见，荷兰人提供资助是有条件的：一方面，他们提供的是商品，让这些长老去出售再转换成资本，这样荷兰人可以首先获得一笔商业利润；另一方面，又通过提供贷款取得了对砂糖的收购权，砂糖价格还由荷兰人决定，这样就可以保证台湾所产砂糖基本上落入荷兰人手中。荷兰人不仅资助那些最重要的甘蔗种植主，对于其他一些蔗农也准备提供高利贷款。[①] 可以说，台湾的砂糖几乎都被纳入荷兰人的商业贸易中。

台湾水稻的种植不同于砂糖生产，后者实行雇工制，而前者则实行租佃制。由于稻谷不是国际贸易商品，荷兰人对前者的关注不如后者：种植甘蔗免税且荷兰人收购砂糖，种植水稻不但必须纳税，也没有收购机制。荷兰人出于消费目的而购买粮食，但是他们不一定要在岛内购买，因为如果台湾的粮价高于其他稻米生产区，基于利益上的考虑，他们会舍近求远，到外地购买粮食运回台湾。另一方面，粮食与移民的生活息息相关，是他们能否在台湾生存的基本条件，因此，不可能由荷兰人完全垄断收购，也没此必要。荷兰人没有控制稻谷的生产，粮食的贩运与销售主要靠中国人自己，荷兰人只在某些特殊情况下才会进行干预。例如 1647 年，由于台湾连年灾荒，收获不丰，稻谷存量不多，殖民统治者禁止米谷向大陆输出，这项禁令一直持续到 1648 年。1649 年到 1653 年情况好转，台湾农业生产经常丰收，此时台湾又有相当数量的大米被输往大陆。1654 年和 1657 年，郑成功和荷兰人之间的对抗导致荷兰人再次实行粮食禁运政策。[②] 1658 年，郑成功解除海禁，和荷兰人关系有所缓和。商业贸易环境好转，加上台湾农作物丰收，此时又有大量的谷物被输出到大陆及其他地方。[③] 1660 年以后，郑成功攻打台湾的消息频传，荷兰人

---

① 杨彦杰：《荷据时代台湾史》，南昌：江西人民出版社 1992 年版，第 187—188 页。

② ［日］中村孝志：《荷据台湾的地场诸税》，载《日本文化》1964 年第 42 号。

③ 《被遗误之台湾》，见《台湾经济史三集》，台北：台湾银行 1956 年版。

又禁止米谷出口到大陆。[①]

总体而言，整个荷兰殖民统治时期，米谷在台湾呈现出双向流通的情况，一方面，大陆商人经常将台湾的大米输往大陆；另一方面，荷兰人则一直从外地购买粮食运回台湾。造成这种情形的原因，如前所述，与当时各地米价的高低有直接关系，加上荷兰人在暹罗、日本等粮食价格相对低廉的重要产粮区都设有商馆，荷兰商船又经常往来于这些国家进行贸易，可以很轻易和便利地购买到大米，因此，没有必要高价收购台湾的大米。对荷兰人来说，与其垄断、损失利益，倒不如让台湾生产的粮食自由流通，以应移民所需，并且让大陆商人有更多的财源和利益，以此笼络，还能够稳定社会秩序，使汉人更加乐意到台湾开垦或从商。

第四节　荷兰殖民者对台湾的经济掠夺

荷兰殖民者对台湾的经济掠夺，除了上节所言对农产品的掠夺外，还包括对自然资源的掠夺及赋税收入两方面，前者有鹿皮、黄金、硫黄、煤炭等物。荷兰人占领初期，由于开垦的土地不多，农作物种类少且产量不丰，不足以成为殖民统治者的利益来源，因此，他们首先将焦点放在对鹿皮的掠夺上。关于台湾鹿皮的交易，在荷兰人来到台湾之前，大陆商人就经常到台湾用玛瑙、瓷器、布、盐、铜簪环之类，与当地人民交换鹿的脯、皮、角，然后再输往大陆或日本。据说每年可以获得 20 万张鹿皮和

---

① ［德］里斯：《台湾岛史》，见《台湾经济史三集》，台北：台湾银行 1956 年版，第 21 页。

为数颇多的鹿肉等。[①] 与此同时，日本人也经常直接派遣商船到大员购买鹿皮，或是与大陆商人进行贸易。依据 1624 年 1 月巴城总督卡彭铁尔向阿姆斯特丹总部的报告，有一艘日本戎克船曾经载走大约 1800 张的鹿皮，还有许多中国货物。[②] 荷兰人为了参与国际鹿皮交易，早在 1623 年雷尔生还在澎湖的时候，就已经派人到大员收购鹿皮了。[③] 来到台湾后，更是多次派人调查鹿皮的出产与贸易情况，并且着手进行收购或狩猎。在西班牙人 1626 年所绘制的大员港口图中，赤嵌西南方画有两个身穿红衣、正在捕鹿的荷兰人，并且注明公司猎场字样。[④]

台湾当地民众捕鹿的方法有两种：一种是最为常见的集众围捕，另一种是设置陷阱。当地民众千百年来，已经发展出可持续性捕鹿的方式，即使长年捕鹿，鹿亦不绝。[⑤] 然而，他们的方式不能满足荷兰人的商业利益，荷兰殖民者允许汉人入山捕鹿，并且对有所妨碍的民众采取强硬措施，出兵镇压。除了能够获取鹿皮进行国际贸易外，荷兰人还有税收上的利益，因为汉人入山前必须向荷兰人交纳狩猎税，以领取捕鹿许可证。按照公司的规定，每张用罠许可证每月必须缴纳 1 里耳，每张设置陷阱许可证每月缴纳 15 里耳，征税与发证都由传教士掌管执行。传教士将这笔每年多达一二千里耳的收入，用于传教、教育及其他开支。

---

① 李汝和主编，郭辉译，王诗琅、王世庆校订：《巴达维亚城日记》第一册，台中：台湾省文献委员会 1970 年版。

② ［日］中村孝志：《十七世纪台湾鹿皮之出产及其对日贸易》，见《台湾经济史八集》，台北：台湾银行 1959 年版，第 25 页。

③ 李汝和主编，郭辉译，王诗琅、王世庆校订：《巴达维亚城日记》第一册，台中：台湾省文献委员会 1970 年版。

④ 曹永和：《欧洲古地图上之台湾》，见《台湾早期历史研究》，台北：联经出版社 1979 年版，第 344 页。

⑤ 江树生：《译者序》，见《热兰遮城日志》第一册，台南：台南市政府 1999 年版。

入山捕鹿的汉人一般都是有组织的，可以分为两类：一类是领证不多，甚至十分穷困者，另一类则是有实力的大商人。例如于1637年1月3日领取10张许可证在诸罗山捕鹿的Lakko即是如此，他在郑成功复台前夕担任大员长老，与荷兰人进行黄金交易，并且向荷兰人通报关于郑成功的消息。[①] 这些首领大多买有十几张甚至多达三四十张的许可证，这些许可证如果有多余，过一段时间后还可以根据实际情况缴还给荷兰人或让渡他人。例如Jauchijm于1638年10月21日领取25张许可证，次年2月21日缴还14张，其余继续使用到4月22日。此外，他还在1月22日从Theitiau手中得到10张许可证。

荷兰殖民者按照市场需求以一定的价格收购汉人所获得的鹿皮，1633～1641年，荷兰人制定的收购价是每百张皮根据等级分别为上等13两、中等11两、下等5.4两，但是在1642年底，由于日本市场价格下跌导致鹿皮滞销，荷兰人因而降低收购价，改为每百张上等皮10两、中等8～9两、下等4两。这个价格持续了两年的时间。1644年底，由于收购价实在太低，以致猎人不愿捕鹿，鹿皮产量下降。在这种情况下，荷兰人只好将收购标准略为提高到上等皮每百张10.95两、中等皮9.125两、下等皮4.5625两。[②] 荷兰人通过不断调整价格来解决供需平衡的问题，进而控制、影响捕鹿活动的进行。

荷兰殖民者掠夺台湾鹿皮资源的手段，除经济之外，还利用行政、军事的干预等超经济的强制，以确保能掌控所有的鹿皮。卡隆曾报告，1644年，虽然台湾很少有鹿皮输出到中国大陆和其他地方，但还是有大陆商人在西二林（Dorenap）和淡水之间购

---

① 刘宁颜主编，程大学译：《巴达维亚城日记》第三册，台中：台湾省文献委员会1990年版。

② 李汝和主编，郭辉译，王诗琅、王世庆校订：《巴达维亚城日记》第二册，台中：台湾省文献委员会1988年版。

买鹿皮，而大尉波恩的出征，想必可以迅速防止这种情形持续下去。[1] 由此可知，在控制范围内，荷兰人尽可能收购所有的鹿皮，至于其他地方，荷兰人则诉诸武力以避免鹿皮外流，当然最好是能够全都落入自己的掌握中。此外，荷兰人也趁着汉人经济穷困时，以代垫狩猎税来垄断鹿皮收购权利，防止鹿皮由外人所得。如 1640 年 10 月 23 日，传教士尤纽斯致信巴城总督言：

> 许多中国人穷得付不出执照费，要求我给他们代垫；他们答应在打猎之后把鹿皮卖给我，无论大小，每一百张十个里耳，而前任总督也答应我们可以这样做，只要我们自己负责由于中国人逃跑或者是负债不偿所造成的一切损失。总督是很同意代垫的方法，因为这么一来，一切鹿皮均归我们所有。[2]

1640 年的鹿皮收购价，以上中下三等平均计算，每百张为 9.8 两，约合 13.42 里耳，而尤纽斯的收购价每百张只有 10 里耳，荷兰人通过代垫的方式，不仅控制鹿皮的收购，而且压低了价格。由于荷兰人通过各种手段垄断鹿皮，使得从台湾返回大陆的商船所载货品很少有鹿皮，只有在 17 世纪 40 年代初期，因为日本的鹿皮需求量下降，荷兰人才允许自由贩卖少量鹿皮到其他地方。

除了向汉人收购鹿皮外，荷兰殖民者也从少数民族方面下手，其方法主要有两种：一是由汉商通过原有的商业渠道至各村社进行鹿皮交易，之后再转卖给公司。荷兰人侵占台湾后，汉人

---

① 李汝和主编，郭辉译，王诗琅、王世庆校订：《巴达维亚城日记》第二册，台中：台湾省文献委员会 1988 年版。

② ［英］甘为霖：《福摩萨传教成功记》，见《郑成功史料选编》，福州：福建人民出版社 1982 年版，第 221 页。

依然持续到各村社收购鹿皮，例如1638年4月就有三艘从烈屿出发、总共运载76人的大陆船只先抵达大员，再到其他地方捕鱼和从事鹿皮贸易。[①] 按荷兰殖民者规定，来到台湾的船只必须先在大员停靠，领取许可证后才可以到其他地方活动，完事后同样必须先返回大员接受荷兰人的监督和检查，缴交相关费用始可离境。虽然这些船只所获得的鹿皮来源并不一定都是来自少数民族，有些可能是汉人的狩猎物，汉商也不一定愿意将鹿皮卖给荷兰人，但是在荷兰人严密控制下，必定会有许多的鹿皮因此落入他们的手中。另一条渠道是通过行政命令，强迫少数民族纳贡鹿皮，例如1642年2月，特罗登纽斯对法沃兰人的惩罚中，就包括每户每年向公司缴纳五张鹿皮。11月20日，特罗登纽斯又要罗奥廷斯（Johannes Lauotins）在镇压法沃兰后顺路到东西螺等社，命令每户每年必须贡纳十把稻谷和五张鹿皮以示服从。[②] 1644年3月，在赤嵌召开的南北东部地方会议确定了纳贡制度，规定往后所有归服的村社，每年都必须缴纳鹿皮或稻谷给公司。这成为荷兰人掠取鹿皮的一个固定来源。不过，荷兰人有时也会以物物交换的方式来获得鹿皮。《巴达维亚城日记》于1644年12月2日就曾记载：该年6月，卑南觅被大火烧毁，致使公司的房屋及作为购买鹿皮使用、价值约280盾的物品都被烧掉。[③]

荷兰殖民者将收集到的鹿皮绝大部分运往日本出售，1633年，荷兰人制定了收购鹿皮价格，表明此时鹿皮的获取已经逐步走上正轨。1634年，从台湾输往日本的各种鹿皮达11万张以上。

① 曹永和：《明代台湾渔业志略补说》，见《台湾早期历史研究》，台北：联经出版社1979年版，第199页。

② 周宪文：《荷兰时代台湾之掠夺经济》，见《台湾经济史四集》，台北：台湾银行1956年版，第63页。

③ 李汝和主编，郭辉译，王诗琅、王世庆校订：《巴达维亚城日记》第二册，台中：台湾省文献委员会1988年版。

1636年以后，随着镇压了台湾少数民族的反抗，荷兰人的统治范围日益扩大，加上大陆移民增多，台湾对日本的贸易也迅速发展，因此，捕鹿活动出现高潮，鹿皮销售量持续攀升，1638年高达15万多张。不过，40年代下滑严重，只有五六万张至八九万张。

40年代台湾鹿皮销售量急剧下降的原因，是由于荷兰人大量收取鹿皮，过度滥捕给鹿皮资源带来极大的破坏。特别是1638年至1640年三年间不停地捕抓，使台湾鹿的数量大为减少。有鉴于此，殖民统治者决定禁止掘穴张网捕获一年。[①] 荷兰人限制狩猎的目的是为了维护自身长远的经济利益。一年过后的1642年，在台汉人虽然提出申请捕鹿许可，但是只被允许用罠，停止使用陷阱，可见鹿的数量仍然不足。1644年，虽然荷兰人拟发出400张许可证，以获得5万张鹿皮为目标，但是实际上只发出364张（北部331张、南部33张）。于是，卡隆认为如果连续狩猎两年，第三年不停止的话，就会全部绝灭。荷兰人当时不得不从暹罗增加定购，以应日本之需。[②] 荷兰人的限猎和停猎措施，收到了些许的效果，1652年以后台湾鹿的数量有所回升，因此50年代鹿皮的输出量再度增加。不过从趋势来看，在荷兰人竭泽而渔的掠夺政策影响下，台湾鹿的数量愈来愈少，以往群鹿自由自在地奔驰于原野上的情景已不复见。

除了鹿皮外，荷兰殖民者还在台湾掠夺黄金、硫黄、煤炭等自然资源。荷兰人侵占台湾之前就已经知道台湾有生产黄金，1622年，雷尔生在澎湖从与中国官员的谈判中，得知淡水有黄金出产。来年3月，他派遣首席商务员斐瓦德（Adam Verhult）到

① 李汝和主编，郭辉译，王诗琅、王世庆校订：《巴达维亚城日记》第二册，台中：台湾省文献委员会1988年版。

② 李汝和主编，郭辉译，王诗琅、王世庆校订：《巴达维亚城日记》第二册，台中：台湾省文献委员会1988年版。

大员尝试贸易时，与荷兰人亲善的李旦又主动告知鸡笼、淡水附近有黄金。1624 年，荷兰人虽然占领了大员，但是由于有许多更为重要的问题等待处理，无力顾及其他，因此，直至 17 世纪 30 年代中期，荷兰人都没有余力对台湾金矿进行探查。1634 年 4 月，尤纽斯听说有人在琅琊附近的山中河床发现金子，于是派遣一名汉人前往当地调查，并且想办法与当地住民亲善。12 月，琅琊领主率众与荷兰人缔结盟约，此后，荷兰人的势力逐渐扩展到东部。1637 年，范德柏派遣中尉尤利安生到琅琊、卑南调查金矿。次年 1 月，他又命令上尉林迦率领 130 名士兵经琅琊前往卑南，此次虽然荷军有听说哆啰满河附近的里漏各村以及距离卑南一天路程的另一个村子出产黄金，但是因为真假一时难以判定，林迦便委托候补商务员威瑟灵留在当地继续调查，自己则先行返回大员。①

威瑟灵可说是荷兰人在台东查找金矿的急先锋，他于 1639 年四五月间多次向大员报告调查情况。次年 5 月 5 日，他又带领几名荷兵从卑南出发前往里漏，但是没有抵达目的地就在途中因故返回。12 月 6 日，军曹斯密托（Juriaen Smito）奉命率领 10 名荷兵前去增援。威瑟灵便带领着 15 名荷兵再次出发，结果在傀儡山得到 3.1 钱的黄金，并于 1641 年初由海路撤返大员。二三月间，威瑟灵又奉命进入台东查明黄金的确切产地，此次虽然一直往北行进到鸡笼附近，还是没有发现金矿的踪迹。5 月，他又从大员前往淡水，试图从另一侧翻山进入台湾东北部，不过遭到当地住民与硫黄商人的抵制，计划失败。

1642 年 8 月，荷兰殖民者攻占鸡笼后，特罗登纽斯立即命令荷军兵分两路前往东部海岸继续探查金矿。9 月，康尼利斯

---

① ［日］中村孝志：《十七世纪荷兰人在台湾的探金事业》，见《台湾经济史五集》，台北：台湾银行 1957 年版。

(Cornelisz) 和拉莫提 (Lamotius) 各自率领一支部队从鸡笼出发，分别前往三貂角和东海岸。但是，这两支军队同样遇到山高谷深、道路奇险的问题，而且又听说产金地的住民生性凶猛，不好应付，加上气候恶劣，考虑到诸种不利的因素，他们只好派遣部分荷兵改由海道前往噶玛兰、苏澳等地调查，主力部队则折返回鸡笼。① 虽然此次探险使荷兰人认识到由北部进入台东同样很困难，不过还是有收获，除了攻下鸡笼为查找金矿打开另一条通路外，他们终于知道台湾黄金的确切产地在哆啰满。②

尽管如此，荷兰在台湾的统治者经过再三考虑，认为如果操之过急，势必反遭其害，倒不如耐心等待哆啰满人的归服，并且总有一天能够发现一条抵达该地的便利通道。③ 由此可知，荷兰人虽然终于查到黄金的确切产地，但是要付诸实现仍旧有很大的困难。为此，他们采取了三个措施：④

一是继续派兵出征台湾东部和北部，镇压当地住民，寻找金矿，同时利用余威迫使哆啰满人归服。1644 年底，卡隆就计划派遣布恩率军出征台东，讨伐 Sabien、Tellaroma 和马太鞍人，同时查找金矿。不过，由于风浪太大，军队粮食无法运送，只好把这项计划取消，改派上述军队出征北部。1645 年初，布恩又率领舰队前往卑南，将粮食事先运抵该地。⑤ 同年 11 月，首席商务员

---

① ［日］中村孝志：《十七世纪荷兰人在台湾的探金事业》，见《台湾经济史五集》，台北：台湾银行 1957 年版。

② 李汝和主编，郭辉译，王诗琅、王世庆校订：《巴达维亚城日记》第二册，台中：台湾省文献委员会 1988 年版。

③ 李汝和主编，郭辉译，王诗琅、王世庆校订：《巴达维亚城日记》第二册，台中：台湾省文献委员会 1988 年版。

④ 杨彦杰：《荷据时代台湾史》，南昌：江西人民出版社 1992 年版，第 216—217 页。

⑤ 李汝和主编，郭辉译，王诗琅、王世庆校订：《巴达维亚城日记》第二册，台中：台湾省文献委员会 1988 年版。

卡萨奉命率领443人从大员出发，经琅玡湾抵达台东，荷军在那里镇压Tellaroma和马太鞍人的反抗，然后向花莲港推进。12月24日，哆啰满长老Tarrjeuw等人携带礼物，前去与荷兰人讲和，荷兰殖民者命令他们今后每户每年要交纳一钱黄金，以作为归服的凭证。25日，卡萨又带领40名士兵向峡谷方向探寻，但是没有找到金矿，只好命令当地住民交出他们手中的黄金，由此得到约合2.5里耳的沙金、25里耳质量低劣的平板金以及5里耳银块。卡萨还命令他们今后每年要交纳价值10里耳沙金。

二是利用北部少数民族首领与哆啰满人的贸易关系，从中获得黄金。在荷兰殖民者未占领鸡笼之前，北部金包里、沙巴里等社就经常与哆啰满人进行黄金交易。荷兰人占领后，很快就得知这一消息，于是通过上述各社首领以及一名在鸡笼居住30余年的日本人九左卫门去收集黄金，再交给公司。1645年七八月间，哆啰满人到噶玛兰贸易，荷兰人通译艾伯提（Wilhem Alberti）购得黄金1里耳。在此前后，又有金包里首领兼通事Theodore和九左卫门受荷兰人派遣，到德棋社收购，买到住民收藏的沙金6里耳。此外，Theodore还与哆啰满人约定，今后应该视其具体情况，每年每户交纳半里耳或一至二里耳沙金。这些沙金都是为荷兰人收集的，这是他们取得黄金的一个重要来源。

三是荷兰殖民者自己派人进驻哆啰满地区，进行收集和购买。随着荷兰人势力在北部的不断扩展，至1646年，他们已经决定派遣人员进入哆啰满地区，直接查找金矿并且收集黄金。同年5月17日，商务员哈帕特（Gabriel Happart）自鸡笼发出的备忘录说：他准备派遣两名年轻的荷兰人随同Theodore、九左卫门等进入哆啰满，访问该地的首领Tarrjeuw，与他增进交谊，并要求他提供贡物作为归顺的凭证，且搜集多量的黄金。同时这些派驻人员还要在那里调查黄金的来源、采集方法等有关问题，学习语言，以成为公司的有用之才。

然而，由于黄金产于台湾东海岸的深山之中，荷兰人不易进入，无法进行大规模的开采，而当地住民的采集方法非常原始，产量有限，因此，即使荷兰殖民者从17世纪30年代中期以后开始积极查找金矿，但是直至统治末期，他们所获得的黄金量很少，可说是得不偿失，不过也可以看出他们对黄金的强烈欲望。

与黄金相反，荷兰殖民者在台湾获得了大量硫黄。1642年以前，由于出产硫黄的淡水属于西班牙人的势力范围，荷兰人只能通过大陆商人前去采制。例如1640年汉商Peco和Campe派往淡水的3艘戎克船装载10万斤粗制硫黄返回大员，其中约有2万斤的透明大块和8万斤的粉末。荷兰人事先提供经费给这些前往淡水采制硫黄的商人，而费用标准在1640年以前是每百斤硫黄3里耳，后来因为Peco认为费用太少，无利可图，所以范德柏将标准提高到每百斤3.5里耳。不过，考虑到精制硫黄需要大量的油，这种油的价格每百斤需要8两银，而且用戎克船从鸡笼、淡水载回的12万～13万斤粗制硫黄，精制后仅得5万斤，Peco还是觉得太低。由于前往淡水的大陆商人需要承担一定的风险，因此，为了能够顺利取得硫黄，荷兰人会以武力保护，以免他们有安全之虞。例如为了让Peco愿意持续到淡水从事硫黄贸易，1641年4月，特罗登纽斯派遣了两艘装配数门轻炮并载有10～12名荷兰人的戎克船前往该地，以防备西班牙人和其他敌人的攻击。其后，基于汉商Peco、Samsiacq和Jan Soete kau的请求，荷兰公司又用载有荷兰人和大陆人的戎克船淡水号前去护送他们。

1641年，荷兰人向汉商先买入32475斤的精制硫黄送往印度沿海，其后又从同一批汉商手中得到1.7万斤精制硫黄，当中的1万斤准备运往日本。除了精制硫黄外，荷兰人还拥有大量的粗制硫黄，如1642年1月，在他们的存货中，粗制硫黄高达20万～25万斤。

1642 年以后，荷军攻占鸡笼，扫除了到淡水采制硫黄的障碍，使硫黄产量大幅增加。此时中国大陆战乱加剧，急需硫黄，在这种情况下，台湾硫黄也大量输往中国大陆。1644 年初，有 30 艘大小戎克船航往淡水运载硫黄。同年，还有一名官员亲自到淡水购买硫黄，荷兰殖民者同意输出 10 万斤免关税的粗制硫黄。此外，尚隶属于南明政权的郑芝龙也因为战争需要，向荷兰人提出从台湾输入 10 万斤硫黄的请求。到了 1645 年，浪白澳的一名大官派遣两艘戎克船从大陆直航鸡笼、淡水，要求同意让他免经荷兰人之手直接进行硫黄贸易，荷兰人虽然答应，但是强调只限一次，下不为例，同时还言明必须缴纳每万斤生硫黄 20 里耳的出口关税。最终，这名大官至少购买了 10 万斤以上的硫黄。①

至于煤炭，荷兰殖民者在攻占鸡笼以后才开始开采，而且由于煤炭藏于地下，难以挖掘，即使有所奖励，还是成效不彰，产量极少。1644 年，卡隆派遣布恩出征台湾北部。荷兰人除了向当地住民征收贡物外，还命令金包里村的住民必须交纳大量煤炭。在武力的威胁下布恩带回了相当数量的煤炭，甚至还报告说今后每年都可以得到两船以上的煤炭。不过，他也提醒当局目前还不知道那些裸露在山缝中、未达到地下的煤炭处于鸡笼何地，今后应该加以适当考虑。1645 年 2 月 14 日，有 350 吨鸡笼煤炭被运抵巴城。②

荷兰殖民者第三个掠夺台湾经济的手段，是征收以汉人为主要对象、被称为“地场诸税”的各式名目赋税。在 1640 年以前，主要有进出口关税、渔业税、狩猎税、人头税、稻作税等等，1640 年以后，还增加了村社贸易税、宰猪税、衡量税等花样，并

---

① 李汝和主编，郭辉译，王诗琅、王世庆校订：《巴达维亚城日记》第二册，台中：台湾省文献委员会 1988 年版。

② 李汝和主编，郭辉译，王诗琅、王世庆校订：《巴达维亚城日记》第二册，台中：台湾省文献委员会 1988 年版。

且提高税率，加强税收管理，以下分别叙述之。

荷兰殖民者早在统治初期就已经开始征收人头税，1629 年底公司还规定凡是在各地村落居住的汉人，每隔三个月都必须到热兰遮城更换许可证并且纳税，不过税率如何，不甚清楚。随着汉民渡海到台湾的人数日渐增多，人头税从 1635 年的每月半里耳减为 1639 年的每月四分之一里耳。① 此后，人头税的征收税率一直定在每月四分之一里耳，直到 1650 年才又改回每月半里耳。该年在台湾的移民有 15000 人，其中有 10811 人缴纳了人头税。② 不过，镇压郭怀一起事后，为了降低汉人移民对统治者的反感和抵抗，荷兰当局又再度调降人头税税率，恢复到原来的每月四分之一里耳。其后，为了避免麻烦及不必要的冲突，荷兰人在 1653 年试行人头税承包制，每月的承包额为 3100 里耳，当时在台的汉民人数大约为 1 万人以上。③

除了向在台湾居住的汉族移民征收人头税外，荷兰殖民者同样对临时到台湾经商、捕鱼的汉人征税，特别是那些海上渔民。以往有一批人会请求荷兰人颁发许可证，让他们能够免税在船上居住。但是因为人数过多，以致税收减少，为了避免这种情形的发生，殖民当局于 1644 年 12 月规定，往后按照船只大小比例，每百担的载重量只允许留住四人，并且有限制地发给他们水上许可证，其余的必须按月缴纳人头税。④ 当然，出于某些特定目的，也有些人成为免税的对象，例如为荷兰公司服务者，以及荷兰人

---

① ［日］中村孝志：《荷据台湾的地场诸税》，载《日本文化》1964 年第 42 号。

② ［日］中村孝志：《荷据台湾的地场诸税》，载《日本文化》1964 年第 42 号。

③ 杨彦杰：《荷据时代台湾史》，南昌：江西人民出版社 1992 年版，第 222—223 页。

④ 李汝和主编，郭辉译，王诗琅、王世庆校订：《巴达维亚城日记》第二册，台中：台湾省文献委员会 1988 年版。

为了鼓励汉人移民携带家眷渡台，在1646年特别对妇女实行免税。不过后者的优待政策在郭怀一起事之后就被取消，所有的妇女、儿童都需要纳税。①

在实施承包制以前，是荷兰殖民者亲自征收人头税，为了防止漏税或逃税，殖民统治者会派人挨家挨户搜查登记。1653年由汉人承包征收后，每年的四五月，承包者先利用投标的方式确认应当缴纳的承包额数，然后再向汉人征收一年的人头税。而为了避免承包商逃跑不缴钱或无力支付，他们在承包时必须得到长老或大商人的担保证明，如果没有按时交纳，担保人就需要负责善后。人头税可说是荷兰人的主要税种之一，17世纪40年代初期，每年征收的人头税大致为1万多里耳，以后随着移民人数的迅速增加，至1650年时高达6万多里耳。实施承包制后税收有所降低，从1654年到荷兰人统治末期，每年的收入大约为3万～6万里耳。

村社贸易税又称为村社贸易承包税，也就是所谓的赎社制度。1644年，荷兰殖民者召开地方会议，一改以往汉商自由出入少数民族村落进行贸易的现象，宣布从今以后禁止此类行为，凡是要从事于这项活动的商人都必须参与投标，中标者才有被允许进村贸易的资格，并且要缴纳承包税金。进行赎社的日期也是在四五月的某一天，由荷兰人事先张贴公告，社商聚集于公司的园圃内进行投标，承包额数最高者获得某个村社的贸易专利权，当然，一样要有大商人或长老的担保。至于税金，开始贸易前必须先缴纳一半，另一半等到承包期满后结算。

1644年，荷兰殖民者率先承包出大武垄、哆啰嘓等社的贸易税，额数共计2140里耳：大武垄140里耳，哆啰嘓140里耳，

① 杨彦杰：《荷据时代台湾史》，南昌：江西人民出版社1992年版，第223页。

南部一带 800 里耳，笨港半年 220 里耳，新港仔、西二林和北港、淡水之间用四艘戎克船进行贸易，每航海一次 140 里耳。11 月，荷兰殖民者又对大员附近的新港、大目降、目加溜湾、麻豆、萧垄五社，以及二林、西螺、Dovenap 等社实施贸易承包，前者额数为 695 里耳，后者为 555 里耳，两项共计 1250 里耳，期限是从 11 月 12 日至次年 4 月 30 日，① 总计当年度的承包额数为 3390 里耳。1645 年 4 月 28 日下午，公司又召集社商对下个年度的村社贸易税进行投标，结果是承包额数增加为 4532 里耳，其中包括少量的赤嵌宰猪税和内河渔业税。1646 年 4 月 13 日再行承包，额数上升到 9730 里耳，村社贸易范围则扩展至台湾中部和最南部。此后，荷兰人征收的村社贸易税增长很快，1650 年高达 61580 里耳。1651 年以后有所下降，直到统治末期，一般每年都在二三万里耳之间。

稻作税即是针对稻米生产所收的田赋，1644 年以前二十税一，1644 年起改为十税一，而且承包给中国人征收，荷兰殖民者再向承包者收取现金。不同于村社贸易税从每年的 5 月开始，至次年 4 月底为止，稻作税的承包期限是从每年的 10 月开始，至次年 5 月 31 日为止。与村社贸易的承包一样，稻作税投标承包时，也是由投标额数最高的获选，并且一样需要有担保人，不过承包者是先缴纳一半税金，其余一半在半年后交清，而村社贸易税则是在期满后结算。稻作承包制度同时还对逃避缴纳稻作税的农民，课以 25 里耳的罚款。一般情况下，每年课税面积约占实际耕地面积的 60%～80%左右，并且征收范围只限于赤嵌及其附近的农田，赤嵌以外的耕地没有征收。每一年份的征课税率随着承包额数的不同而有所变化，并非是固定的，除了 1647 年和

① 李汝和主编，郭辉译，王诗琅、王世庆校订：《巴达维亚城日记》第二册，台中：台湾省文献委员会 1988 年版。

1656 年平均每摩根农田征收 2 里耳，以及 1654 年高达 5 里耳的赋税外，其余年份大都是在 3～4 里耳。1644 年征税额数是 1640 里耳，1645 年为 1690 里耳，1646 年因为旱灾免税，1647 年则剧增至 6370 里耳，1648 年高达 16000 多里耳，此后一度大幅下降。50 年代以后，除了 1657 年达到 18000 多里耳外，大多数年份在几千至一万多里耳之间。

除了稻作税外，普通佃农还要向垦主另外缴纳地租，实际上承受着双重的租税负担。佃农在每年收成之后，要将农产物按照一定的比例交给垦主作为地租，而垦主再将其中的一部分交给稻作税承包人作为田赋，税收承包人又将这些农产物转变为现金交给荷兰人。垦主向佃农收取地租的方式是沿袭汉人原有的习惯，征收标准约占当时农田稻谷产量的三分之一。

渔业税是指荷兰殖民者向汉族渔民所征收的一种赋税，不包括每年冬季向渔民征收的鲻鱼税，一开始也是收取渔获物的十分之一。当时，用小舢板每日在台湾海峡从事捕鱼的汉人渔民经常使用各种方法逃税，因此，荷兰人要求以每月缴纳固定的税金来代替渔获物。1630 年 7 月，普特曼斯及评议会经过详细考虑以后，允许每月发给每一只舢板船一张执照，而每领取一张执照须要缴纳一里耳，换句话说，每船每月的税金是一里耳。不过，这只适用于到码头的舢板船，不包括那些在北风期中向大员以南或以北出发捕鱼的戎克船、艋舺船以及其他船舶。[①]

1640 年以后，荷兰殖民者也将渔业税交给汉人承包，额数在 1640 年 9 月时为 300 里耳。会有如此的转变，可能是为了因应公司财政膨胀所采取的增税政策，以及防止逃税。[②] 1644 年起，渔

① 曹永和：《明代台湾渔业志略补说》，见《台湾早期历史研究》，台北：联经出版社 1979 年版。

② 曹永和：《明代台湾渔业志略补说》，见《台湾早期历史研究》，台北：联经出版社 1979 年版。

业税与村社贸易税合一，同时在每年四五月间招标承包。例如1645年的村社贸易税承包额数为4771里耳，当中包括Taffel山脚湖泊50里耳、蓝田附近小沼29里耳，共计79里耳的捕鱼税。1646年，承包地区的范围有所扩大，到1647年时，已经及于台湾中部各地的渔场，当年这一地区的渔业税承包额数共计815里耳：蚊港二处200里耳，Caya一处70里耳，Oynij 125里耳，麻豆溪90里耳，Lamkjoe90里耳，Cattia attau 90里耳，Ouwangh 50里耳，鹿耳门及Gaya 100里耳。1650年以后，荷兰人进一步加强在台湾征收渔业税，不仅扩大征收地区，而且将近海渔业与内河渔业区分开来，近海捕获的咸水鱼供荷兰人食用，而内河捕获的淡水鱼则卖给当地住民。从1650年至1657年，每年的渔业税承包额数大多在2000～3000里耳，其中1650年高达6000多里耳。①

宰猪税实际上是猪肉专卖税，荷兰殖民统治时期，猪的宰杀与出售属于专卖，所以荷兰人向专营猪肉者征收赋税。同样地，承包宰猪税也需要有担保人，每年与村社贸易税、渔业税一起招标，承包区域分为赤嵌和大员两个地方。在17世纪40年代，每年的宰猪税承包额数都在几百里耳，例如1640年，荷兰人所收的宰猪税额数为380里耳。② 1645年及1646年，荷兰人以160里耳的价格，将赤嵌地区的宰猪税承包出去，如果再加上大员，总额应该也是几百里耳。到了1647年，两地宰猪税大幅度上升到600里耳。50年代后期更是明显增加，每年度大多数在2000～3000里耳之间。荷兰人在征收宰猪税的同时，还对于猪肉的出售价格采取干预的手段，规定承包者必须按照特定的价格，把猪肉

① ［日］中村孝志：《荷据台湾的地场诸税》，载《日本文化》1964年第42号。

② 李汝和主编，郭辉译，王诗琅、王世庆校订：《巴达维亚城日记》第二册，台中：台湾省文献委员会1988年版。

供应给公司或在市场出售，而这个价格通常为 5 或 6 斯蒂法，并且在开市时不能到市场以外的地方贩卖。①

衡量税指的是货物进出口时，在税关过秤后所需交纳的税金，同样也是在每年的四五月间实施承包制，而能够承包此税者和担保人大多是重要的商人，何斌即是主要的承包商之一。荷兰人每年所收的衡量税至少 2000 里耳，1654 年更是高达 5350 里耳。

荷兰殖民者向台湾汉人征收的赋税，还有酿酒税、市场税、出售牛奶税、房屋税、航运税等等。酿酒税和市场税在 1640 年开始实行承包，当年两者的承包额数总共为 420 里耳，以后酿酒税逐步增加。1641 年底，从原来的每口酒锅缴纳 2 斯蒂法提高到 10 斯蒂法。之后，又按照酒锅的尺寸和重量征收酿酒税，从 1644 年的每口锅每月征收 2 或 3 里耳，② 提高到 50 年代初期的 3.5 里耳。荷兰人每年征收的酿酒税，至少有五六千里耳，③ 数目不少。出售牛奶税也是在 1640 年开始实行承包，当年的承包额数为 200 里耳。④ 房屋税在 17 世纪 50 年代初期，是按照房屋的价值来征收，在热兰遮城内每 100 里耳的房屋评估价征收 0.25 里耳，每年可获得的收入是 9000 里耳。⑤ 航运税则是附在渔业税内一起征收，从 1644 年起，荷兰人对需要航行的船只每船征收 1

---

① ［日］中村孝志：《荷据台湾的地场诸税》，载《日本文化》1964 年第 42 号。

② 李汝和主编，郭辉译，王诗琅、王世庆校订：《巴达维亚城日记》第二册，台中：台湾省文献委员会 1988 年版。

③ ［日］中村孝志：《荷据台湾的地场诸税》，载《日本文化》1964 年第 42 号。

④ 李汝和主编，郭辉译，王诗琅、王世庆校订：《巴达维亚城日记》第二册，台中：台湾省文献委员会 1988 年版。

⑤ ［日］中村孝志：《荷据台湾的地场诸税》，载《日本文化》1964 年第 42 号。

里耳。[①]

除了固定的税收以外，荷兰人还会于特殊状况下，向在大员、赤嵌居住的汉族移民临时加收各种费用，例如1644年7月30日，台湾遭受到暴风雨的严重侵袭而酿成灾害，海水冲毁了热兰遮城附近的海岸，其抢修工程的部分费用，就是荷兰人勒令市民捐助。再如1645年10月，荷兰人计划在热兰遮城与住宅区之间修筑道路、堤防和平整土地，又将脑筋动到汉人身上，命令他们在原本人头税的基准上，每月多缴纳2斯蒂法，而在台湾内河和附近航海的多数舢板船，每月更是需要缴纳10斯蒂法。[②]

通过上述可以看出，荷兰殖民者向居住在台湾的汉人移民征收的赋税十分繁杂且名目甚多，它们属于荷兰人在台湾的殖民地赋税收入，是公司财政收入的一个重要组成部分。同时，还可以看出两点：

一、荷兰殖民者在台湾征收赋税是有一个发展过程的，1640年以前税种较少，收入也不多，此后却增长很快，到1650年达到接近40万盾之多，其后虽然下降，仍然有20万～30万盾，甚至超过贸易收入。1640年以前，台湾的赋税由荷兰人自己征收，在此之后，则开始陆续实行承包，由汉人或部分荷兰自由民代替征收。将各种赋税改为让人承包，这是荷兰人税收管理制度的一大变化，从而可以看出17世纪40年代以后荷兰人在台湾加强殖民地掠夺的重要趋向。

二、从各种税收所占的比重看，它们之间也是不平衡的。在几种主要赋税中，人头税最为重要，17世纪50年代以后，它每年收入在3万～6万里耳之间。其次是村社贸易税，每年收入两

① 李汝和主编，郭辉译，王诗琅、王世庆校订：《巴达维亚城日记》第二册，台中：台湾省文献委员会1988年版。

② 李汝和主编，郭辉译，王诗琅、王世庆校订：《巴达维亚城日记》第二册，台中：台湾省文献委员会1988年版。

三万里耳。再次是稻作税，每年大约1万里耳。其余依次为衡量税、宰猪税、渔业税，每年分别收入几千里耳。1654～1657年，据荷兰联合东印度公司的统计，这时期台湾每年的赋税收入大都是8万多里耳，1657年达10万多里耳。而人头税、村社贸易税、稻作税三项合计，1654～1656年为每年7万多里耳，1657年达9万多里耳，它们大约占总赋税收入的86％以上，可知这三种税在台湾殖民地收入中所占的重要地位，因而也容易理解何以荷兰人占领大员后，就积极采取措施鼓励大陆移民前往台湾了。①

荷兰殖民者经营台湾的目的是为了掠夺，所以首要工作是在商业与财政上的直接剥削，因此，他们的土地与农业政策，都是为了增加公司的收入，而当时的农民则是公司的佃农。② 荷兰殖民者横征暴敛的结果，导致郭怀一的起事，这是荷兰殖民统治时期台湾汉人最重要的一次反抗事件，让荷兰殖民者的政策、对汉族移民和少数民族的心态，都有极大的改变。

郭怀一为郑芝龙旧部，居住在赤嵌附近的士美村（Smeer Dorp），并于二层行溪南岸从事农垦，有两三千名追随者，多为闽粤移民。在荷兰殖民者长期的残酷殖民统治与经济剥削下，1652年，他暗中聚集一批志同道合者，准备起来反抗荷兰殖民者的统治。据说郭怀一等人计划在中秋节晚上，以邀请安平、赤嵌一带的荷兰军官到家里饮酒赏月为名，然后乘酒酣之际将他们杀死，并且率领民众攻进热兰遮城，歼灭城中的荷兰官兵，不料这个计划被一个叫郭苞（pau）的人泄露出去，因此起事不得不提前。不过实际上是在9月7日下午，7名中国人长老主动到热兰遮城，告诉荷兰人郭怀一和他的追随者们准备秘密发动起事反抗

① 杨彦杰：《荷据时代台湾史》，南昌：江西人民出版社1992年版，第234—235页。

② 周宪文：《荷兰时代台湾之掠夺经济》，见《台湾经济史四集》，台北：台湾银行1956年版。

荷兰的统治。由于在此之前的三个小时，荷兰人刚刚收到一封风传郑成功将要攻打台湾的来信，他们认为两者之间存在某种程度的关联，因而感到非常震惊。

费尔堡在听到台湾汉人准备起事的消息后，立即派遣 1 名警官和 4 名士兵前去探查是否真有此事。一行人首先来到普罗民遮，发现一切正常无异，而且当地的荷兰人也没听说有此一事，于是他们又连夜骑马赶到阿姆斯特丹区。当时已经有许多手持长矛、大刀、利剑或火枪等各式武器的汉人在原野上集合，准备发动起事。荷兰人连忙赶回大员向费尔堡报告整个情况。当晚，费尔堡下令大员地区加强戒备，市区内则实行宵禁，搜索汉人住处内是否藏有武器，以阻止他们与起事者相呼应，同时为了安定民心，还应大员居民的要求将妇女、儿童迁入热兰遮城内，并且在该城街市的各个拐角处布置岗哨，以面对反抗军袭击大员的可能性。

9 月 8 日凌晨，起事队伍攻入普罗民遮，在群情激愤下，打死 8 名荷兰人和一些佣人，同时放火烧毁公司的房屋。26 名躲进公司马厩当中的 3 名荷兰人趁乱骑马突出重围，赶到大员向上级报告赤嵌被围一事。对此，大员评议会立即派遣海军上尉夏佛莱（Schiffely）和首席商务员丹克尔（Danckers）带领 120 名士兵由海路前往增援。荷兰援军大约在上午 11 时渡过大员湾抵达赤嵌，不过此时正逢退潮，海水深度过浅，船只无法靠岸，荷兰人只好下水作战，边射击边尝试登陆。起事者看见前来支援的荷军，便放弃包围马厩，转而前往岸边阻止荷军的上岸。当时岸上有 4000 余名起事群众，他们用石块、弓箭等武器反击。后来，由于郭怀一与副首领吴化龙对于在何处迎战的问题发生分歧，举棋不定，起事队伍向后撤退，让荷军得以抢滩成功。荷军上岸后，一路猛攻到港冈（Cancon），傍晚后荷军为了避免兵力分散被各个击破，决定返回赤嵌过夜。

9月9日，荷兰殖民者从新港、麻豆、萧垄、大目降、目加溜湾等社招集2000名少数民族住民参与镇压汉人的反抗，并让他们配合荷军在赤嵌附近搜寻，只要发现有小股起事队伍就立刻消灭，另外又派遣凤山八社约1000人在冈山附近备战。荷兰人向参战的少数民族承诺，每杀死一人就能获得一块坎甘布的奖赏，经过两天的连续搜捕，共杀死约500名的反抗者。11日，荷兰人得知起事队伍再次于欧汪集结起来，人数达四五千人，大员评议会决定于12日派遣公司军队连同大约600名少数民族士兵前去进攻，同时命令在赤嵌以南桌山附近的少数民族也参加战斗。

反抗军驻扎在一个地形十分险要的大山坳内，山坳入口处被阿公店溪阻断，难以越过，而山坳内部则地势平坦，四面环山。不过他们忘了将一条通往营地的道路切断，让荷兰人于12日率军顺利抵达。战斗开始后，荷兰人将所有的火枪兵以八人编成一排，每排轮番四回密集射击，起事军则用石块、弓箭加以抵抗，一时枪声大起，箭如雨下。起事军由于缺乏训练，加上武器简陋，很快就被荷军击溃，只好向后撤离，在后撤中，郭怀一不幸被箭射中牺牲。荷兰人也乘机大肆屠杀，并且放火烧毁了起事军的营寨，抢夺被遗弃的各种物品。此役中，约有2000名汉人丧生，郭怀一的头颅则被割下送到热兰遮城悬挂在木杆上以儆效尤。之后几天，荷兰人继续在各地搜寻逃散的起事军首领与群众，吴化龙在小山里躲藏八天后，回到打狗家中被捕，荷兰人对他严刑拷打并且斩首示众。其他起事军领袖也相继被捕，全都受到极其残酷的刑罚，有的人甚至被五马分尸。

郭怀一领导的起事历时近半个月，参加起事的人数多达四五千人，其中有大约3000人被杀害或饿死，约占当时在台汉人总数的五分之一。郭怀一起事失败的原因，主要有以下几项：

一、起事发动仓促，未能与郑成功很好配合，取得大陆人民的有力支持。在起事过程中，虽然郭怀一曾经宣布郑成功将要派军前来增援，但是事实上当时郑成功在围攻漳州，难以分兵，根本没有增援这回事。

二、起事军领导人缺乏军事经验，未能抓住战机，打击敌人。例如赤嵌之役，本来可以狙击敌军上岸，歼敌于水中，但是由于领导人意见分歧，坐失良机。又如欧汪之役，也可以在山坳入口处凭险以守，阻止敌军长驱直入，但事实上却没有在那里设防。

三、起事军虽然人数众多，不过缺乏训练，素质较差，加上武器简陋，在实力上敌强我弱，而荷兰人拥有一支近代化军队，同时又命令少数民族参与战斗，这对于起事军来说，显然是难以抵挡。①

郭怀一的起事虽然失败，但是从这一事件中，我们可以看到迁居台湾的汉人，在其观念意识之中，依然认为自己是在明王朝的统治之下，西方外族的统治与压迫，汉人很难接受。正因为如此，当郑成功率部进入台湾之时，受到汉人的普遍欢迎。郑成功政权能够在台湾迅速扎根发展，汉人的民族意识无疑在其中发挥了重要作用。

---

① 杨彦杰：《荷据时代台湾史》，南昌：江西人民出版社 1992 年版，第 248 页。

后　记

《台湾通史》六卷本的出版，是各位热心台湾历史文化学术研究的同仁们通力合作的成果。在此，我要向以下参加本书撰写的各位先生，致以衷心的感谢！

第一卷：宋光宇（台湾“中研院”）、刘慧钦（厦门大学）、刘益昌（台湾“中研院”）

第二卷：陈启钟（龙岩学院）

第三卷：王尊旺（福建中医药大学）、李颖（闽江学院）、庄林丽（福建工程学院）

第四卷：林国平（闽南师范大学、福建师范大学）、马海燕（闽南师范大学）

第五卷：王日根（厦门大学）、苏惠苹（闽南师范大学）

第六卷：施沛琳（闽南师范大学）、赵庆华（天津外国语大学）

全书台湾少数民族部分：徐泓（南开大学、厦门大学）

福建人民出版社编辑在承担本书出版的过程中，付出了艰辛的劳动，对此，一并致以衷心的感谢！

陈支平

图书在版编目(CIP)数据

台湾通史．第一卷，上古至明代 / 陈支平主编；
宋光宇，刘慧钦，刘益昌著．--福州：福建人民出版社，
2020.11（2024.6 重印）
ISBN 978-7-211-08101-1

Ⅰ.①台… Ⅱ.①陈… ②宋… ③刘… ④刘…
Ⅲ.①台湾—地方史—上古—明代 Ⅳ.①K295.8

中国版本图书馆 CIP 数据核字（2019）第 247230 号

台湾通史·第一卷·上古至明代
TAIWAN TONGSHI·DIYIJUAN·SHANGGU ZHI MINGDAI

作　　者：陈支平　主编　宋光宇　刘慧钦　刘益昌　著
责任编辑：史霄鸿　满　艺
美术编辑：白　玫
出版发行：福建人民出版社　　电　　话：0591—87533169（发行部）
网　　址：http://www.fjpph.com　　电子邮箱：fjpph7211@126.com
地　　址：福州市东水路 76 号　　邮政编码：350001
印　　刷：福建新华联合印务集团有限公司
地　　址：福州市晋安区福兴大道 42 号
开　　本：700 毫米×1000 毫米　1/16
印　　张：17.75
字　　数：231 千字
版　　次：2020 年 11 月第 1 版　　2024 年 6 月第 3 次印刷
书　　号：ISBN 978-7-211-08101-1
定　　价：68.00 元